适时退出

以退为进的决策智慧

［美］安妮·杜克 著
（Annie Duke）
伍拾一 译

Quit
The Power of Knowing
When to Walk Away

中信出版集团｜北京

图书在版编目（CIP）数据

适时退出 /（美）安妮·杜克著；伍拾一译 . --
北京：中信出版社 , 2024.8. -- ISBN 978-7-5217
-6627-1
Ⅰ . F715.1
中国国家版本馆 CIP 数据核字第 20242Z3X23 号

Quit: The Power of Knowing When to Walk Away by Annie Duke
Copyright © 2022 by Annie Duke
All rights reserved including the right of reproduction in whole or in part in any form.
This edition published by arrangement with Portfolio, an imprint of Penguin Publishing Group, a division of Penguin Random House LLC.
Simplified Chinese translation copyright ©2024 by CITIC Press Corporation
ALL RIGHTS RESERVED
本书仅限中国大陆地区发行销售

适时退出

著者：　　　［美］安妮·杜克
译者：　　　伍拾一
出版发行：中信出版集团股份有限公司
　　　　　　（北京市朝阳区东三环北路 27 号嘉铭中心　邮编　100020）
承印者：　　嘉业印刷（天津）有限公司

开本：880mm×1230mm　1/32　　印张：10.5　　字数：210 千字
版次：2024 年 8 月第 1 版　　　　印次：2024 年 8 月第 1 次印刷
京权图字：01-2024-3664　　　　　书号：ISBN 978-7-5217-6627-1
定价：69.00 元

版权所有·侵权必究
如有印刷、装订问题，本公司负责调换。
服务热线：400-600-8099
投稿邮箱：author@citicpub.com

献给我的孩子们，永远爱你们

目 录

前 言 过犹不及 // 1
    坚持与退出 // 4
    委婉的"文字游戏" // 7
    退出是一门学问 // 10

第一部分
退出的理由

第一章 一种美德的反面是另一种美德 // 003
    世界之巅的无名英雄 // 006
    退出是决策工具 // 010
    确定性奏响的"塞壬之歌" // 015
    企业墓地"超级碗" // 017
    "知道什么时候该坚持，什么时候该弃牌"：弃牌是主旋律 // 018

第二章 适时退出通常感觉像过早退出 // 025
　　　　在还有选择的时候退出 // 031
　　　　考虑期望值 // 035
　　　　根据期望值决定是否退出 // 038
　　　　穿越到未来 // 042
　　　　抛硬币做决定 // 044
　　　　跳鲨鱼 // 046
　　　　退出的悖论 // 048

第三章 该坚持还是该退出？// 053
　　　　账面收益与账面损失 // 056
　　　　见好就收？// 061
　　　　满足于自己所赚取的 // 062
　　　　行家的投资有多明智？// 064
　　　　没做的事也要获取反馈 // 068

延伸阅读 | 在万众瞩目下退出 // 072

第二部分
赔了夫人又折兵

第四章 承诺升级 // 079
　　　　泥足深陷 // 085
　　　　一条道走到黑 // 088

第五章　沉没成本与恐惧浪费　// 093
　　　　沉没成本效应 // 097
　　　　自相矛盾的"公共工程" // 100
　　　　《块魂》游戏 // 103
　　　　"块"能变多大？// 106
　　　　心理账户 // 109
　　　　最难承受的代价 // 111
　　　　知道不等于做到 // 112
　　　　初始决策时的判断更可靠 // 113

第六章　猴子与基座　// 117
　　　　将"猴子"赶走 // 121
　　　　终止标准 // 125
　　　　漏斗管理 // 127
　　　　状态和日期 // 132
　　　　只求更好，不求完美 // 135

延伸阅读 II　要么摘金，要么一无所有　// 140

第三部分
身份与其他障碍

第七章　禀赋效应与现状偏见　// 147
　　　　"嗜酒"的经济学家 // 152

　　　　知道即所有 // 156

　　　　禀赋效应 // 157

　　　　职业运动队及其对高顺位选秀权的承诺升级 // 159

　　　　现状很难改变 // 163

　　　　新不如故 // 167

　　　　坚持的代价 // 167

第八章　最难放弃的是"自我"：身份和失调　// 173

　　　　身份崇拜 // 179

　　　　认知失调 // 184

　　　　镜子与窗户 // 187

　　　　孤立无援 // 189

　　　　错误身份 // 192

　　　　一线希望 // 193

第九章　寻找友爱但正直的帮助　// 197

　　　　过分乐观 // 203

　　　　友善与善良的区别 // 205

　　　　有些教练会制止 // 208

　　　　分而治之 // 210

　　　　给予和获得许可的重要性 // 211

延伸阅读 III　蚂蚁在前进……几乎是　// 216

第四部分
机会成本

第十章　被迫放弃的教训　// 223
　　　　业余活动 // 228
　　　　关于备用计划，蚂蚁教会了我们什么？// 232
　　　　伦敦地铁的教训 // 235
　　　　仅仅一天 // 237
　　　　多元化你的机会 // 240
　　　　辞职浪潮 // 244
第十一章　目标与短视 // 249
　　　　通过 / 不及格问题 // 252
　　　　变化之中的不变量 // 257
　　　　每个目标都至少需要一个"除非" // 259
　　　　一路进步 // 262
　　　　目标诱发短视 // 265
　　　　别再想着浪费了 // 267

致　谢　// 271
注　释　// 275
参考文献　// 297

前 言
过犹不及

1974年10月，拳击手穆罕默德·阿里在著名的"丛林之战"中击倒乔治·福尔曼，创造了体育史上最大的冷门之一。凭借这场胜利，阿里重夺"重量级拳王"的头衔。10年前的1964年，他在战胜桑尼·利斯顿后首次获得该称号。

阿里饱经艰难困苦才取得这场胜利。1967年，他因拒绝参加越南战争而被剥夺"重量级拳王"的头衔并禁赛三年半，而这本该是他职业生涯的黄金时期。因此，他不得不在接下来的4年里重回竞争行列，与乔治·福尔曼争夺冠军。这时，阿里即将迈入33岁大关，他作为职业选手参加过46场拳击比赛。

福尔曼深受外界青睐，他更加年轻、高大和强壮，平生未尝败绩，被认为坚不可摧。阿里在比赛中战胜过乔·弗雷泽和肯·诺顿，而弗雷泽和诺顿在对阵福尔曼时撑不过两个回合。

击败福尔曼后，阿里巩固了自己作为史上最伟大拳王的地位。

穆罕默德·阿里成了毅力的象征。面对外界的不看好，他排除万难、拒绝放弃，最终收获胜利。在追求梦想的过程中，还有什么比这更能证明坚持和毅力的力量的吗？

但这并不是故事的结局。

凭借同样的毅力，阿里又打了7年拳击比赛。1975年至1981年12月，阿里不顾身体反复发出的"退出"信号，坚持参加比赛。1977年，朋友和记者都注意到阿里的身心出现了退化的迹象，负责在麦迪逊广场花园（这里曾举办过8场阿里的比赛）安排比赛的特迪·布伦纳请求他考虑退役。

阿里犹豫不决。

布伦纳随后宣布，麦迪逊广场花园再也不会举办他的比赛。"我不想有一天他过来问我：'你叫什么名字？'拳击的诀窍就是在正确的时间退出，对阿里来说，昨晚对阵厄尼·沙弗斯的第15回合就是正确的时间。"

过了一周，医生费尔迪·帕切科在看过阿里赛后的肾脏化验报告后也劝他退役。阿里不置可否，帕切科无奈辞职。

1978年，阿里败给了莱昂·斯平克斯，后者仅以职业拳击手的身份打过7场比赛。1980年，阿里勉强在内华达州获得了体检合格证明，与当时的拳王拉里·霍姆斯进行对决。阿里在那次比赛中失利，并遭受了身体上的重创，以至于霍姆斯在赛后泣不成声。

当晚到场观战的西尔维斯特·史泰龙形容,最后一回合比赛"就像是在进行活体解剖"。然而,阿里仍然不愿放弃。放弃,他就战胜不了乔治·福尔曼;放弃,他就成不了伟人。

到1981年,穆罕默德·阿里已经无法获得在美国比赛的拳击执照,而拳击执照的颁发通常只是走过场,毕竟各州委员会都想从拳击比赛中分一杯羹。如果全世界都在发出"是时候收起拳击手套了"的呼喊,那就是此刻了。但阿里还是执意去了巴哈马群岛打比赛。

他又吃了败仗。即使以拳击而论,场面也尴尬不已。赛事办得一团糟,场馆的钥匙不见踪影。整场比赛只有两副拳击手套可用,拳击手们戴了脱、脱了戴,非常耽误时间。就连用来示意每回合开始和结束的铃铛都是借的。

穆罕默德·阿里显然为坚持打比赛到将近40岁付出了沉重的代价。在职业生涯末期,他已经出现了神经损伤的迹象。毫无疑问,正是在击败福尔曼后所遭受的那些重拳攻击,导致了他在1984年被确诊为帕金森病,以及此后的身心衰退。

坚持并不总是最好的决定,还要看实际情况。而实际情况随时都在发生变化。

毅力成就了阿里——伟大的拳击冠军,几乎无人能与之匹敌——但也毁掉了他,因为这种毅力让他对那些在外人看来明显预示着"退出"的征兆视而不见。

这就是毅力的有趣之处。它会让你坚持去做艰难而值得的事，也会让你坚持去做艰难但不值得的事。诀窍在于找出其中的区别。

坚持与退出

我们将"退出"视为"坚持"的对立面。毕竟你要么坚持，要么退出，绝不可能既坚持又退出。在这两者之间，退出显然会输得一败涂地。

坚持是美德，退出是恶习。

具有传奇色彩的成功人士通常会给出相同的建议：坚持就会成功。正如托马斯·爱迪生所说："我们最大的弱点在于放弃，成功的必由之路就是再试一次。"一个世纪后，传奇足球名将阿比·瓦姆巴赫表达了同样的观点，她说："你不仅要有好胜心，而且要有毅力，无论前路如何，永远都不要退出。"

其他体育巨星和教练也说过类似的励志格言，例如贝比·鲁斯、文斯·隆巴迪、贝尔·布赖恩特、杰克·尼克劳斯、迈克·迪特卡、沃尔特·佩顿、乔·蒙塔纳和比利·琼·金。你也可以从成功的商业巨擘那里听到几乎相同的格言，例如康拉德·希尔顿、特德·特纳和理查德·布兰森。

这些名人以及其他许多人都笃信"退出者永不成功，成功者永不退出"的理念。

赞同"退出"的名人名言屈指可数，除了 W. C. 菲尔茨所说的:"要是一开始没有成功,那就再试上一两次;要是还不成功,那就退出吧。在这上面犯犟毫无意义。"

菲尔茨在公众眼里不是什么好榜样。他爱喝酒、讨厌小孩和狗,勉强维持着名人的体面。这句话能起到的作用有限……更何况它实际上并非出自菲尔茨之口!

显然,成功需要坚持。这是事实,回过头去看同样正确无比。但这不代表反之亦然,也就是并非坚持就会成功。

从长远来看,"坚持就会成功"既不符合实际,也称不上金玉良言。相反,有时它破坏力十足。

唱功不好,坚持多久都没用,你不会成为下一个阿黛尔。50岁还梦想成为奥运会体操运动员,再多的坚持和努力也枉然。如果你另有想法,那就像读了一篇描写亿万富翁习惯的文章,发现他们在凌晨4点前起床,然后想着自己在凌晨4点前起床就会成为亿万富翁一样荒谬。

我们不该盲目听信这些名人名言,混淆后见之明与先见之明。

大家总是执着于无法成功的事,有时是因为他们相信只要坚持足够久就会成功,有时是因为他们认为成功者永不言弃。无论哪种情况,很多人都在碰壁,闷闷不乐,但他们把问题归咎于自身而不是建议。

成功不在于坚持。成功的关键在于选择正确的事情来坚持,并退出其他事情。

当然,在这个世界告诉你要退出的时候,你也可能看到一些它看不到的东西,促使你在别人都要放弃的情况下继续坚持到底。然而,倘若这个世界声嘶力竭地劝你退出,你却充耳不闻,坚持就会变得愚蠢。

对于劝说我们"退出"的建议,我们很多时候都充耳不闻。

这在一定程度上是因为"退出"的含义几乎都是负面的。倘若有人称你为"退出者",你会觉得那是一种赞美吗?答案显而易见。

退出意味着失败、屈服、认输。退出是缺乏品质的表现。退出者等于失败者(当然,退出明显不好的东西除外,如烟、酒、毒品或虐待关系)。

语言本身就偏爱"坚持",总是用褒义词描绘那些持之以恒的人,如"能干""坚定不移""刚毅""果敢""大胆""无畏""勇敢""顽强",或者形容他们"有骨气""有勇气""有耐力""不屈不挠""锲而不舍"。

这些描述"坚持"的褒义词一下子就浮现在我们的脑海中,那些描述"放弃"的贬义词也不遑多让。它们全都包含这样一种观点:退出者等于失败者,不值得我们提起。退出者是"回头箭""胆小鬼""失败主义者""逃兵""辍学者""懒蛋""懦夫""软骨头"。他们自暴自弃,反复无常。

我们认为他们"没有目标""善变""懦弱""浮躁""意志

薄弱""不靠谱""靠不住",甚至"不可信赖"。我们还会把他们称作政治上有毒的"墙头草"。

这并不是说关于坚持就没有贬义词(如"僵化""固执"),也不是说关于退出就没有褒义词(如"敏捷""灵活")。但如果你在对照表中填写关于这两个概念的褒义词和贬义词,很快就会发现其中的不平衡。

这种不平衡趋向以正面的方式谈论坚持,以负面的方式谈论退出。相比坚持,描述退出的褒义词并不多,这一点从词典中就能看出。

语言偏爱坚持,厌恶退出,往往将坚持视为"英雄主义""勇敢""胆量""无所畏惧"。

一想到坚持,特别是在面临危险的情况下,我们眼前就浮现出不畏牺牲、直面绝境、坚持到底的英雄形象。

只有懦夫,才会轻言退出。

在一个将"百折不挠"视为通往光荣和成功之路的世界,"坚持"闪闪发亮。"退出"则是一种恶习(需要克服的障碍),往往微不足道(只能被称为"窝囊废"或"胆小鬼")。

委婉的"文字游戏"

2019年2月,世界著名运动员林赛·沃恩在社交媒体上宣布退出滑雪比赛:"我的身体无法再支撑梦想中的最后一个赛季了。它在对我大声喊'停',该是我听话的时候了。"

她详细列举了那段时间以来受伤、手术和康复的情况(其中有很多她之前没有透露过的信息),然后补充道:"我总是说:'永远不要放弃!'所以,我要告诉所有青少年朋友和鼓励我继续前进的粉丝们,我不会放弃,我将开启新篇章。"

在声明的第一部分,沃恩清晰地表明她将退出竞技滑雪(也就是说她将退出比赛)。但随后,她在声明的第二部分对自己刚刚宣布的"退出"矢口否认,反而代之以"开启新篇章"的委婉说法。

如果有人有权在不被质疑勇气或毅力的情况下骄傲地退出,那一定是林赛·沃恩。她在遭遇严重车祸后坚持参加比赛的故事几乎与她的夺冠纪录一样引人注目。2006年奥运会期间,沃恩发生了严重的交通事故,被空运至医院。两天后,她在未经医生允许的情况下偷偷溜出医院参加了比赛。

2013年,沃恩两次撕裂前交叉韧带、内侧韧带并发生骨折,她动了手术,经历了艰难的康复过程。沃恩错过了索契奥运会和2014年的大部分比赛,但从2014年底起到2018年,她夺得了23场世界杯比赛的冠军。

连林赛·沃恩说一声"退出"都这么困难,何况我们这些普通人?"退出"的想法就像一颗难以下咽的苦药丸,我们必须加一勺糖来送服。换作现在这种情况,那就是一勺"委婉语",其中尤其以"转向"最为人所知。

无论浏览哪一家大型图书销售网站,你都会发现涉及"转向"的书籍很受欢迎。许多图书直接以"转向"命名(外加一本《转向!》)。还有一些图书叫《大转向》《巨大转向》《有目的转向》《胜利转向》《成功转向》等,不计其数。

我不是在批评这些书。但无论你说的是"转向""开启新篇章",还是"战略调配",从定义上讲,它们都等于退出。毕竟,剥除其负面含义,退出就是停止你已经在做的事情。

别再用委婉语包装美化退出的想法。退出在很多情况下都是正确的选择,特别是当这个世界告诉你应该退出时——你的肾脏正在衰竭,你正面临终结你职业生涯的新一轮伤病,你的婚姻陷入混乱,你的工作没有前途,或者你对自己的专业感到厌恶。

为什么"退出"这个词被当成了"伏地魔"(连提都不能提)?

遥想人们还在当地肉店买肉的年代,滑稽演员的嘴里少不了有关屠夫缺斤少两的笑话。俄裔犹太人喜剧演员米尔顿·伯利就讲过这样一个著名的笑话:"我怀疑屠夫的秤到底准不准。有一天,一只苍蝇落到秤上,结果称出来4.5磅[①]。"

伯利说的是一种常见的屠夫"骗秤"把戏,俄裔犹太人通常将大拇指偷偷压在秤上以欺骗顾客。而通过某种机制可以操

[①] 1磅≈0.45千克。——编者注

纵游艺会上的幸运轮游戏，使轮盘在旋转过程中停在某一点，确保摊主不会赔钱。暗地里开张的"轮盘赌"同样能如此设置。而掷骰子游戏中的骰子也可能被做手脚。

"退出"面临着类似的不公待遇。穆罕默德·阿里、林赛·沃恩、格言警句、语言和委婉语都告诉我们，在衡量坚持与退出时，认知和行为的"大拇指"在朝着天平另一端的"坚持"倾斜。

退出是一门学问

鉴于我们对坚持的偏爱，以及对那些如同英雄一般坚持到底的人的敬佩，关于恒心和毅力的书籍大受欢迎也就不足为奇了，例如安杰拉·达克沃思的《坚毅》和马尔科姆·格拉德威尔的《异类》（其中提到的"一万小时定律"广为人知）。

这类书籍拥有大量热情的读者，反过来说明了"坚持"的稀缺。

但如果把《坚毅》解读成"持之以恒在任何情况下都是一种美德"，那就曲解了安杰拉·达克沃思的作品。她从没说过"坚持就会成功"。她在书中也提到了多加尝试以找到想要坚持的事情的重要性（这需要放弃许多其他事情）。达克沃思的书阐述了坚持的重要性，但她肯定也赞同，懂得何时退出是一项值得培养的技能。

尽管坚持赢得了大众的认可，但更早、更常退出也已得到充分论证。研究人类"过度"坚持，尤其是面对坏消息时"过度"坚持的科学领域无比广袤。它涵盖了经济学、博弈论、行为心理学等学科，囊括了沉没成本、现状偏见、损失厌恶、承诺升级等课题。

丹尼尔·卡尼曼和理查德·塞勒对过度坚持倾向，尤其是导致过度坚持的环境，展开了深入的研究。卡尼曼和塞勒分别于2002年和2017年获得了诺贝尔经济学奖。当两位诺贝尔奖得主就同一个话题发表意见时，我们应当引以为鉴。

科学告诉我们，当我们每天面对各种事情时，无论大小，我们都会像穆罕默德·阿里一样过度坚持，却对提醒我们应该退出的信号视而不见。

本书旨在帮助读者更好地理解当涉及退出的情形时（退出什么、何时退出、为什么不愿意退出），是哪些因素阻碍了我们做出正确的选择，并帮助我们更积极地看待退出、改善决策。全书分为四个部分，附带三篇延伸阅读。

第一部分着重阐明退出是一种值得培养的决策技能。第一章揭示了退出是不确定性下最好的决策工具，因为它能让我们在新的信息出现后改换路径。正是这种不确定性，让选择退出变得如此重要而困难。第二章探讨了适时退出为何会让人产生过早退出的感觉。退出归根结底是预测的问题。换句话说，对退出时机的选择影响未来而非现在的好坏，而美好的现在是很难让人放弃的。第三章将深入挖掘退出的科学，用证据说明我们都倾向于错误地改变坚持或退出的决定，尤其是在穷途末路时过度坚持，在前途无量时过早退出。

第二部分明确指出收益和损失是如何影响退出决策的。第四章介绍了承诺升级的概念，即我们面临糟糕的局面时会加大对错误行动的投入。第五章描述了沉没成本为何让你无法退出。我将深入探讨"浪费恐惧"，以及我们在行动过程中投入的金钱、时间、精力和其他资源如何影响是否要继续下去的决定。第六章聚焦可用策略，以便读者更好地决定何时应该退出，包括首先解决项目中最困难部分的重要性，构建终止标准的基准、尺度和信号。当坚持与你的最大利益相悖时，终止标准有助于确保你能尽早退出。

第三部分深入研究影响退出的认知偏见。第七章探讨了物品所有权和思想所有权阻碍改变发生的方式，以及安于现状散发的强大魅力。我将论述与改变相关的"未知恐惧"和"丧失恐惧"如何影响我们开辟新的道路。第八章着眼于身份认同以及我们对身份认同的渴望为什么会成为退出的障碍，并导致我们升级对错误决策的承诺。第九章仍以策略为主，旨在帮助读者克服那些让退出变得困难的认知偏见。你可以寻找一名"退出教练"，或是某位能从外部看到我们的处境并在时机成熟时帮助我们改变的人。

第四部分考察了机会成本的问题。无论何时，只要我们采取了一种行动方案，就会被默认为抛弃了其他选项。但我们怎么知道什么时候应该退出这个选项而选择另一个选项更好呢？第十章阐述了我们在被迫退出时学到的教训，以及如何先发制人地运用这些教训。第十一章聚焦目标的负面影响，指出尽管目标具有激励作用，但它们也会促使你坚持那些丧失价值的事情。目标的"通过-不及格"本质与这个灵活多变的世界格格不入，实现目标的渴望则会让我们看不到其他的路径和机会。我还将解释我们为什么需要为每个目标列出注意事项，并在实现目标的过程中标记进展情况。

我希望通过阅读本书，你能认识到为什么退出值得称赞，如何培养并使用退出这个技能来丰富自己的生活，从而看到不同的选择，更好地坚持、探索，灵活（或提前）适应快速变化的世界。

需要澄清的是，很多难事绝对值得坚持，韧性和毅力有助于你坚持到底。因为遇到困难就退出，不会成功；但坚持做不值得做的难事，也不会成功。

诀窍在于弄清何时应该坚持，何时应该退出。本书将为你提供做到这一点的工具。让我们开始吧，是时候为"退出"正名了。

第一部分

退出的理由

第一章　一种美德的反面是另一种美德

世界上没有哪里比珠穆朗玛峰的上段更能孕育出关于坚持的故事，至少从攀登的角度看确实如此。在恶劣的生存环境下，活着就要用尽全部力气，更别说登上峰顶了。你可能听过很多这样的故事，它们家喻户晓。

因此，从珠穆朗玛峰开始书写退出的好处，再合适不过了。

我将要讲述的珠峰故事与3名登山者有关，分别是斯图尔特·哈奇森博士、约翰·塔斯凯博士和卢·卡西希克。你可能不太熟悉这些名字，他们加入了一支由冒险顾问公司（Adventure Consultants）组织的珠峰商业探险队。冒险顾问公司是20世纪90年代最成功、最受推崇的登山向导公司之一。当年，这支探险队由3名向导、8名夏尔巴人以及8名客户组成。

为了适应新环境以及向山上运送设备，在天气允许的情况下，4号营地的探险队员需要进行几周的中等强度攀登训练，然后才能尝试登顶。哈奇森、塔斯凯和卡西希克相处友好，一起在大本营（海拔17 600英尺[①]）和4号营地（海拔26 000英尺）之间往返攀登了无数次。

有冒险顾问公司这类团队的运作，相对缺乏经验的登山者也能登顶这座世界最高峰，只要准备好7万美元的费用，在尼泊尔自由地待上几个月，同时保持良好的身体状态。当然，良好的身体状态并不意味着保证登顶成功或绝对安全。海拔25 000英尺以上的空气太稀薄，无法长时间维持人类的生命。此外，登山季节的平均温度为零下15华氏度（零下26摄氏度）。

要想登顶（或攀到高处），你必须能坚持人之不能。

在大本营，探险队的领队向客户们强调了在从珠峰脚下攀登至各个中间营地直到登上山顶的过程中，严格遵守每日"关门时间"的重要性。

领队把登顶当天的"关门时间"定在下午1点。

简单地说，"关门时间"就是指登山者停止攀登的时间，即使没有到达目的地也要返回营地。"关门时间"是为了保护登山者，避免他们在下山过程中遇到危险，因为下山比上山更需要技巧。

如果坚持尝试登顶的时间太长，登山者在下山过程中就可能遭受疲劳、缺氧、冻伤、天气变化、迷路、掉进裂缝以及天色昏暗的共同影响。黑暗和疲劳增加了在狭窄的东南山脊上犯

[①] 1英尺=0.304 8米。——编者注

错和滑倒的可能性，而一次失足就可能让你从8 000英尺高的地方摔死在中国西藏，或者从12 000英尺高的地方摔死在尼泊尔。

事实上，就珠穆朗玛峰而言，下山时死亡的人数是上山时的8倍多。

客户做出必要的牺牲是为了登顶珠峰，不是为了在登顶前停下脚步。但登顶珠峰对业余登山者来说举步维艰。因此，探险向导们通过登顶或多次登顶珠峰证明自身的能力，领队们通过营销他们成功把客户送上峰顶的案例争抢生意，而夏尔巴人也不能免俗地依靠登顶珠峰来拉高他们在市场上的价值和在当地的地位。

"关门时间"的存在，是为了防止人们在快要登顶时做出继续前进的错误决定。它将三个关键概念植入了攀登计划。首先，坚持并不总是一种优点。继续上山的决定是否明智，取决于攀登条件和登山者的身体状况。当种种情况要求你退出时，听从这些信号才是一个明智的决定。

其次，应该在急需做出退出的决定之前早早制订何时退出的计划。正如丹尼尔·卡尼曼所指出的，"事到临头"是最糟糕的决策时机。当你为登顶珠峰牺牲了许多，而峰顶触手可及时，即为"事到临头"。此时最不适合决定是继续还是退出。这就是在面临这种选择之前就要早早定好"关门时间"的原因。

最后，可能也是最重要的一点就是，"关门时间"提醒我们攀登珠峰的真正目标并不是登顶。峰顶引得万众目光汇聚，这可以理解，但从最广泛、最现实的意义上讲，安全返回山脚才是攀登珠峰的终极目标。

世界之巅的无名英雄

除了哈奇森、塔斯凯和卡西希克的队伍以外，还有两支探险队也在同一天尝试登顶。靠近山顶的地方挤满了人，超过预想。

前一天晚上，经验最少的领队声称他的团队第二天不会尝试登顶。然而，当午夜（即"登顶日"开始之时）来临，他们出现了。于是，一支异常庞大的34人队伍同时从4号营地开拔。

哈奇森、塔斯凯和卡西希克被堵在了队伍末尾，跟在那支团队的数名登山者后面。这些登山者速度缓慢，但你很难超越过去，因为他们挤成一团，而你必须沿着一根固定的绳索攀登大部分线路（经验丰富的登山者知道要散开让速度更快的登山者通过）。同样被堵在后面的还有冒险顾问公司探险队的领队，哈奇森在攀登到某一处时问他还要多久才能登顶。

领队的回复是大约3个小时。从那处起，探险队领队开始加快攀登速度，试图超越前方那些笨拙的登山者。

哈奇森拉住塔斯凯和卡西希克交谈了一番。手表显示时间接近上午11点30分。他们已经攀登了将近12个小时。3名登山者都记得他们的领队在大本营说过,下午1点是登顶当天的"关门时间"。

哈奇森认为,登顶尝试到此为止。即使还有回旋余地,他们到达峰顶时也会超过下午1点。他们都清楚,"关门时间"是为了保护他们,避免他们在下山过程中遇到危险。受海拔26 000英尺以上恶劣环境的影响,这些危险显然极有可能导致死亡。

塔斯凯赞同往回走,但卡西希克不愿退出。只要再踏上珠穆朗玛峰之巅,他就能完成"登顶七大洲最高峰"的壮举。"登顶七大洲最高峰"需要花费大量的时间和金钱。好几座高峰位于偏远、难以到达的地区。(若你觉得登顶珠峰很难,那就试着计划一次前往南极洲最高峰文森峰的旅行。)退出意味着至少要再过一年才能实现这个目标。

哈奇森和塔斯凯设法说服了卡西希克。上午11点30分,他们放弃登顶,安全返回4号营地,随后下山而去。

现在你就明白为什么这个故事名不见经传了。它太平淡了。故事里的英雄在距离珠峰峰顶不到3个小时路程的地方,遵守规则放弃了登顶。他们未曾面对死亡的威胁。相反,他们转身返回,活了下来。

整件事让人感觉虎头蛇尾,不是电影想要的素材。

但有趣的是,若你读过关于珠峰的书或看过相关电影,我敢打赌你一定知道哈奇森、塔斯凯和卡西希克的故事。

只是你不记得他们了。

这3名登山者与1996年珠峰登山季一起被记录在乔恩·克拉考尔的著作《进入空气稀薄地带》，以及1998年的热门纪录片《珠穆朗玛峰》和2015年的同名故事片《珠穆朗玛峰》中。他们的领队罗布·霍尔是世界上最成功的登山运动员之一。霍尔和当天登顶的其他四人在返回4号营地的途中丧生于不同的地方。

其实，霍尔就是和他们一起被堵在队伍末尾的那名领队。他告诉他们距离峰顶还有3个小时路程，随后试图加快速度超过前方那些缓慢的登山者。

当他们和其他客户聚集在大本营时，也是霍尔向他们强调下午1点这个"关门时间"的重要性。霍尔还多次规定并在上山途中强制执行"关门时间"。前一年，他甚至和一位名叫道格·汉森的客户在距离峰顶只有300英尺的地方掉头回去。

1995年，霍尔在规定并强制执行"关门时间"方面的谨慎和专业无疑挽救了汉森的生命。当年，另一名向导说汉森"上山时还好，但刚开始下山就身心崩溃，变得麻木迟钝，仿佛耗尽了精力"。

其后的一年间，罗布·霍尔多次给汉森打电话，答应在费用上给他打折，成功鼓励他在1996年再试一次。

第二年，霍尔和一小群登山者在下午两点左右登顶。其他人这时意识到天色已晚，很快开始下山。而霍尔在等汉森，他相信汉森就在后面。

汉森直到下午4点才登上峰顶，那时他已筋疲力尽，无法从近乎垂直的希拉里台阶爬下。霍尔帮不了他，但也不愿抛弃他。

两人双双遇难。

我们稍后再探讨干扰霍尔做出正确判断的诸多因素。但就目前而言，他的失败表明了尽管"关门时间"能增加做出理性退出决定的概率，但并不能确保一定会做到。

那天当山上发生混乱时，几乎没有人记得哈奇森、塔斯凯和卡西希克这3名遵守规则转身离去的登山者。这不仅仅是因为他们寂寂无闻，更是因为他们没有给人留下丝毫印象。

他们就像隐形人。

为什么很少有人记得这3名明智返回的登山者？不是因为克拉考尔没有在书中讲述他们的故事。他甚至指出："面对艰难的决定，只有他们和少数几人做出了正确的选择。"

我们往往只关心人类面对逆境时勇于拼搏的那一面。无论是否发生了悲剧，继续攀登的人成了故事里的英雄。即使没有遵守"关门时间"，他们也用"坚持"吸引了我们的关注。

攀登者在登顶当天掉头的故事可以供人讲述，但显然不够让人记住。

毫无疑问，退出是一项重要的决策技能。做出正确的决定有时攸关生死。珠穆朗玛峰上发生的事便是如此。然而，即使在这种生死攸关的情况下,我们似乎也完全记不得那些退出者。

其中的问题在于,我们都从自身或他人的经验中学习如何更好地处理事情。而我们从经验中学习的能力必须跟得上我们对这些经验的记忆。

关于退出的决定也是如此。

如果看不到退出者,我们怎么学习退出呢?更糟糕的是,当我们看到退出者,却又消极地将他们视作不值得钦佩的胆小鬼,又要怎么学习退出呢?

"胆小鬼"这个词在过去相当流行,与"退出者"同义,非常令人厌恶。若你称某人为"胆小鬼",那么他们就有权向你提出决斗。1806年,查尔斯·狄金森在一家当地报纸上称安德鲁·杰克逊为"胆小鬼",杰克逊向狄金森发起挑战,在决斗中将他杀死,但这并未妨碍杰克逊在1829年当选为美国总统。

如果称某人为"退出者"就可能挨枪子儿,我们怎么能指望人们意识到学会退出有多么重要呢?

退出是决策工具

虽然坚持与退出相互对立,但它们实际上是同一个决定的两个方面。当你在决定是否退出时,也是在决定是否坚持。反之亦然。

换句话说,你不能既要退出,又要坚持。

我们可以从这些勇敢的攀登者身上一窥坚持与退出的关系：促使你攀登向上的是"坚持"，但告诉你何时该停下的是"退出"。事实上，正是有可以转身离开的选项，你才会在一开始做出登山的决定。

假设你做出的每一个决定都是最终决定，无论什么决定，你都必须坚持一生。想想看，你要有多大的把握才能下定决心开始做一件事情，比如你必须和第一个约会对象结婚。

沧海桑田，白衣苍狗。在不断变化的环境中固执己见，拒绝改弦更张，将会带来灾难性后果。若你一直在攀登的山峰变成了从下面开始融化的冰川，不回头就意味着被冲走。

这就是为什么我在培训别人成为更好的决策者时会选择"退出"作为主要技巧，退出能让你应对不断变化的环境。

当然，任何决定都是在一定程度的不确定性下做出的。这种不确定性主要来源于两个方面，我们的大多数决定都受到这两者的制约。

其一，世界充满无限可能。这只是一种好听的说法，其实运气因素很难让人准确预测事情会如何发展，至少从短期来看很难。我们的行动不是基于确定性，而是基于可能性。我们没有水晶球，无法占卜哪一个可能的未来会成真。即使一个选择有 80% 的概率会成功，但仍有 20% 的可能性会失败。问题在于，作为决策者的我们不知道何时会面临那 20% 的糟糕结果。

其二，我们在做大多数决定时并不了解全部事实。我们并非全知全能者，只能根据部分信息做出决定，而这些信息肯定远远满足不了完美决策的需要。

也就是说，当你开始一项特定的行动之后，新的信息就会出现。这些信息正是关键反馈。

有时，它们可能是新的事实；有时，它们可能是思考同一个问题、同一组数据或已有事实的不同方法；有时，它们可能只是你的偏好。毫无疑问，其中一些新信息与你的未来有关，无论这个未来是好还是坏。

当所有这些不确定性聚在一起时，决策就变得困难重重。好消息是，退出能帮助你更容易地做出决定。

"早知道我就不这么做了。"这样的想法人人都有过。作为工具，退出可以让你在了解到新的信息后重新做决定。它赋予了你应对环境改变、知识状态改变或自身情况改变的能力。

这就是为什么培养退出的能力如此重要。有了退出的选择权，你就不会被不确定性所支配，也不会永远受困于自己做出的决定。

硅谷以奉行诸如"快速行动、打破陈规"的口号而闻名，并通过"最小化可行产品"（minimum viable product，MVP）等策略实现这些口号。只有当你可以选择退出时，此类敏捷策略才会起作用。固执到底无益于MVP策略的执行。关键是要快速获取信息，退出那些没用的东西，把时间用于坚持做值得做的事情或开发功能更好的新产品上。

"退出"可以让企业在高度不确定的环境下提高试错的速度和效率。显而易见，行动越快，不确定性越大，因为收集和分析信息的时间被缩短。MVP策略意味着可以在行动之前退出或改变，以免投入过多的时间和精力；同时也意味着可以加快信息收集过程，而信息收集对好的决策来说至关重要。

理查德·普赖尔可以说是20世纪70年代中期至80年代初世界上最好的单口喜剧演员，因致力于开发新节目而为人所知。尽管现在这一代人对普赖尔不太熟悉，但他成功打破了喜剧的界限，还影响了后来者，被认为是有史以来最重要的喜剧演员之一。距普赖尔最后一次表演单口喜剧已经过去了20年，美国喜剧中心频道仍将他置于榜单首位。2017年，也就是在普赖尔离世10多年后，《滚石》杂志也将其视为"喜剧演员第一人"。此后，几乎所有知名的喜剧演员都称他为"史上最佳"，其中包括杰瑞·宋飞、戴夫·查普尔、艾迪·墨菲、大卫·莱特曼、金·凯瑞、克里斯·洛克和已故的罗宾·威廉斯。

普赖尔不仅是喜剧演员，也是电影明星和文化偶像。名气最盛之时，他会在日落大道的"喜剧小铺"演出一系列新节目。"喜剧小铺"是一个很有影响力的小型俱乐部，你要先在那里证明自己，才能登上《今夜秀》。舞台总是让人梦寐以求。

普赖尔声名显赫，想什么时候上台就什么时候上台。事实上，只要他的名字出现在屏幕上，观众的期待值就会飙升。消息很快传遍洛杉矶和娱乐圈。购票队伍如长龙一般蜿蜒百米。当他登上舞台时，现场的气氛就像一场刚刚开打的重量级拳王比赛。

但普赖尔也会"翻车"。

第一天晚上，除了"一些想法"和"最多一两个笑话"，他什么都没准备。观众请求他表演最新专辑中的标志性角色，大声呼喊该角色的精辟语句。一旦清楚听不到想要的东西（或有趣的新东西），喊声就会平息下来。他在尴尬、难堪的沉默中，结结巴巴地进行了一次至少半个小时的糟糕表演。

第二天晚上，他丢掉那些没用的东西——几乎所有——继续挖掘那些引人发笑的内容。30天后，他积累了40分钟的优质素材。他用这些素材创作了9张连续获得格莱美奖提名的喜剧专辑，其中5张斩获大奖。

这是喜剧演员版的MVP，在敲定笑话的细节之前，先去小型俱乐部讲笑话；或者就一个话题即兴发挥，看看情况怎样。杰瑞·宋飞、克里斯·洛克等大多数成功的单口喜剧演员都是这么做的。他们从观众那里寻求反馈，然后退出那些不奏效的内容，转而开发那些有用的素材。

这不仅仅是硅谷人和喜剧大师的事。大胆尝试并有能力退出，对我们所有人的生活都至关重要。

举一个简单的例子，约会也是MVP的一种实践。比起结婚对象，你对约会对象的了解无须很深，因为你可以轻易选择不再见面。此外，约会还有助于揭示和归纳你的喜好，以使你对长期关系做出更好的决定。

拥有退出的选项，你就可以在危机出现时离开。若珠穆朗玛峰的峰顶近在咫尺而天气发生转变，你会转身返回山脚；若医生说你的肾脏受损了，你会退出拳击这项运动。

同样的道理也适用于你的专业、工作、职业方向、感情、钢琴课，甚至看电影这样的小事情。

确定性奏响的"塞壬之歌"

退出是在不确定性下做出明智决策最重要的工具之一，与此同时，不确定性也是做出退出决定的阻碍，因为退出这个决定本身就充满不确定性。如同你在采取行动之前不能百分之百地确定某个决定会产生怎样的结果一样，你在决定退出时也不能百分之百地确定它会产生怎样的结果。

想想哈奇森、塔斯凯和卡西希克吧。他们在决定攀登珠穆朗玛峰时，并不知道结果会怎样。他们在大本营时并不知道事情的走向，在午夜离开4号营地时也不知道"登顶日"会发生什么。当他们在上午11点30分面临是和其他攀登者一同上山还是败兴而返的抉择时，情况也是一样的。

当你决定结婚时，你不知道未来是好还是坏；当你决定离婚时，你也不知道未来是好还是坏。要不要选择某个专业、接受某份工作，或者启动某个项目，都是如此。

无论是坚持还是退出，你都无法确保一定会成功，因为成功是概率问题。但这两种选择之间有一个关键区别。

只有一种选择,也就是坚持,能让你最终找到答案。

对确定性的渴望,好比召唤我们坚持到底的"塞壬之歌",因为坚持到底是了解事情会如何发展的唯一途径。如果选择退出,"如果……会怎样"的想法将一直萦绕在心底。就像神话中被"塞壬之歌"引诱的水手一样,我们也被"寻根究底"的想法引诱着坚持不懈。这样才能"以防万一"。

问题在于,"塞壬之歌"有时会诱惑你驶向礁石滩将船撞得粉碎,还会让你在珠穆朗玛峰之巅丧命。

事实上,唯有当选择不再是选择的时候,你才能确定应该退出。当站在深渊边缘或已经陷入深渊,你别无选择,只能退出。

如果你是即将登顶的攀登者会怎样?想想你花了多少时间、精力和金钱,想想你和家人为登顶珠穆朗玛峰做出的牺牲。而你现在与峰顶的距离只有几百英尺,只要再坚持几个小时。

在经历了那么多,麻烦了别人那么多之后,你会在不确定能否成功的情况下转身离开,让你的余生一直活在"如果我没有退出会怎样"的重压之下吗?

大部分人做不到。哈奇森、塔斯凯和卡西希克做到了,但更多的人无法抗拒"坚持"的召唤,比如那天的遇难者和许多的死里逃生者。

企业墓地"超级碗"

你要练习选择攀登哪一座山的技巧,也要学会选择何时下山的本领。

世界在不断变化,我们应该退出那些不起作用或不再想要的东西。我们要审时度势,弄清事情将在何时发生,找到更值得关注的对象。

事实证明,即使距离山巅仅一步之遥,也不一定就是站稳了脚跟。2021年,汤姆·布拉迪第七次赢得"超级碗"总冠军,让人不禁惊叹于他的杰出表现及其职业生涯的长度。浏览一下19年前,也就是2002年布拉迪首次亮相"超级碗"比赛时的广告商名单,你会发现他比许多曾经风头一时无两的成功企业更加"长青"。现在看来,这份名单就像一片虚拟的企业墓地,埋藏着美国在线、百视达、电路城、CompUSA(电子产品销售服务商)、捷威、RadioShack(消费电子产品专业零售商)和西尔斯百货。

如果想知道为什么善于退出对于驾驭这个不断变化的世界如此重要,只要看看这份名单就好。在2002年,能负担得起200万美元(现在超过500万美元)的30秒播放时间,并投入资金制作、营销一个创意广告的企业,无疑就是一家成功的大企业。而这样一家大企业很可能一直在努力保持规模,并希望能继续扩张。

这些企业都很"聪明",做出了非常成功的产品。它们拥有足够的资金和资源审时度势。但环境变了,它们却没有及时退出,而是坚持,直到被淹没于历史长河之中。

以百视达为例。随着颠覆性技术(流媒体)的问世,新的竞争对手纷纷涌现,其中就包括奈飞。百视达原本有机会收购奈飞,但它拒绝了,坚持走门店出租实体音像制品的路子。

我们都知道后来百视达衰落了,而奈飞崛起了。

看过百视达和这份名单上的其他公司,你会意识到亟须校准"退出"这个天平的不只是个体,还有企业。这不足为奇,因为企业就是个体的集合。

企业要想实现持续获得盈利,不仅在于坚持某种策略或商业模式(即使它在过去是有效的),还在于要审时度势,及时做出调整。同样,从个体的角度看,通往幸福的道路也并不是盲目坚持,许多格言都告诫过这一点。我们需要审时度势,才能设法最大限度地利用时间、感受快乐和收获幸福。

而这通常意味着更多的退出。

"知道什么时候该坚持,什么时候该弃牌":弃牌是主旋律

肯尼·罗杰斯在《赌徒》这首歌中唱道:"你一定要知道什么时候该坚持,什么时候该弃牌;知道什么时候该走开,什么时候该逃离。"

注意，这四件事中有三件与退出相关。论及玩扑克时止损的重要性，肯尼·罗杰斯抓住了精髓。

原来，牌桌才是学习退出之美的好地方。最佳的退出时机可能是区分职业和非职业选手最重要的技能。事实上，如果没有放弃一手牌的选择，扑克就更像"百家乐"，这是一种无须技巧的游戏，因为你在发完牌之后就不用再做任何新的决定了。

顶级扑克玩家在方方面面都比业余选手更善于退出。最明显的就是他们知道什么时候该弃牌。

决定哪几手牌适合下注、哪几手牌必须放弃，是玩家做出的第一个选择，也是最重要的选择。职业德州扑克选手在这方面表现得更好，在拿到两张底牌后，他们继续玩牌的概率只有15%~25%。相比之下，业余玩家拿到底牌后坚持玩牌的概率超过50%。

在坚持还是弃牌的斗争中，业余玩家通常会坚持，而职业选手通常会弃牌。从某种程度上说，这可能是因为唯有选择坚持，才能让你确定只要撑到最后一张牌，就永远不会错失获胜并大捞一笔的机会。

扑克界有句俗语叫"任何两张底牌都能赢"，意思是即使摸到一手"烂牌"，只要坚持到底，无论机会多么渺茫，也总有一丝赢牌的希望。

可惜，这句话后面还有一句，"……但没有足够的时间获得盈利"。

我记得有很多个围坐牌桌的夜晚，旁边的玩家只要拿到了一手好牌，就会加大下注的动作，仿佛在宣告他们赢定了。有时，事情会变得好笑，比如他们的起手牌拿到了 2 和 7（从数学的角度讲，这两张牌是最差的底牌组合，因此弃牌是毫无悬念的），而最后形成的 5 张公共牌里又包含 7、2、2 这三张牌。此时，他们总会埋头叹息：" 我弃掉了 7 和 2。我本来可以凑成'葫芦'的！"

我会对他们说："有一个方法可以避免这种情况。"

"什么方法？"

"每一手牌都打到最后摊牌。"

这个建议显得荒谬，但我想说的是，放弃若干手可能会赢的牌是在扑克比赛中取得佳绩的必要部分。要想在比赛中表现出色，你就得学会接受这一点。每手牌都打，你很快就会输得精光，因为从长远来看，你为太多手没有赢面的牌下注。少了弃牌这项关键技能，扑克就更像百家乐。

即使只下注一半的牌，也将付出巨大的代价。然而，这种代价可以换来内心的平静。当你坚持到底时，就不会因为知道自己有可能丢掉胜利而感到痛苦。你不必面对"如果……会怎样"的悲惨局面：你眼睁睁看着玩家们把筹码扔进巨大的底池里，而某人把它们收入囊中，你心里想着要是没有弃牌，赢的人可能就是自己。

对大多数玩家来说，内心的平静是一种强大的力量，是又一曲"塞壬之歌"。这也是业余选手不愿放弃很多手牌的主要原因之一。

如果在第一轮下注时业余选手就很难弃牌，那么一旦下注，再弃牌就更难了。无论下一轮下注能否获利，你都难以克制想要赢回已下赌注的冲动。

由于打牌过程中存在不确定性——看不见其他选手的牌，也不知道接下来会有什么牌——你无法确定手上的牌会打出什么结果。这使大多数玩家选择继续而不是止损，因为坚持下去还有赢的希望。相比之下，弃牌则意味着输掉筹码，失去赢回已下赌注的可能性。

要是你习惯为你的底牌下注，并且坚持打到最后摊牌，就更有可能避免因为弃掉了本可以赢的牌而后悔。

但你也将输得一干二净。最好的扑克玩家会避开这个陷阱。

此外，最好的玩家还知道什么时候该离开牌桌。职业选手在比赛中通常比其他玩家更容易分辨不利的比赛条件和较差的自身状态，因此也更有可能退出牌局。

退出牌局的决定充满不确定性，因为你永远搞不清楚输牌的原因。你可能打得很差，也可能打得很好，却仍因为运气不佳输掉了牌局。换句话说，如果你把输牌归咎于运气不佳并继续玩下去，那么总能找到借口。退出牌局就等于承认你比其他选手差，在这场牌局中缺乏优势。这将是对自尊心的重大打击，很少有人愿意承受这种打击。

弃牌的结果只能是输掉一手牌，退出牌局的结果也只能是输掉已经下注的筹码。这一切都使你在输牌的时候很难退出。

职业扑克选手做出的这些决定就很完美吗？非也。事实上，他们有时也表现糟糕，但还是比对手更善于做出退出的决定，从而赢得最终的胜利。

仔细想想，几乎所有的决定都面临相同的不确定性。我们应该辞职吗？应该改变策略吗？应该放弃这个项目吗？应该掉头下山吗？应该关闭业务吗？

这些都是难题。我们并非无所不知，也没有水晶球或时光机。我们所拥有的只是对一个不确定和变化中的环境的最佳评估，以及对我们已经磨炼出过硬的退出本领以便在情况不利时能够及时转身走开的希望。

一种美德的反面是另一种美德，这就是关于坚持和退出的基本真理。

第一章小结

- 我们常常赞美那些在逆境中迎难而上的人，而对退出者视而不见。
- 如果我们不注意退出者做出的决策，就很难从他们身上学到东西。
- 从长远来看，退出有时是获得胜利的最佳方式，无论是在牌桌上及时止损，还是改天再攀登珠穆朗玛峰的决定。
- 退出和坚持是同一个决定的两个方面。
- 现实世界中需要在没有完整信息的情况下做出决策。退出是一种工具，能让我们在新的信息出现后重新做决定。
- 坚持到底是确定结果如何的唯一方法。退出则需要面对未知的可能性。
- 选择退出有助于你探索更多、学习更多，最终找到正确的方法并坚持下去。

第二章　适时退出通常感觉像过早退出

1992 年，大学新生斯图尔特·巴特菲尔德第一次接触互联网，就被互联网促进人际互动，尤其是促进跨地域互动的潜力所吸引。

过了 10 年，也就是 2002 年，他与人合伙创立了一家公司，开发一款大型多人在线角色扮演游戏——《永无止境的游戏》（*Game Neverending*）。在这款游戏里，玩家通过合作积累物品来创造完整的世界。喜欢该游戏的玩家有很多，但随着互联网泡沫的破灭，公司的融资陷入困境。巴特菲尔德这样对我说："没有多少人对投资与互联网有关的东西感兴趣，何况是无关紧要的游戏。"

2004 年，由于融资未果，该公司资金告罄。

绝望之中，他们"抢救了"游戏的一个功能，即以图片的形式展示玩家积累的物品清单。这就是最早的图片分享网站之一 Flickr。不到一年，巴特菲尔德与合伙人就以 2 500 万美元的价格把它卖给了雅虎。

2008年，巴特菲尔德离开雅虎，想要重新开发一款开放、合作、构建世界的在线游戏。他召集数位Flickr时代的伙伴，共同创办新的游戏公司Tiny Speck，其推出的第一款游戏《电子脉冲》(*Glitch*)更是野心勃勃。

公司的计算能力提升了100倍，工程师和设计师团队经验丰富、才能超群，加上Flickr带来的光环和更为有利的融资环境，他轻松获得了风险投资的青睐，从安德森-霍洛维茨基金、Accel公司等风险投资机构那里筹集了1 750万美元。

《电子脉冲》于2011年9月27日公开发行。游戏画面精美、情节生动，被粉丝和评论家形容为"喜剧天团巨蟒组与绘本大师苏斯博士的碰撞"。

到2012年11月，这款游戏已拥有大约5 000名铁杆用户，他们每周至少要玩20个小时。问题是，这些按月付费的玩家在10余万注册免费试玩的用户中只占不到5%。

超过95%的新用户在玩《电子脉冲》时，不到7分钟就退出游戏，再也不玩了。

巴特菲尔德、公司联合创始人以及投资人都意识到了这个问题。只有吸引95~100名新用户，才能拥有1名付费玩家。他们决定更加积极地获取用户。公司一直采取低调的策略，依靠口碑，只进行公关宣传。现在，他们加大了营销力度，推出付费广告，加入营销联盟，想让更多的人尝试游戏。

新营销计划成效显著。到11月的第二个周末，也就是推广游戏的最后一个周末，他们吸引了 1 万名新用户。在过去的 15 周里，日活跃用户以每周 7% 以上的速度增长，一周内玩游戏的天数达到 5 天的超级硬核玩家以每周 6% 以上的速度增长。

然而，美好的周末过后，巴特菲尔德却在周日的夜晚辗转反侧。午夜时分，他想通了一件事，并在第二天，也就是 11 月 12 日采取了行动。

他给投资人发了一封电子邮件，开头写道："早上一醒来，我就知道《电子脉冲》完了。"

这完全出乎投资人与合伙人的意料。明明一切都很顺利。实际上，他们不止事事顺利。《电子脉冲》刚刚经历了迄今为止最大的增长。公司资金充裕，银行账户里存有 600 万美元。巴特菲尔德却对他们说要退出《电子脉冲》，并提出将剩余的资金返还给投资人。

公司的利好消息不断，巴特菲尔德为何感到困扰，以至于无法入睡？促使他关闭公司的原因是什么？

因为巴特菲尔德能够展望未来，看到别人看不到（或不想看到）的东西。在考虑《电子脉冲》可能带来的结果时，他发现这款游戏大概率会沦为一个花钱的无底洞。

新用户的增长确实达到了最高峰，但在他看来，公司必须连续 31 周保持 7% 的周环比增长才能实现收支平衡。前提是，这些新用户会以过去的比例转化为付费玩家。这个假设相当夸张，因为按理来说，关注的数量与质量成反比。实际上，相比早期的营销力度，最近这1万名新用户的获取成本更高，客户质量却较低。

更糟的是，久而久之，付费广告能够触达的用户将逐渐变成已经试玩过《电子脉冲》但最终退出游戏的群体。随着游戏核心用户的饱和，广告吸引新用户的潜力依赖于那些对在线游戏没什么了解或不感兴趣的人。这将继续降低《电子脉冲》的转化率。这款游戏只有通过"玩转"大量新用户才能继续发展。

由于Tiny Speck公司在8个月的营销过程中"烧钱"无数，因此即使面临越来越多的挑战，也必须维持住所有这些增长指标才能实现收支平衡。公司要想获得经济上的成功，最终需要数十万付费用户，也就是得有数千万人试玩这款游戏。为了达到这一目标，它必须不断投入资金去获取新用户（质量越来越低），以便在更多的关注中找到那些支持游戏的铁杆用户。

这笔账算不来。

巴特菲尔德完全有理由否认或无视他在展望未来时所看到的一切。《电子脉冲》是一款很棒的游戏。它创造性地表达了创始人的愿景，并深受玩家的喜爱，新用户也有所增长。

对这样一家企业的创始人来说，继续经营下去才是本能反应。巴特菲尔德用4年时间研发了《电子脉冲》这款游戏，最重要的是，他还押上了自己的声誉。正如2017年他在播客节目《规模大师》中向里德·霍夫曼解释的那样："你得说服投资者、媒体、潜在员工和客户。我千方百计地说服大家放弃之前的营生,辞掉工作加入这个项目,为了股权忍受低薪……"

尽管如此,退出在他眼里仍然是正确的决定。他告诉投资人:"我想我6周前就知道了这一点,但我错把否认当成了谨慎(为了确保我们不会过早放弃),可惜'不利'一栏里的东西太多了。"

其他人都觉得巴特菲尔德退出得太早。但在展望未来的过程中,巴特菲尔德却意识到他可以退出得更早。

尚不清楚其他人听了巴特菲尔德的解释后是否会信服,但这并没有太大的影响。如果巴特菲尔德都退出了,就没有继续下去的意义了。

与巴特菲尔德处在相同位置的人大多数不会这样做。虽然坚持是更容易的选择——他对项目的投入长达数年,最近的经营业绩令人鼓舞,联合创始人和投资人想要继续,退出的决定让他夜不能寐,公司员工也面临失业困境——但他最终还是选择了退出。

这似乎是一个悲伤的结局。巴特菲尔德对多人合作游戏充满热情,并为此付出了10年的努力。然而,他又一次失败了。

实际上,在必要的时候退出,已经是圆满的结局。只不过我们总将退出视为失败,因此很难用积极的眼光看待它。

巴特菲尔德看到了即将失败的未来,决定在花光Tiny Speck公司剩余的资金之前退出。他叫停了一笔600万美元的糟糕投资,将这些钱用于其他更有可能获利的地方。当确定公司的股权不值得员工付出努力时，他立即采取了行动，避免他们陷入为了股权忍受低薪却被困于一家失败企业的窘境。

这对巴特菲尔德、投资人、联合创始人和员工都有利，难道还称不上一个圆满的结局吗？

从这个例子中，我们可以学到另一条有关退出的宝贵教训。退出能让你活下来，改天再战。有时真的就是这样。哈奇森、塔斯凯和卡西希克掉头下山，才能活下来继续享受生活。扑克选手选择弃牌，才能减少损失，才能有足够的筹码下注一手更好的牌。在手气不顺的时候及时离开牌桌，就不会输得精光，可以让自己还有资金去参加另一场赢面更大的比赛。

退出《电子脉冲》后，巴特菲尔德得以腾出时间去开发另一款产品。他很快就付诸行动，尝试把《电子脉冲》开发团队的内部通信系统变成独立的效率工具。该工具大体上融合了电子邮件、即时消息和手机短信的优势，允许团队成员实时交流并共享文档等材料。

公司里人人都喜欢用它。凡是知道的人也喜欢用它。退出《电子脉冲》不到两天，团队就开始研发这个新产品，投资人也决定将钱投给这个新产品。

当时，在 Tiny Speck 公司内部，这个工具甚至没有名称。11 月 14 日，根据"所有对话和知识的可搜索日志"（Searchable Log of All Conversation and Knowledge）的首字母缩写，巴特菲尔德给这个工具起了一个代号。

聊天群组Slack（企业办公协作软件）就此诞生。它坚持住了。

2013年8月，Slack发布新产品。2019年6月，Slack上市，首日市值就达到195亿美元。2020年12月，Salesforce（客户关系管理软件服务提供商）以现金、股票和承担债务的方式收购Slack，交易价值277亿美元。

人们忍不住想："退出的决定反而造就了Slack，这真是一个圆满的结局。"别搞错了，就算巴特菲尔德不曾开发Slack，而是只把资金返还给投资人，也称得上皆大欢喜。将Tiny Speck公司的内部通信工具打造成"独角兽"，不过是一件锦上添花的事。

在还有选择的时候退出

《电子脉冲》的故事凸显了关于退出的一个根本性问题：

适时退出通常感觉像过早退出。

适时退出不会立刻产生什么特别可怕的结果，因为退出与展望未来的能力有关，只有当你看到事情极有可能变坏时，才会踌躇不决。

在退出成为客观上最好的选择时，事情其实不算太糟，尽管那一刻暗藏有助于看清未来的线索。问题是，出于对退出的厌恶，我们往往会为这些预示着最坏结果的线索找借口。

从表面上看，斯图尔特·巴特菲尔德确实看到了事情不利的一面。他观察到新用户在质量方面发生的变化，思考了这些人转化为付费玩家的可能性，以此来预测《电子脉冲》的未来。

若是我们处在巴特菲尔德的位置上，大多数人会把注意力集中在对当下的乐观看法上。或者说，我们更关注一些不是那么难以接受，也不需要选择退出的看法。毕竟，你已经创造了一款优秀的在线游戏，还吸引了 5 000 名铁杆用户。这太了不起了！投资人充满信心，合伙人大喜过望。你刚刚度过了有史以来业绩最好的一个月，获得了许多新的客户。你的银行账户里还存着 600 万美元。你只需要解决如何留住更多玩家的问题。而且其他人都斗志昂扬，希望继续下去。

换个场景也是一样：你很快就能登顶珠穆朗玛峰了，只要再爬 3 个小时。氧气很充足。虽然你的动作有点慢，但登山条件看上去很好，好到足以让大多数人坚持向上攀爬。

也许从乔治·福尔曼手中夺回冠军头衔后就是穆罕默德·阿里功成身退的理想时机。那时他恰好实现了人生抱负，肾脏和神经也还没有受损。可惜他不是超人，不能穿越到未来了解一切。

特迪·布伦纳和费尔迪·帕切科虽然也不是无所不知，但他们从 1977 年 9 月阿里对战厄尼·沙弗斯的比赛中就能看出，如果阿里在这个危险的职业上坚持到 35 岁以后，他就很有可能面临严重的健康问题。

尽管如此，4 年后阿里才真正退出拳坛。

做出正确的退出决定需要"心理时间旅行"的支撑并不奇怪，因为最不该做决定的时候就是你身处其中的时候。那时你正处在当下，面临是否应该止损的问题，无法超越现在去审视未来。

提及未来，我们通常想到的是希望、目标和抱负。这种乐观意味着，我们太过轻视可能发生的变故，直到为时已晚。

管理咨询业有一条著名的启示法则：第一次想到解雇某人的时候，是付诸行动的最佳时机。这条法则旨在让企业更快地做出决定，因为大多数管理者不愿意解雇员工，导致这些员工留下来的时间越来越久。

当然，从雇主的角度看，解雇表现不佳的员工也是一种退出。企业势必要一直面对这种情况。为了做好管理，他们必须决定是否让表现不佳的员工"走人"。

聘用决定比大多数人想象的更加充满不确定性。你收到了求职者的一份简历、数封推荐信，还对他们进行了几次面试。这就好比只是约会了几次、交了两个共同的朋友就建立长久的恋爱关系。一直以来，管理者招聘成功的概率只有 50%，这完全符合其中的不确定性。在新员工真正工作一段时间以前，你对他们胜任工作的程度了解多少呢？

要想降低这一决定所带来的风险,雇主可以选择解雇员工,员工也可以选择辞职。当然了,这意味着你得善于行使这种选择权。然而,解雇某人的决定本身就是在不确定性下做出的,正如我们已经探讨过的几种情况,这将导致我们过于坚持。

因此,尽管解雇员工的法则广为人知,但却很少有人付诸实践。

当你意识到留住员工行不通之后,错误造成的代价已经无可挽回。杰夫·斯玛特是一名管理顾问,也是聘用优秀团队方面的专家。他从对公司客户的研究中发现,就硬性成本和生产力损失而言,错误聘用一名员工的平均成本是其工资的15倍。在错误聘用已经发生的前提下,留住这名员工太久自然也会增加成本。

迟迟不愿改弦易辙同样如此。如果不及时止损,损失只会越来越大。

这反映了大家对退出的一个常见误解。我们不愿意在该抽身的时候抽身,因为我们认为这样做会减缓或阻止事情的进展。然而,事实恰恰相反。

如果你坚持做一件不再值得做的事,无论是一段坎坷的恋情、一只正在亏钱的股票,还是一名不称职的员工,那你就离失败不远了。

不退出,你就会与更好的机会失之交臂,不能及时转向那些更有利于实现目标的事情。每一次无效的努力都在拖垮你,每一次错失良机的坚持也在拖垮你。

与普遍的看法相反，退出其实可以让你更快地实现目标。

考虑期望值

坚持还是退出？为了做出正确的决定，你需要对潜在的利弊可能性进行有依据的推测，以便弄清楚有利的方面能否为长期坚持提供支撑。

从根本上说，你必须考虑期望值。斯图尔特·巴特菲尔德就是这么做的。

期望值有助于回答两个问题。第一，站在长远的角度，它可以告诉你正在考虑的选项是否会带来积极的结果。第二，你可以借助期望值找出哪个是更好的选项，以做出更好的选择。所谓更好的选择，就是期望值最高的选择。

要确定期望值，首先要在一定范围内筛选出合理的可能结果。从不同的角度来讲，会有一些好结果，也会有一些坏结果，每个结果都有一定的概率发生。将每个结果发生的概率与其好坏的程度相乘，然后把所有结果相加，就得到了期望值。

举个简单的例子，假设你正在抛硬币，这意味着硬币有50%的概率正面朝上，也有50%的概率反面朝上。若硬币正面朝上，你将赢得100美元；若硬币反面朝上，你将损失50美元。用赢得的100美元乘以50%得到50美元，这就是你的长期预期收益；用损失的50美元（即–50美元）乘以50%得到–25美元，这就是你的长期预期亏损。两者相加，即用50美元加上–25美元得到25美元的净收益。因此，这个抛硬币问题的期望值是25美元。

请注意，虽然硬币反面朝上的概率与硬币正面朝上的概率相同（都是50%），但期望值仍为正，因为你赢了之后的收益比你输了之后的损失大。

即便赢了之后的收益远小于输了之后的损失，只要赢钱的概率大到足以弥补损失，你也能得到一个正期望值。例如，硬币正面朝上时赢50美元，反面朝上时则输100美元，但赢钱的概率是90%，输钱的概率是10%，期望值依旧等于35美元。

这才是你该下的注。

在获胜概率极小的情况下，期望值同样也可能为正。假设抛硬币时反面朝上的概率是99%，正面朝上的概率是1%。硬币反面朝上，你将损失100美元；硬币正面朝上，你将赢得10万美元。即使你只有1%的机会赢钱，赢的钱也足以让下注获得高达901美元的正期望值！

（当然，这场赌局的风险远比另外两场要大。风险管理是常见的写作主题，但不属于本书的考虑范围。）

要确定期望值，先问问自己："我正在考虑的事项（要么采取新的行动，要么坚守原来的方向）是否具有正期望值？"

接着，将这个期望值与其他选项的期望值进行比较。时间、精力和金钱都是有限的，我们一生中所能做的事情也是有限的，因此，我们在考虑是否应该坚持到底时，需要问问自己："假如我转换方向做另一件事，它的期望值会比我目前正在做的事更高吗？"

如果你发现另一件事的期望值更高，那么就应该放弃脚下的路，转向那条能让你更快到达目的地的新路。

无论是对于抛硬币、炒股（以金钱衡量输赢），还是对于和谁结婚、住在哪里（以幸福和生活质量衡量输赢），期望值这个概念都有助于你判断所走的道路是否值得坚持下去。

斯图尔特·巴特菲尔德借助期望值来决定是否继续开发《电子脉冲》。作为一家初创企业的联合创始人，他面对的是一件成功概率很低，但潜在回报巨大的事。

显然，绝大多数初创企业不会成为 Slack、奈飞、推特、脸书这样的公司。它们大都以失败告终。即便如此，那一点成功的可能性仍然激励着创业者们不断奋斗。

而这正是困扰巴特菲尔德的问题。2012 年 11 月 11 日深夜，他在辗转反侧中展望未来，发现 Tiny Speck 公司成为"独角兽"的概率很低，并不值得坚持。

在未来，巴特菲尔德或许可以把《电子脉冲》变成"独角兽"，但这种可能性实在太小了，不足以证明他能够以超过 10 亿美元的价格退出。他已经看到了"不祥之兆"，只有优秀的退出者才能读懂它。当巴特菲尔德在 11 月 12 日向他的联合创始人和投资人宣布自己的决定时,他明白退出比继续前进有更好的期望值。

从本质上讲,巴特菲尔德的思考方式就像扑克玩家。无论如何,赢了的玩家都不会想着"一手定胜负"。他们知道,虽然任何两张牌都能赢,但只有某几手牌的赢面大到值得下注。扑克玩家会根据跟牌和弃牌的期望值大小来做决定。换句话说,如果他们一遍又一遍地打这手牌,从长远来看,哪种选择(跟牌还是弃牌)更有利可图?

显而易见,我们并非无所不知,我们中的大多数人也不像巴特菲尔德那样擅长"心理时间旅行",但我们每个人都有能力一窥未来,帮助自己更好地做出退出的决定。

根据期望值决定是否退出

2021年夏天,我收到一位读者的电子邮件,她希望我帮助她决定是否辞职。

萨拉·奥尔斯汀·马丁内斯医生觉得她走到了职业生涯的十字路口。2005年,她从医学院毕业,随后到医院急诊室实习了一年,自此爱上急救医学,在急诊室一干就是16年。

马丁内斯在西奈山医院实习,这家医院是芝加哥首屈一指的创伤中心,它邻近北朗代尔社区,这个社区被认为是芝加哥最危险的地带之一。根据2019年一项基于急诊室数据的枪支暴力趋势研究,"可以准确地说,西奈山医院见证了大部分在芝加哥发生的枪支暴力事件"。

这是一次完美的历练,她爱上了在这家顶尖创伤中心工作的感觉。实习进行得异常顺利,她留在急诊室当了4年住院医生。

2009年,她搬到得克萨斯州的奥斯汀市,进入现在这家医院当急诊室医生,干了12年。她也热爱这份工作。

在常人看来,急诊室医生就是跑来跑去地对病人进行胸外按压,不停地疯狂抢救。但这只是急诊室工作的一部分,正如马丁内斯所言,这份工作的本质更多在于每天面临的挑战,即如何应对因目睹病人的凄惨与无助而受到的折磨。

例如,在2021年的一次轮班中,她接收的第一位病人是一名从养老院送医的90岁老太太。她病得厉害,说不出话,马丁内斯医生也联系不上她的家属,根本搞不清她的身体是哪儿出了问题。

隔壁病房一名60多岁的妇女抱怨有人给她下毒,因为她每次摄入成瘾性药物都会感到心悸。

她坚决否认成瘾性药物是问题所在的可能性,因为她摄入这种药物已经有20年了。

这是一份需要投入感情和注意力的工作。但对急诊室医生来说,处理工作中遇到的困难才是使他们与众不同的地方。正如马丁内斯所言:"急诊医学有一个潜在的主题,即如果你受不了折磨，没有上战场的决心，也不能看淡生死，那就是一个懦夫。"

起初，事业带给她的收益明显超过了损失。救死扶伤，服务社区，成为熟练高效的问题解决者，以及身为坚守一线、处理众多棘手情况的急诊室医生的一员，都让她倍感满足。

在急诊室工作的另一个好处是，马丁内斯可以将工作和生活分开。

急诊室采取轮班制。当轮班结束后，她就能料理个人事务。无论是去健身，还是带狗去看兽医，都可以在工作之外的时间进行。随着2014年、2017年两个女儿的出生，这一点变得尤为重要。

但到后来，情况发生了变化。

除了在急诊室轮班之外，马丁内斯医生于2015年成为医院急诊和创伤服务主任，此后又于2020年担任病人护理质量高级主任，负责监管医院医疗保健系统内的12个急诊科室。这些年里，随着行政职责的增加，事情不利的一面也逐渐显现。

虽然马丁内斯在主任的职位上表现出色，但2020年进一步扩大的职责导致行政任务越来越多，她每月只能在急诊室完成6个轮班的工作。这意味着她没有更多的时间去从事最初所热爱的职业。

由于工作量的增加，特别是在医疗实践和行政管理遭遇资金短缺以及大流行病时期，超负荷运转给她带来了巨大压力，并产生严重后果。工作和生活之间的界限消失了。这不再是一份结束急诊室轮班后就可以拥有闲暇时间的工作。她的大脑不能停止运转。短信和电子邮件接连不断，一刻也耽误不得，没有休息的时间。

她越发感觉自己无法全身心投入私人生活。两个年幼的女儿受到的伤害最大。一天晚上8点，她意识到7岁的女儿一直在试图引起她的注意，不断地喊道："妈妈。妈妈？妈妈！妈妈！"当她终于抬起头时，女儿说："你没在听我说话，因为你在看手机。你老是在看手机。"

女儿说得对。

马丁内斯习惯了超负荷工作，但她知道这对她和家人产生了负面影响。她把一切都带回了家。她在生理上已经有所感觉，晚上睡不好，还开始脱发。

工作中好的一面与坏的一面的天平开始发生变化。

一年多来，马丁内斯一直在考虑辞职，但从未付诸行动。直到2021年，一位朋友推荐她去一家保险公司工作。她轻轻松松就通过了面试，随即意识到她必须做出决定，而且要快。

但她发现自己弄不清是否该接受新职位并辞掉旧工作。

就在那时，我收到了马丁内斯的信。我回了信，很快和她通上了电话。

听完她的故事，我问了一个简单的问题："假设你在目前的工作岗位上再待一年，一年后你有多大的可能性会感觉不快乐？"

她说："百分之百。"

我接着问："假设你现在接受了这份新工作，一年后你有多大的可能性会感觉不快乐？"她说："我不确定。"

"会是百分之百吗？"

她说："绝对不会。"

就在那一刻，她恍然大悟："噢，等一下。我留下来百分之百会不快乐。但如果我换工作，我可能会开心，也可能会不开心。有时候，我也会在新工作中找到真正的满足，这肯定更好。"

我所做的，只是把辞职决定转换为期望值问题。她有两个选择：要么继续现在的工作，要么辞职去保险公司挑战新岗位。哪一个更有可能改善亲子关系，增加她的幸福感呢？

她意识到接受新工作能获得更高的期望值。

马丁内斯医生的故事提醒我们，期望值不止与金钱有关。健康、幸福、快乐、时间、自我实现、人际关系满意度等任何会对你产生影响的东西，都可以成为它的衡量标准。

穿越到未来

谈到期望值，我经常把它当作一种"心理时间旅行"，让自己去未来看看可能的结果，并对它们发生的可能性展开合理的推测。

这种时间旅行是一场双向奔赴，有助于人们成为更好的退出者。有时，你就像斯图尔特·巴特菲尔德或萨拉·奥尔斯汀·马丁内斯一样利用现在的信息预见未来。但有时，你也可以通过倾听过去的声音获益。

早在 1996 年的"登顶日"之前，就有数以百计的人登上过珠穆朗玛峰。这些过去的攀登者算出了合适的"关门时间"，比如 1953 年的登津·诺盖、埃蒙德·希拉里爵士，1995 年的罗布·霍尔，以及其间的其他登山者。当哈奇森、塔斯凯和卡西希克在上午 11 点 30 分艰难地做出退出决定时，这些来自过去的人"拍了拍他们的肩膀"，告诉他们"是时候回头了"。

美国退役四星海军上将威廉·麦克雷文是最受尊敬的全球军事战略、美国外交政策和反恐行动专家之一，他在 37 年的职业生涯中参与了一万个海豹突击队任务，其中包括部署和监督对本·拉登的成功突袭。他表示"心理时间旅行"在决定是坚持还是放弃军事行动方面起着重要作用。

麦克雷文上将长期研究、教授军事史，同时也发表演说和写作。我们交谈时，他指着身后占据了一整面墙的书架说："这里大概有 3/4 是关于成功战役和失败战役的历史书。"

他解释了这些历史书是如何帮助他与过去的人物对话的："克劳塞维茨教会了我什么？拿破仑教会了我什么？诺曼·施瓦茨科普夫教会了我什么？"

麦克雷文上将在这些任务中积累的经验，让他能够及时接收过去传递出的重要信息。"当你要在以后的职业生涯中达成一个目标时，你会说：'知道吗？20年前我也做过类似的事。'新加入的人会大呼：'这不可能！'我告诉他们：'噢，我能，我做到了。'"

决定是否退出，要听听那些过来人给你的重要建议。他们可能和你走过同样的路，也可能就是过去的你。

抛硬币做决定

2013年，畅销书《魔鬼经济学》的合著者、经济学家史蒂文·列维特建立了一个网站，邀请访客以投掷一枚虚拟硬币的方式帮助他们在退出还是坚持的问题上做出正确的决定。

参与者的烦恼在这些决定中一览无余。其中很多决定都是关系人生的重大问题，比如"该不该辞职""该不该分手""该不该从大学退学"，换句话说，我们可以想象到的这些常见的选择都是难以做出决策的。

按照网站的规定，硬币正面朝上，答案为"否"；反面朝上，则答案为"是"。网站访客点击硬币图像，就能得到虚拟抛硬币的随机结果。

你可能心存怀疑：真的有人会去网站上抛硬币来帮助自己做出改变人生的决定吗？但在一年的时间里，确实有两万人这么做了。

显而易见，这些人一定认为选择退出和选择坚持的概率相当（所谓"五五开"），因此利用抛硬币来做决定再合理不过了。毫无疑问，如果这些决定在现实中真像抛硬币者想的那样"五五开"，那么无论硬币是正面朝上还是反面朝上，无论是坚持还是退出，他们都应该感到同样快乐。

毕竟，哪一面朝上全看天意。

然而，列维特得出的结论并非如此。他分别在2个月和6个月后对抛硬币者进行了跟踪调查，发现就重大的人生决定而言，无论是主动退出还是抛硬币后决定退出，退出的人通常比坚持的人更加幸福。

虽然这些决定看上去概率相当，但实际上完全不同。从参与者的幸福感来看，退出者显然赢了。

大家眼中的退出与坚持，似乎是半斤对八两；而实际上，退出却能使人更加幸福。这证明退出宜早不宜迟。萨拉·奥尔斯汀·马丁内斯的情况便是如此。她认为退出与坚持都是可行选项，可一旦我引入了期望值，她就意识到了两者的不同。

为了强调这一点，列维特总结道："这篇论文的研究结果表明，在面对改变人生的选择时，人们可能会过于谨慎。"

这个推论同样正确。适时退出通常感觉像过早退出，因为人们常常认为选择退出与选择坚持相差无几。

这与"天平对退出不公"的观点相符。原来，我们在心里的天平上也压了一根拇指，有了它，坚持和退出的选择就不可能"五五开"了。

本书将深入探讨使天平偏向坚持的认知因素和驱动力，探讨重新校准天平的实用策略。现在，你可以把这个简单的建议作为经验法则加以运用：如果你觉得退出和坚持都可行，那么退出可能是更好的选择。

跳鲨鱼

1985年（另有一种说法是1987年），密歇根大学的两名学生乔恩·海因和肖恩·康诺利谈起他们曾经最喜欢的电视节目如何开始走向衰落。这次讨论催生出了著名的短语"跳鲨鱼"（jumping the shark）。

他们以1974年1月首播、深受欢迎的经典电视剧《欢乐时光》为例。这部电视剧在巅峰时期拥有3 000多万观众。海因和康诺利认为《欢乐时光》的剧情从第91集（第五季，1977年9月）开始走下坡路。在这一集里，剧中以"酷炫"著称的皮夹克男孩方兹跳过了一条鲨鱼。

为此，剧组不得不将方兹从密尔沃基送到加利福尼亚。他们编出了以下剧情：数名好莱坞星探从城里经过，他们的豪华轿车抛锚了，恰巧"发现"了方兹，于是邀请他去好莱坞试镜。剧中的其他人物则陪他一起去。

片中的高潮是方兹站在滑水板上,以埃维尔·克尼维尔[①]的方式跳过了一条鲨鱼。这看起来就够荒谬了,更别提他还穿着他标志性的皮夹克和一条泳裤。

"跳鲨鱼"因此成为"顶流",被广泛用于指代事物由好变坏,可用来形容风光不再的电视节目、电影系列、演员,甚至运动员、政客以及社交媒体意见领袖。

事后来看,应该什么时候退出显而易见。当你最喜欢的四分卫在橄榄球场上硬拖了几年,很容易就能看出他们从巅峰跌落的确切时间点。当你回顾一段感情,也很容易发现事情是从何时开始无可挽回的。总结过去,百视达不敌奈飞的那一刻有目共睹。

我们寄希望于人们能像"事后诸葛亮"一样预见未来。否则,我们就认为他们愚不可及。这就是"跳鲨鱼"的问题所在。它嘲讽那些没有适时退出的人,但却无视预见"鲨鱼"的难度,很少有人能像斯图尔特·巴特菲尔德一样具有先见之明。

可悲的是,我们取笑别人退出得太迟,但当他们设法适时退出后,我们又取笑其退出得太早。

这就是退出的悖论。

---

① 埃维尔·克尼维尔,美国冒险运动家,特技明星,以表演驾驶摩托车飞越障碍物闻名于世。——译者注

退出的悖论

20世纪90年代，戴夫·查普尔成为一名大受欢迎的单口喜剧演员。随着HBO（美国家庭电影台）特别节目的播出，喜爱他的观众也不断增加，于是喜剧中心频道在2003年推出了《查普尔秀》。节目一炮而红，被称为"美国电视喜剧史上独一无二的巨制"。《查普尔秀》第一季结束后，喜剧中心频道的新母公司维亚康姆给查普尔开出了5 500万美元的两季续签合同。合同还允许他外出表演，并参与DVD（数字通用光盘）销售的分成——DVD销售达到了创纪录的水平。

他热爱为现场观众表演单口喜剧，所以继续巡回演出。明星身份对表演事业的干扰显然令他感到不满。2004年6月，他到萨克拉门托演出，现场座无虚席，他在观众不断高喊其火爆"金句"的呼声中谢幕。当他再度登台时，他对观众说："《查普尔秀》正在毁掉我的生活。"

2005年5月，查普尔退出了《查普尔秀》第三季的制作。他放弃了天价合同，甚至拒绝了数额更大的合同谈判。整个娱乐圈对查普尔的决定口诛笔伐，因为人们无法理解为何一个处于行业巅峰、签约条件丰厚、节目深受欢迎的人会退出。

在这种情况下退出是如此不可思议，以至于有一种说法广为流传：查普尔一定出了什么事。《查普尔秀》就快完蛋了。他失踪了。他滥用毒品。他把自己关进了精神病院。

这些都是谣传。

戴夫·查普尔退出是因为他"穿越到未来",弄清楚了两件事。一是他的未来没有快乐。查普尔知道,继续出演节目会对他的生活质量造成越来越大的负面影响。

二是他可以看到"鲨鱼"。他意识到观众很快会从"和他一起笑"变成"对他冷嘲热讽"。节目就要走下坡路了,而他日益增加的苦恼也会促成这一点。

正如查普尔在两周后的一次采访中所说:"我不想戴着脚镣跳舞。"90 分钟的采访快结束时,他问道:"这还不能证明我既没有吸毒,也没有发疯吗?"

同样的失望情绪也出现在 2019 年菲比·沃勒 – 布里奇宣布电视剧《伦敦生活》将要完结的时候。两季《伦敦生活》(2016 年第一季 6 集,2019 年第二季 6 集)在全球范围内赢得了广泛赞誉。在第二季播出后,该剧将 6 项艾美奖揽入囊中,包括最佳喜剧类电视剧、喜剧类电视剧最佳女主角、喜剧类电视剧最佳导演和喜剧类电视剧最佳编剧。尽管沃勒 – 布里奇解释说女主角的成长决定了这部电视剧应该走向完结,但感到被抛弃的粉丝们一直在要求拍第三季。

纵观电视剧史,决定急流勇退的节目不在少数,包括《我爱露西》和《宋飞正传》在内。观众普遍认为这些电视剧应该继续拍摄下去。无论是露西尔·鲍尔、德西·阿纳兹、杰瑞·宋飞、菲比·沃勒 – 布里奇还是戴夫·查普尔,在人们眼中，只要他们还没有"跳鲨鱼",就不应该过早退出。

戴夫·查普尔携家人搬回了养育他长大的俄亥俄州小镇。他按自己的方式慢慢地、不定期地重回舞台。2013年,他再次开始巡演。2016年,他与奈飞以每期单口喜剧特别节目2 000万美元的价格签订合约,并在总统大选后一周主持了《周六夜现场》,而且凭此获得了次年的艾美奖。2019年,他被授予马克·吐温幽默奖。

戴夫·查普尔和斯图尔特·巴特菲尔德之间有许多相似之处。两者都在事业将要达到巅峰时选择了退出,因为他们都预见到了不太乐观的未来,无论这个未来对外行人来说有多么美好。

就像巴特菲尔德一样,退出的决定解放了查普尔,使他得以自由探索更多增强自身幸福感和创造性满足的机会。

在"退出"会被如何看待(或者说他们认为会被如何看待)方面,甚至也存在共同点。查普尔需要面对全世界都认为他吸毒或发疯的压力。巴特菲尔德虽然没经历过这些,但他担心人们会认为这个决定不合情理,便先发制人地告知投资人:"我这样做不是因为我焦躁不安或觉得无聊。"

关于退出的决策通常令人困扰。我们在理解世界的过程中会找各种借口。退出者不是懦弱无能,就是在发神经。这是人类面对未知的天性。我们试着去理解它们,但谈及退出者时通常不太友好。

第二章小结

- 适时退出通常感觉像过早退出。
- 身处其中时最难做出退出的决定。
- 直觉上,我们认为退出会阻碍进步。事实恰恰相反。退出那些不再具有价值的事情,你就可以转换路径,朝着更有助于实现目标的方向前进,从而更快地到达目的地。
- 客观上,在应当退出的时候并不会发生什么特别可怕的事情。要想把握时机,就要展望未来,看清一帆风顺只是美好的希望。
- 考虑期望值有助于判断你所走的道路是否值得坚持。期望值不仅与金钱有关,还涉及健康、幸福、快乐、时间、自我实现、人际关系满意度等影响因素。
- 如果你觉得选择坚持和选择退出差不多,那么选择退出可能更好。
- 从事后看,我们轻易就能断定别人退出得太迟,从而对他们做出苛刻的评价。但当别人未雨绸缪时,我们又嘲笑他们退出得太早。这就是退出的悖论。

第三章　该坚持还是该退出？

在亨利·福特批量生产汽车之后、网约车问世之前的大约一个世纪里，出租车司机堪称"零工经济"的先驱。大多数出租车司机都是独立承包商。他们不拿小时工资，而是租用汽车，每12个小时支付一笔固定费用，自有出租车牌照的除外。

他们与打工者不同，无须12个小时不间断驾车，事实上，他们通常就是这样做的。在12个小时一班的轮班中，他们可以选择——也不得不选择——营业时段。

这使出租车司机成了研究退出行为的绝佳对象。

当出租车司机开始一天的工作时，存在很多会对他们的收入产生有利或不利影响的不确定因素。尽管打车需求有规律可循，但他们仍会在驾车转悠的过程中吸收更多相关信息。他们总是关注潜在的收入情况，并根据所见所闻决定"该留还是该走"。

在相信理性行为理论的老派经济学家看来，定价越高、赚得越多，司机就会尽可能延长出车时间。反之，他们也会在无人打车的情况下尽可能缩短出车时间。

这与顶级扑克玩家决定何时跟牌、何时弃牌的目标类似。他们想尽可能多地打好牌赢钱，尽可能少地打烂牌输钱。

老派经济学家对理性行动者的行为做过许多预测，但我们发现人类的实际行为却并不像预测的那样进行。行为经济学的理论基础是，我们存在系统性失控的情况。这绝对与出租车司机（和大多数扑克玩家）的行为相符。

行为科学家科林·卡默勒是加州理工学院教授，也是神经经济学先驱，他与乔治·勒文施泰因、琳达·巴布科克、理查德·塞勒等优秀合作者一起对出租车司机的行为展开研究。他们收集了近2 000名纽约市出租车司机的行程单。

研究表明，出租车司机在何时该继续出车的问题上并没有做出特别好的决定。这些司机两头犯错，在行情好的时候太早收工，又在行情差的时候过于坚持。

他们不会在供不应求时尽可能延长出车时间，也不会在供大于求时尽可能缩短出车时间，而是在需求旺盛时早早收工，在需求疲软时开满12个小时，疲于奔命而所获无几。

卡默勒和他的同事们询问了司机（和车队经理），以了解他们如何决定何时该继续、何时该收工。结果发现，司机们设定了一个每日收入目标，并以此决定何时该收工，但却忽视了他们在出车过程中所获得的更多与收入相关的有用信息。

当乘客多得数不胜数时，出租车司机会提早收工，这不是因为他们觉得下一个小时赚不到钱，而是因为他们已经实现了当天的收入目标。同样地，他们也会长时间无效出车，因为收入目标还没有完成。

显然，出租车司机没有考虑期望值。

提前完成每日目标，无疑预示着行情很好。也就是说，出租车司机做决定的方式使他们在预期下一个小时将大赚特赚的情况下提前退出。同理，当出租车司机工作了很长时间而距离目标仍很远的时候，他们则会在预期收入很低的情况下继续出车。

这种反向退出给司机们带来了多少损失呢？答案是很多。

卡默勒算了一下，在出车时长相同的情况下，如果司机们按需求分配这些时间，那么他们的收入将增加15%。实际上，即使司机们随便做个决定，比如无论怎样每天都工作相同的时间，他们也会比使用当前的策略多赚8%。

倘若出租车司机能更好地弄清何时该收工、何时该继续，他们就能以8%~15%的增速赚到更多的钱。毫无疑问，错误地坚持和退出都会造成巨大损失。出租车司机所做的决定，无论是过早退出还是过于坚持，每一个都对他们不利。

到目前为止，我们一直侧重于适时退出通常感觉像过早退出。史蒂文·列维特的研究揭示了其中的原理。但出租车司机告诉我们，如果韧性不足，我们确实会在特定情况下过早退出。这就是《坚毅》这本书广受欢迎的原因，它凝结了安杰拉·达

第三章　该坚持还是该退出？　055

克沃思有影响且有价值的研究成果。

时而过于坚持，时而过早退出。我们会两头犯错并不奇怪，因为坚持或退出的决定是一体两面的。选择坚持就意味着不会退出，选择退出则意味着不再坚持。

显然，如果我们在这一面做得不好，那么在另一面也不会有什么作为。

出租车司机在行情好的时候过早收工，在行情差的时候又出车太久。弄清楚我们会在什么情况下犯这些错误，不仅有助于揭示我们不善于退出的原因，更有助于提升我们适时退出的能力。

账面收益与账面损失

1979年，丹尼尔·卡尼曼和阿莫斯·特沃斯基公开了一项经典研究的结果，指出坚持和退出之间存在相关纠错偏差。这与20世纪90年代纽约市出租车司机的行为相符。

自20世纪70年代起，卡尼曼和特沃斯基就开始用行为因素来解释我们何时以及为何经常背离纯理性决定。他们在1979年发表的论文中阐述了展望理论，奠定了行为经济学的基础。

展望理论是一个关于人们如何做决定的模型，涉及包括风险、不确定性、收益和损失在内的系统性偏差。展望理论的主要发现之一是损失厌恶，认为损失所带来的情感冲击要大于同等收益所带来的情感冲击。事实上，失败带给我们的情感冲击大约是成功的两倍。

在进行选择时，我们会在损失厌恶的影响下偏向损失最小的选项，即使这些选项具有的期望值较低。换句话说，厌恶承担损失会让我们做出理性人不会做出的决定。

假设存在以下两种情况，需要你在稳赚不赔和孤注一掷之间做出选择。你会怎么选？

A. 我欠你100美元。你可以"二选一"：要么拿走100美元，要么抛硬币决定。硬币正面朝上，我给你200美元；硬币反面朝上，你什么也得不到。你会选择抛硬币吗？

B. 你欠我100美元。你可以"二选一"：要么给我100美元，要么抛硬币决定。硬币正面朝上，债务一笔勾销；硬币反面朝上，你就得给我200美元。你会选择抛硬币吗？

大多数人会选择在占优势时退出，也就是在第一种情况下选择拿走100美元，就像卡尼曼和特沃斯基的调查对象（以及所有与展望理论这一方面相关的复制研究）一样。这一切都在情理之中。毕竟，你为什么要冒着损失100美元的风险去抛硬币呢？

但当处于劣势时，比如第二种情况，你会选择赌一把，通过抛硬币定输赢。这一切也都合情合理。如果已经损失100美元，为什么不抓住机会把这个损失填平呢？

当然，对于这两种情况，无论你怎么选，其实都不赚不赔。先看第一种情况：不抛硬币，稳拿100美元；赌一把，获得200美元和到头来一场空的概率各为50%，长期来看预期收益仍是100美元。

再看第二种情况，无论你抛不抛硬币，最终结果都没什么两样。不抛，损失100美元；抛，平账100美元和损失200美元的概率"五五开"，长期来看预期损失仍是100美元。

赌一把真正带给你的，是改变结果的机会，因为从长远来看，预期盈亏并没有什么不同。赌一把增加了运气成分，将确定暂时变成了不确定。

这种差异揭示了我们面临退出和坚持时存在的不对等现象。当获益时，我们拒绝运气介入，因为运气可能会抹掉已有的收益。我们在占优势的情况下往往想要退出。

但当亏损时，我们会赌一把，希望能靠运气挽回已经失去的东西。突然之间，不确定性的困扰消失了。我们在落后的情况下想靠运气。

当我们刚刚做出决定，还没有受到损失或获得收益时，损失厌恶会造成一种偏好，也就是选择受损可能性较低的选项。这就导致我们厌恶风险，规避可能带来损失的选项。

但当账面损失出现时，我们就变成了冒险者。这就是丹尼尔·卡尼曼后来所定义的"确认损失厌恶"。

确认损失厌恶使我们不愿停止已经开始的事情。只有退出这场赌博，账面损失才会变成实际损失。而选择抛硬币可以避免陷入这种境地。

当账面显示收益时，我们不愿承担任何可能抹掉已有收益的风险。现在，我们想要确保账面收益转化为实际收益，所以拒绝赌一把。

卡尼曼和特沃斯基想弄清楚，这些倾向是否强烈到足以让人们愿意为锁定确定的收益或避免确定的损失而付出一些代价。

假设我们把刚才的两种情况改成：

A. 我欠你100美元。你可以"二选一"：要么拿走100美元，要么抛硬币决定。硬币正面朝上，我给你220美元；硬币反面朝上，你什么也得不到。

B. 你欠我100美元。你可以"二选一"：要么给我100美元，要么抛硬币决定。硬币正面朝上，债务一笔勾销；硬币反面朝上，你就得给我220美元。

请注意，现在这两种情况下的盈亏是不平衡的。

当账面收益为100美元时，抛硬币让你有一半概率赢得220美元，一半概率什么也得不到。这意味着拿已有的100美元赌预期的110美元。因此，这种新情况就演变成了在110美元的长期获利（赌）和100美元的确定收益（不赌）之间进行选择。拒绝抛硬币，就等于拒绝多出来的 10 美元获利。

卡尼曼和特沃斯基发现，人们愿意放弃这种额外利润以锁定确定的收益。为了避免抛硬币导致的收益清零以及随之而来的遗憾和悔恨，他们愿意付出代价。

在第一种情况下，他们将错过 10% 的投资回报，10 倍于把这笔钱存进储蓄账户的利率。然而，大多数人宁愿退出赌局也不愿笑纳。

相反，当账面损失 100 美元时，抛硬币让你有一半概率损失清零，一半概率赔 220 美元，期望值变为 –10 美元。现在，你要在必然损失 100 美元（不赌）和长期损失 110 美元（赌）之间进行选择。这意味着抛硬币可能会让你多损失 10 美元。

卡尼曼和特沃斯基发现，人们的确会为了碰一碰运气而付出代价，这是他们挽回必然损失的唯一方法。

理性行动者会在第一种情况下抛硬币，在第二种情况下拒绝抛硬币。但就像许多其他事情一样，当涉及必然损失或收益时，人们的行为便失去理性。关于何时留下和何时退出的选择发生了逆转。

鉴于这些发现，我们要修改一下这句关于退出的格言：适时退出通常感觉像过早退出，尤其是在你正面临亏损的时候。

见好就收？

既然退出的名声如此糟糕，那么怂恿人们不要退出的"金句"多如牛毛也就不足为奇了。

但有一个短语是鼓励人们退出的，那就是"见好就收"[①]。尽管已经流传了400多年，可比起许多赞美无限坚持的励志格言，这句支持退出的智慧之语也好不到哪里去。

"见好就收"放大了卡尼曼和特沃斯基所发现的不合理性。

有时候，见好就收是合理选择，尤其是当你成功做到了一件从长远来看会失败的事情时。以百家乐或掷骰子为例。假设你在玩百家乐，还赢了几百美元。这可走了大运，因为你在游戏中每下注1美元，就要损失2.5美分。如果一直玩下去，这些赢来的钱最终都会输光，因为正如他们所说的，庄家永远是赢家。

见好就收的良机，是在下一手牌输掉之前。

然而，见好就收的人通常不是因为认识到自己靠着运气的加持克服了失败的可能。他们见好就收，只是因为当前的好形势，而与从长远来看是否有利无关。放弃一手会输的牌大概率是偶然。他们无非是不想冒险输光赢来的钱，即使必须为此付出代价。

[①] "见好就收"的英文原文为"Quit while you're ahead"，这句英文短语已经流行了400多年。——编者注

这就是卡尼曼和特沃斯基研究成果的意义所在。当面临失败的可能时，真正能让你受益的劝告远比"见好就收"这四个字复杂。期望值为负，务必退出；期望值为正，继续坚持。

试着把这句稚拙的格言印在咖啡杯上吧。

满足于自己所赚取的

活跃于网络交易平台的个人投资者也表现出了相同倾向，即在有优势时退出，在落后时坚持。亚历克斯·伊马斯是芝加哥大学布斯商学院的教授，他与几位同事于2020年一起在非实验室环境里复制了卡尼曼和特沃斯基的这一著名研究。

交易平台上个人投资者在建仓时会设置平仓指令，以便股价达到高于或低于合约价格的某个价位时进行自动交易。这种指令被叫作止盈指令和止损指令。(虽然扑克玩家通常不会止盈，但他们会止损，也就是在输掉一定数额的钱后退出牌局。)

请注意，止损指令使账面损失变成实际损失。而止盈指令则相反，使账面收益变成实际收益，毕竟如果交易不顺，个人投资者的账面收益就会处于风险之中。这就像是提前承诺在负债100美元时拒绝抛硬币，在稳赚100美元时接受抛硬币。

研究人员想弄清楚，个人投资者是有一套自己的止盈、止损原则，还是更像卡尼曼和特沃斯基的调查对象那样，欠钱了就赌一把，赚钱了就拿钱走人。

正如伊马斯向我解释的那样:"几乎没有人能实现止盈操作。他们会提前手动平仓。"换句话说,为了锁定确定的收益,个人投资者会在触发止盈指令之前就平仓,无论继续持仓还能否获取收益。当账面显示盈利时,他们对运气毫无兴趣,不愿冒险失去到手的收益。

(希望"见好就收"的真面目已经暴露无遗,因为它在这些情况下总是怂恿我们走向理性的反面。)

此外,当遇到亏损时,个人投资者会撤销止损指令,持仓待涨,以免账面损失变成实际损失。但这个决策会让亏损风险变得越来越大。

显然,无论之前是亏损还是盈利,我们都应该在期望值为正时坚持。由于这些决策是在充满不确定性的环境下做出的,所以我们很难确定坚持或退出是不是最好的选择。如同出租车司机能容易地看到每日指标是否完成,我们也能容易地判断形势是否对己有利,所以才会借此决定是否坚持。

结果就是,我们会在有利形势下退出,哪怕会错失赚到更多的良机。而当形势不利时,我们不想退出,哪怕坚持(想打"翻身仗")有可能让事情变得更糟。

我在扑克比赛中经常看到这种情况。赢钱时,多数玩家对于退出牌局的提议总是磨磨蹭蹭,不肯把桌上的筹码交给出纳员。输钱时,他们同样粘在座位上不动。我也见过很多次,扑克高手们在醉酒、疲惫、生气或仅仅是手气不顺而输钱时拒绝退出，结果一败涂地。

这种"见好就收"的策略让扑克玩家输掉了真金白银，他们在打得好的时候因为想赢而减少玩牌次数，却在打得差的时候因为怕输而增加玩牌次数。

毫无疑问，这也会给你造成损失。无论是股票投资还是其他投资，这样的行为倾向都会影响你的盈利。

行家的投资有多明智？

显而易见，那些撤销止损指令的个人投资者不是专家。但专家就一定没有这种倾向吗？如果你在某方面具备足够的经验和专业知识，是否就能更好地做出退出的决策呢？

在扑克比赛里是这样的，职业选手往往能更好地决定何时该放弃一手牌、何时该退出比赛。而事实证明，经验也有助于出租车司机成为更好的退出者。

在2015年发表的一篇论文中，普林斯顿大学的经济学家亨利·法伯研究了2009—2013年出租车司机的行为数据。他发现，老司机虽然不完美，但在何时该继续、何时该收工方面，确实比新司机做出了更好的决定。

既然经验能让扑克玩家和出租车司机更准确地做出判断，那么专业投资者比起个人投资者也可能更善于决定何时卖出以及卖出什么。

克拉科·阿克帕尼德塔沃恩带领包括亚历克斯·伊马斯在内的团队成员对此进行了研究，结果不出意外。

研究人员的分析结果表明，专业投资者确实能避免个人投资者常犯的错误。这些投资组合经理没有遵循"见好就收"的策略。但分析也显示出他们做出的买入决策和卖出决策在质量上并不对等。

研究人员对700多名人均管理资产近6亿美元的高级金融市场机构投资组合经理进行了调查。结果不出意外，他们发现专业投资者做出的买入决策的收益远远好于市场基准指数。这些投资组合经理购买的股票的年化收益率平均高出基准指数120个基点（即1.2个百分点）。

这些投资者把大部分时间花在了寻找积极的投资策略和主题上，并从他们的研究和专业知识中获利。图3.1反映了他们随着时间的推移而获得的超额收益，从中可以看出其在买入决策方面的表现是优于基准指数的。

那么退出的决策呢？他们的卖出决策表现如何？

为了解这些专业投资者卖出股票的能力，阿克帕尼德塔沃恩、伊马斯以及他们的同事将投资者的实际卖出决策与一种假设策略，也就是从他们持有的投资组合中随机选择要卖出的股票进行比较。换句话说，当卖出股票时，将他们的决策表现与从投资组合中任意选择并卖出一只股票进行比较。

结果相当糟糕。

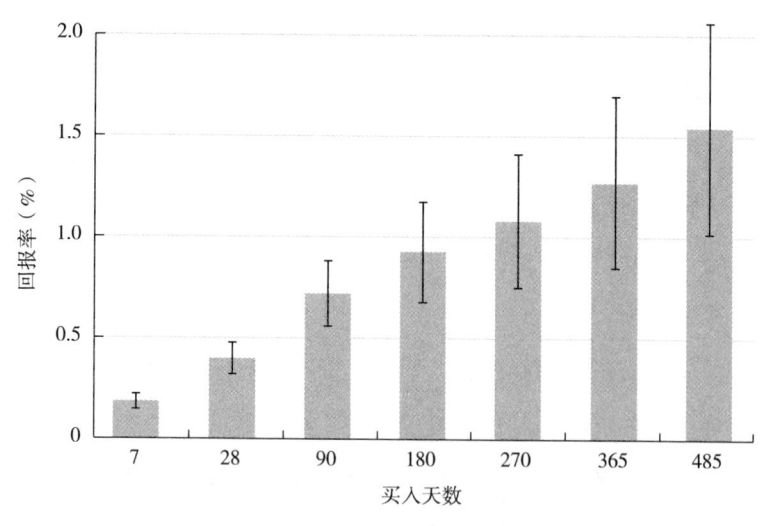

图 3.1 买入回报－持有回报

资料来源：Akepanidtaworn, Klakow, Rick Di Mascio, Alex Imas, and Lawrence Schmidt, "Selling Fast and Buying Slow: Heuristics and Trading Performance of Institutional Investors," *SSRN Electronic Journal* (2019), doi.org/10.2139/ssrn.3301277。

这些专业投资者在买入股票时具备的优势并没有在卖出股票时体现出来。虽然他们的买入决策获得了 120 个基点的超额回报，但他们的卖出决策却亏损了 70~80 个基点的年化收益率。这意味着，从投资组合中随机选择并卖出股票更好。

你可以从图 3.2 中看出这一点，它显示了与随机卖出股票相比，随着时间的推移专业投资者择时卖出而造成的亏损。

因为存在机会成本，这些专业投资者通过买入决策（即决定在投资组合中增加哪些股票）获得的可观超额收益，在卖出股票时损失了很大一部分。你可以这样想：如果他们随机选择

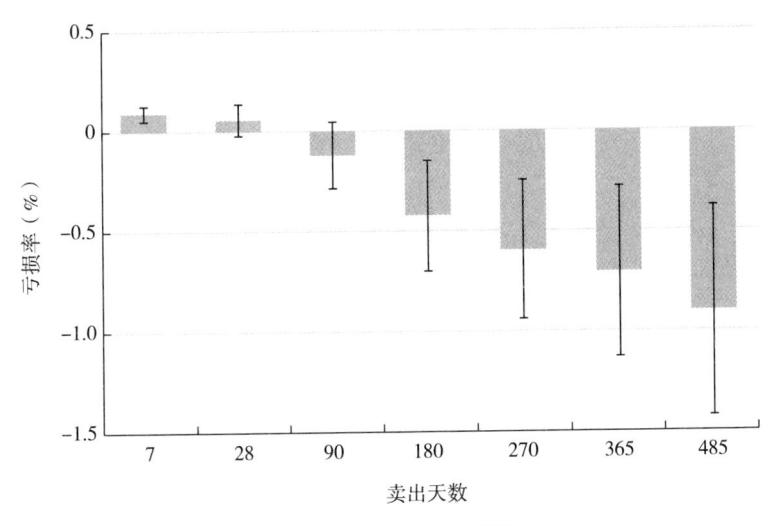

图 3.2 卖出回报－持有回报

资料来源：Akepanidtaworn, Klakow, Rick Di Mascio, Alex Imas, and Lawrence Schmidt, "Selling Fast and Buying Slow: Heuristics and Trading Performance of Institutional Investors," *SSRN Electronic Journal* (2019), doi.org/10.2139/ssrn.3301277。

要卖出的股票，就能留住更多的钱去投资更好的机会。

无论是从投资者、出租车司机、卡尼曼和特沃斯基的调查对象、扑克玩家那里，还是从珠穆朗玛峰攀登者那里，我们都可以看到，退出技能的缺失会带来巨大的代价。

研究人员深入分析了数据，试图弄清楚这些专业投资者采用什么策略来决定卖出哪一只股票。他们发现，投资者卖出股票的主要原因是筹集买入下一只股票的资金。这限制了卖出时机。至于他们会卖出哪一只股票来释放资金，研究人员发现投资者采用了一种几乎与期望值无关的探索方法。更确切地说，他们往往只会出售投资组合中极端盈利或极端亏损的股票。

换句话说，这些专业投资者在增持时努力寻找潜力股，但在减持时却对卖出时机和股票前景不以为意。

最好的卖出策略应该是检视所有持仓股票，而非投资组合中的"吊车尾"，并在判断哪些股票上涨潜力最小之后将它们出售。这将最大化投资组合的整体价值。毕竟，这就是他们成功运用的买入技巧，即凭借良好的数据驱动策略获得超额收益。

这就引发了一个问题：在数据如此丰富的情况下，他们为何没有注意到卖出决策存在的缺陷，并使用数据建模为此提供解决方案呢？

没做的事也要获取反馈

退出涉及反馈的问题。在做某件事时，我们会自然而然地跟踪进展。我们知道事情的走向，因为我们正在这样走。当我们在攀登珠穆朗玛峰、经营一家公司、谈恋爱或工作时，就会一直跟踪这些事的进展，因为我们置身其中。这就是我们身处的时间线。

但当我们退出这些事时，想要获取反馈就会出现两个方面的问题。

一方面，对于我们退出的大多数事情，没有明确的数据可以说明如果坚持下去会怎样。它只是一种假设或反事实思考。

如果没有叫停那笔生意呢？如果继续从事那份工作呢？如果换个专业或大学呢？

我们所拥有的不是数据，而是这些"如果……会怎样"。

因此，我们很难判断退出是否比坚持更好。除了想象之外，我们没有任何可以与之直接比较的东西。

另一方面，我们在退出一件事后会秉持"眼不见心不烦"的心态，不会再理所当然地关注那些与己无关的事。这很可能就是投资组合经理的问题所在。买入股票时，他们每天都会跟踪走势，因为这些股票是投资组合的一部分。然而，一旦决定卖出，他们就不会以同样的方式关注这些股票，因为它们现在不在他们的投资账户上了，也无法再影响损益表。

悲剧在于，这些投资者缺乏了解其决策质量的实际数据。有些问题的答案是有迹可循的，比如卖出的时机合适吗？卖出太早了吗？卖出太迟了吗？是不是应该把投资组合中比基准指数表现好的资产抛售了？

研究人员对此进行了调查。他们发现，投资者在做出卖出决策后亏损，仅仅是因为他们没有进行分析并找出答案。

交易员有时会为他们想买而未买的股票建立"影子账户"，以跟踪这些决策的效用。我建议金融从业者使用同样的策略解决卖出决策的反馈问题，即建立跟踪卖出决策的账户，并将决策收益与同一时间随机出售投资组合中其他资产的收益进行比较。

在很多情况下，没有任何线索可以告诉我们如果坚持下去会怎样。但对于投资组合经理来说，问题的解决方案显而易见。他们需要像追踪买入决策一样严格地追踪卖出决策。

第三章小结

- 展望理论的一个重要发现是损失厌恶，即损失所带来的情感冲击要大于同等收益所带来的情感冲击。
- 损失厌恶造成了一种偏好较低损失可能性的倾向，导致我们厌恶风险。
- 获利时，我们往往会过早退出，以避免利益消失的风险。换言之，我们喜欢在占优的情况下退出。
- 亏损时，我们就会成为风险偏好者。我们想坚持下去，希望能规避实际损失。丹尼尔·卡尼曼将其描述为"确认损失厌恶"。换言之，我们喜欢在落后的情况下坚持。
- 适时退出通常感觉像过早退出，尤其是当你处于亏损状态时。
- 个人投资者表现出这样一种模式：盈利时退出，亏损时坚持。
- 即使是专业投资者也不能做出正确的退出决定。他们在买入决策上表现出色，在卖出决策上表现不佳。
- 我们会自然地跟踪并获取正在做的事情的反馈。但是，如果我们退出了某件事，也就退出了对这件事的跟踪。这带来了获取高质量反馈的问题，结果导致我们很难磨炼自己的退出技能。

延伸阅读 |

在万众瞩目下退出

酋长岩是世界上最著名、最壮观的独石。它耸立于约塞米蒂国家公园内，巨大无比，攀岩路线超过70条。从底部到顶峰，酋长岩的垂直高度达到3 000英尺。

1958年，一支队伍首次在这里攀岩。在16个月里，他们花了46天时间往花岗岩里钻孔打螺栓，借助绳索往上爬。

58年后，也就是2016年，攀岩高手亚历克斯·霍诺德决定进行一次疯狂到让人无法想象的攀岩。他打算在一条名为"搭便车之路"的极困难路线上徒手攀岩。一天之内，全靠自己。路线全程不安装甚至不使用超出自然条件的螺栓或立足点，而且也不借助绳索。更重要的是，一旦他摔下来，没有任何保护措施。

霍诺德向一些人透露他正在考虑徒手攀登"搭便车之路"，这些人几乎都是攀岩高手。他同意让朋友金国威[①]拍摄攀岩过

[①] 金国威是一名攀籍运动员，也是纪录片导演、摄影师，他是美籍华人，英文名叫吉米·金。——译者注

程，后者认为这将成就一部了不起的纪录片，不仅因为像霍诺德这样敢于冒险的攀岩者屈指可数，还因为从来没有人尝试过徒手攀登酋长岩。

为了安全起见，几乎所有的攀岩者都借助绳索攀登。一个人如果从80英尺以上的高空坠落，就很难存活。对于垂直高度达几百英尺甚至几千英尺的岩石来说，坠落意味着死亡。

即便是世界上技术最高超、自认为在"徒手"攀岩的攀岩者，也得承认并接受重力的存在。出于安全考虑，徒手攀岩者仍会系上绳索，但不会借助这些绳索攀爬，就像"空中飞人"或走钢丝的表演者一旦摔倒会得到安全网（或绳索）的保护一样。徒手攀登可以看作对攀岩者技能的考验，就算是从80英尺以上的高空坠落也无碍性命。

无保护徒手攀岩同样是对技能的考验，但只要出错就会丧命，因为从高空坠落时没有绳索保护。这就是无保护徒手攀岩者如此之少，以及大多数著名无保护徒手攀岩者已经离开这个世界的原因。

这样的壮举不成功便成仁。帮助霍诺德练习的朋友、专业攀岩者汤米·考德威尔说："这就好像一场奥运会比赛，只不过你没有获得金牌的话就会死掉。这就是无保护徒手攀登酋长岩的感觉。你必须做到完美。"

拍摄工作也困难重重，耗费巨大。金国威招募了一个由资深攀岩者组成的摄制组。这些人同金国威和考德威尔一样，大多数是霍诺德的朋友。他们需要设法在攀岩路线的不同位置摆放、安装和操作10台摄像机,全程还要隐秘进行,以免干扰攀爬。

2016年,霍诺德在绳索的保护下,用了几个月的时间熟悉"搭便车之路"错综复杂的全部30个路段。摄制组记录了他在这条攀岩路线上的训练,其中有一段是他在6号路段"极限平板"(480英尺高)滑倒的场景。他系了绳索,所以"只"坠落了30英尺,但仍导致他扭伤了脚踝,撕裂了韧带。

三周后,霍诺德在伤势未痊愈的情况下恢复训练,很快就决定在冬季来临之前尝试无保护徒手攀登酋长岩。

纪录片摄制组把一切都拍了下来。

那天早上,霍诺德在凌晨3点30分醒来,然后开始摸黑攀爬。与此同时,摄制组也必须躲避镜头,各就各位。当他到达6号路段时,一台摄像机从远处拍到了他。头灯是他唯一的照明工具。

霍诺德挂在6号路段的石头上,感觉自己支撑不下去了。

是否继续攀登?这里的一切都在导向错误决定。他准备了好几个月的时间,还花光了钱。不少攀岩者花时间帮他做准备,其中几位正挂在石头上进行拍摄。他们中的好多人都是他的密友,比如想为霍诺德拍摄纪录片的金国威。

金国威收集了一堆素材,但如果缺少伟大的登顶尝试,把它们放在一起凑成纪录片就像试图推销一部还没结束的《洛奇》

电影。如果霍诺德只是爬到了480英尺高的6号路段,那么纪录片就失去了意义。

更糟的是,登山季已接近尾声。如果希望在第二年或者死之前再来一次无保护徒手攀登,那么"等到明年"就相当于"永远不会"。

尽管当时各方面因素都不利于霍诺德放弃攀登,但他还是拉住了旁边的一根保护螺栓,前功尽弃。他的声音从放置在镁粉袋里的麦克风中传出:"太糟了,我不想待在这儿。我受够了。"

他退了下来,摄制组成员也都退了下来。人群散去,霍诺德登上面包车(他一直住在车里),驱车350英里[①]回到位于拉斯维加斯的家中。

第二年6月,队伍重新集结,亚历克斯·霍诺德再次尝试并成功登顶。《纽约时报》称之为"有史以来最伟大的运动壮举之一"。2018年,金国威和伊丽莎白·柴·瓦莎瑞莉联合导演,推出纪录片《徒手攀岩》。

该纪录片获得了第91届奥斯卡最佳纪录长片奖。

几乎所有看过《徒手攀岩》的观众都对霍诺德攀登的难度、危险性和所涉及的技能感到惊讶(更不用说记录这一切的过程了)。作为一项体能壮举,霍诺德在2017年6月完成的无

[①] 1英里≈1.6千米。——编者注

保护徒手攀岩确实非常了不起,看上去无与伦比。

但退出尝试并从6号路段回头何尝不是一项精神壮举?在2016年的那个早晨,当他下定决心开始攀登时,所有的力量——显然,除了重力——都在促使他坚持下去。他花了几个月的时间进行训练。他的朋友们除了投入时间和金钱之外,还冒着生命危险为他拍摄攀岩过程。电影计划岌岌可危。

弄清楚为什么霍诺德会做出如此不寻常的决定,有助于洞察促使我们过于坚持的力量,找到更明智的策略来决定何时该坚持、何时该退出。

第二部分

赔了夫人又折兵

第四章　承诺升级

20世纪30年代末，数百万美国人从东海岸迁移至追逐"美国梦"的前沿阵地南加州，哈罗德·斯托的父母就在其中。出于相同的原因，雪莉·波斯纳也随家人搬到了洛杉矶，并在这里与哈罗德相遇。他们坠入爱河，于1940年结婚，生育了两个孩子。此时正值第二次世界大战，哈罗德在洛杉矶的一家国防工厂工作。

战后，哈罗德和雪莉定居在圣贝纳迪诺。它坐落在所谓"内陆帝国区"的最东端，距离洛杉矶60英里。作为国防生产中心，洛杉矶因战争而繁荣。随着这种繁荣的扩展，"内陆帝国区"的大部分农场和柑橘园也转变成了住宅区。

哈罗德的母亲和继父开了一家杂货店，哈罗德和雪莉也跟着在附近盘了一家店。他们小赚了一笔，但几年后哈罗德看出了不祥之兆：大型连锁超市开始接管市场，夫妻店终究无法与之竞争。

哈罗德需要寻找一门更有前途的生意。

1952年，他注意到丰塔纳有一个难得的机会。它位于圣贝纳迪诺以西10英里处，旁边靠着一条新建的高速公路，这条公路预计将直通洛杉矶。丰塔纳是一个蓬勃发展的工业城镇。二战期间，凯泽钢铁在这里开设了一家大型工厂。在美国卷入朝鲜战争后，这家工厂甚至变得更加繁忙。

工厂里的工人初来乍到，但拿着不错的工资。哈罗德认为他可以向这些工人销售电器。由于他们都是钢铁工人工会的成员，他的商店可以效仿军中福利社，只面向工会成员销售。

起初，哈罗德空有想法，直到他的母亲和继父卖掉杂货店。他用这一小笔钱租了一间以前用来养鸡的小房子。在雪莉和两个年幼的孩子的帮助下，哈罗德满怀热情地清扫干净房子里的鸡毛，开起了工会商店。

他没有资金大量进货——实际上，整个经营过程接近"零库存"——但利用狭小的空间精打细算，为顾客提供折扣价格。店里陈列了几种样品，如果他们看到喜欢的冰箱或炉灶，哈罗德就会从制造商那里订购。

哈罗德的想法成为其建立一家成功零售连锁店的第一步。鸡舍改造成的工会商店经营得很好，于是他又在距离在建高速公路以西12英里的阿普兰租了一处更大的房产。阿普兰店更加开阔，库存也更多，除了电器之外还销售家居用品。为了扩大客户群，哈罗德向其他工会的成员开放购买（之后完全取消了对成员资格的要求）。

对哈罗德来说，20世纪50年代是一个飞速发展的时期，似乎周围的一切都是如此。10年间，"内陆帝国区"的人口增长了近80%。大洛杉矶地区（绵延面积达到34 000平方英里[①]）与迅速扩张的加利福尼亚州高速公路系统的联系日益紧密，成为世界上发展最快、规模最大的都市区之一。无数人涌向南加州"淘金"，想要过上好生活。这些人找到了不错的工作，收入不断增加，开始购买房子组建家庭，最后搬进了更大的房子。

他们需要电器、家居用品等大量的生活消费品，而哈罗德就是问题的解决者。

哈罗德在蒙特克莱（就在高速公路以西3英里处）开了一家更大的商店，现在已更名为"ABC"。他签了50年租约。该店的盈利能力远远超过了丰塔纳店和阿普兰店。

很快，他开始通过收购竞争对手进行扩张，比如与另外一名拥有两家商店的老板联合。ABC科维纳店（位于圣贝纳迪诺至洛杉矶在建高速公路的中间）无比宽阔，面积超过10万平方英尺，就算不是全美最大，也是加利福尼亚州最大的零售商店。哈罗德把这里变成了真正的一站式购物中心，销售从服装、家居用品到大型电器等各类产品。此外，他还把场地租给保险代理、视力测定等专业服务机构。

到20世纪60年代初，ABC商店已成为南加州的大型连锁

[①] 1平方英里≈2.6平方千米。——编者注

商店。1961年，哈罗德达成了迄今为止最大的一笔交易，与总部位于得克萨斯州的折扣零售商塞奇商店（Sage Stores）合并。塞奇商店的发家史与ABC商店类似。哈罗德专门把产品卖给工会成员，塞奇商店则专门把产品卖给政府工作人员。[Sage是国家和政府雇员（state and government employees）的缩写。]

哈罗德成为合并公司塞奇国际的最大股东和首席执行官。该公司于1962年上市，初始市值为1 000万美元，其中斯托家族持股超过30%。

同大多数成功故事一样，哈罗德·斯托的崛起是能力与运气合力的结果。他白手起家，从一无所有到富可敌国（未来可能还会拥有更多财富）。他主要靠头脑、坚持和勇气创业，趁势利用预见到的新情况，即婴儿潮一代的人口结构变化和消费文化的兴起，尽管这些新情况本身并不在他的控制范围内。

这些有利的趋势在南加州一直持续到20世纪60年代（甚至更久），但折扣零售业的利润太过诱人，使竞争对手蜂拥而至。哈罗德在策略、实力和规模方面都无法与之匹敌。

塞奇国际成立的那一年，首家凯马特门店开始营业。

虽然凯马特后来被沃尔玛和塔吉特挤出了市场（1962年，这两家公司分别在阿肯色州和明尼苏达州开设了首家门店），但20世纪60年代正值其发展上升期，尤其是在加利福尼亚州。1962年1月，美国知名的廉价零售商克雷斯吉公司在洛杉矶北部的圣费尔南多开设了第一家凯马特门店。到同年年底，全美已开设18家凯马特门店。

在哈罗德的商店附近，凯马特门店如雨后春笋般涌现，有时在街道对面，有时在街区的另一头。凯马特连锁店有能力压低价格。它在选址和经营方面采用了相同的策略，即通过不断扩张打压当地零售商。加利福尼亚州的独立折扣店开始丢盔弃甲。

到20世纪60年代末，ABC连锁店（在加利福尼亚州仍然用这个店名）已经赚不到钱了。

得克萨斯州的塞奇连锁店生意兴隆，仍在开设新店。凯马特还没有在这里大规模扩张。即使沃尔玛就成立于毗邻的阿肯色州，也直到1975年才进入得克萨斯州。这对塞奇国际来说是好事，因为塞奇连锁店的增长抵销了ABC连锁店不断加剧的亏损。

但哈罗德遇到了问题。他是塞奇国际的首席执行官，也是该公司最大的股东，而得克萨斯州的商店经营者（通过兼并拥有了大量股份）对填补加利福尼亚州的损失越来越不满。他们想趁ABC连锁店还有价值的时候卖掉它们。这意味着要卖掉哈罗德所创建的那部分公司。

如何选择似乎不言而喻。

哈罗德经营的公司在得克萨斯州的资产表现优良，而在加利福尼亚州的资产不良。他没有好的办法应对凯马特的竞争威胁。此外，得克萨斯州的股东们威胁要"造反"，因为他们意识到，如果没有加利福尼亚州的资产，塞奇国际的盈利会更高。

然而，哈罗德不愿出售或关闭商店。这些 ABC 连锁店是他的珍宝。他创造了它们，培育了它们。它们是他这么多年以来努力工作、把握时机、明智决策的化身。

到 20 世纪 70 年代初，得克萨斯州股东们的怨恨爆发为一场代理权之争，双方展开了昂贵而混乱的诉讼。在哈罗德最亲密的朋友——同时也是他的长期律师——转投得克萨斯州一方并提起诉讼后，公司市值大跌。

即使塞奇国际动荡不安，哈罗德也拒绝出售 ABC 连锁店。相反，他通过谈判达成了一项和解协议：放弃塞奇国际盈利资产的全部权益，独自持有公司的不盈利资产。得克萨斯州的股东们收回了塞奇连锁店，早先参与合并的合伙人收回了其在加利福尼亚州的两家商店，剩下的加利福尼亚州门店都归哈罗德所有。

为了拯救店里的生意，继续与凯马特竞争，哈罗德开始动用 20 年来他和雪莉积累的财富进行投资，可惜徒劳无功。

没过几年，他迎来了好运。弗雷德·迈耶公司提出要收购他的全部股份。弗雷德·迈耶公司是一家成功的地区性折扣零售商，成立于俄勒冈州，想在加利福尼亚州站稳脚跟。当时，它在 4 个州拥有 40 多家门店，而且自 1960 年起就是上市公司。

哈罗德拒绝了。

最后，哈罗德·斯托失去了所有的零售业务，以及家庭积累的所有财富。唯一使他和雪莉不至于一贫如洗的，是蒙特克莱那处房产的 50 年租约。ABC 连锁店倒闭很久之后，他通过转租店面来赚取微薄收入。

具有讽刺意味的是，许多租户也同样拒绝适应导致哈罗德失败、不断变化的商业环境，比如 CompUSA。该公司曾登上 2002 年的"超级碗"广告，后来却破产成为哈罗德租户名单中的一员。

旁观哈罗德·斯托的经历，我们很容易看到他忽视了一些明显的信号。这些信号表明他必输无疑，比如他没有能力与凯马特竞争，其他独立折扣店在新环境面前纷纷逃离，他的前并购合伙人态度强硬，他的律师好友站到了他的对立面。

就算没有机会抛售 ABC 连锁店并从塞奇国际的职位中获利，哈罗德也完全能在弗雷德·迈耶公司提供的有利条件下功成身退。然而，他还是选择继续投资这项注定失败的事业，几乎耗尽了所积累的一切。

问题在于，是什么让这样一位聪敏、灵活的决策者对摆在面前的明确信号视而不见？为何帮助他成长的行为（满怀勇气、决心和坚持），最终导致了他的失败（充斥着顽固、强硬甚至些许傲慢）？如果能为哈罗德·斯托找到这个问题的答案，很多人都将从中受益，包括我们自己。

泥足深陷

一篇最早也最具影响力的学术论文指出，即使面对应该退出的强烈信号，我们也倾向于徒劳无功地坚持。文章开头直接阐明了为什么会产生这种令人难以理解的行为：

直觉上，人们期望能改变导致负面后果的决策或行为。

这篇题为《泥足深陷：对选定行动方案的承诺升级研究》的论文发表于1976年，影响深远，其作者正是哈罗德和雪莉的儿子巴里·斯托。

哈罗德在与凯马特以及部分股东顽强斗争时，巴里·斯托正在学习如何成为一名社会科学家，开发新方法来弄清楚为什么我们会越挫越勇，在面对不利局面时过于坚持，以便找到帮助我们更好地做出放弃决定的最有效策略。

巴里成年时正值越南战争爆发。他将美国卷入越战看作"一旦开始某件事就很容易泥足深陷"的典型例子。他认为美国卷入越南战争就好像一起活生生的、极其危险的"慢动作火车事故"①，提供了一个能够生动说明我们缺乏退出能力的案例。

解开谜团的欲望促使他展开研究。1976年，他发表了具有里程碑意义的论文《泥足深陷：对选定行动方案的承诺升级研究》，文章标题甚至还借鉴了皮特·西格的反战歌曲《身陷泥淖中》。

---

① 原文为"slow-motion train accident"，表示灾难逐步发生，但旁观者无能为力。——译者注

到战争末期，社会普遍认为美国无法取胜。然而，即使决策者意识到这一点，也无法解救国家脱离战场。相反，他们用巴里后来所提出的"承诺升级"进行回应，尽管越来越多的人意识到，增加对战争的承诺并不能让美国取得真正的胜利。

巴里提到，《纽约时报》和《华盛顿邮报》不顾政府反对刊登的五角大楼文件揭露了美国国防部关于那场战争的一段秘密历史：1965年，美国副国务卿乔治·鲍尔曾就战争泥潭警告总统林登·约翰逊："一旦遭受重大伤亡，我们将开始一个几乎不可逆的过程。我们卷入战争兹事体大，既不能战败受辱，也不能在未达目标的情况下停止。就这两种可能性而言，我认为受辱比实现目标更有可能，即使我们付出了可怕的代价。"

显然，约翰逊没有听从警告，鲍尔预料的事情如期而至。越南战争耗费了美国近2 000亿美元（根据通货膨胀调整后约为1万亿美元），导致5.8万美国士兵死亡、30万美国士兵受伤。它结束了约翰逊的政治生涯，使他失去连任机会。战争还造成了一代人对政府和权威的不信任。

增加对无法取胜的战争的承诺，是一个常见问题。美军进入阿富汗，经过20年时间才撤出，尽管有3位总统都做过承诺。卷入战争20年，花费2万亿美元，而塔利班在美军撤离几天后就重新获得了控制权。可见，美国在这场战争中从未真正取胜。

巴里关于承诺升级的核心观点是，这种现象并不局限于像越南战争这样涉及国家荣誉的复杂地缘政治冲突。他的实验室实验和现场试验都表明，无论是个人、组织还是政府机构，当坏消息来临时，当即将失败的强信号开启时——旁观者能清楚地看到这些信号——我们何止不愿放弃，还会加倍下注，决心向注定失败的事业投入更多的时间和金钱（以及其他资源），坚定自己走在正确道路上的信念。

巴里·斯托可能后来才意识到这一点，但他关于承诺升级的大量研究有助于我们理解哈罗德·斯托建立商业帝国所凭借的坚韧毅力为何导致了最终的失败，他又是如何无视那些表明应放弃加利福尼亚州业务的明确信号，而耗尽除蒙特克莱租约之外的所有家财的。

一条道走到黑

我们知道，利益越大越难放弃。但相关领域一些更具吸引力的发现表明，承诺升级带来的利益是多么小。在《泥足深陷：对选定行动方案的承诺升级研究》发表前一年，科学界公开了一项关于等待这一简单行为的研究。

人们愿意为永远不会到来的东西等待多久？他们愿意为继续等待付出什么代价？为了回答这两个问题，心理学家杰弗里·鲁宾和乔尔·布洛克奈尔做了一个有趣的实验。结果表明，人们愿意等待很长时间，也愿意为此付出明显超过所等待价值的代价。

研究人员组织了一场限时测试，成功完成填字游戏的学生可获得最高 8 美元的奖励（相当于今天的 45 美元）。但他们必须在 3 分钟内完成游戏才能得到 8 美元，每超出 1 分钟就会减少奖励，直到清零。他们随时都可以退出游戏，即使解不开谜题也能得到 2.4 美元的参与奖励，但必须在 3 分钟以内退出。

因为有几个词很难，所以他们可以要求查词典（当时人们还不能上网），但词典只有一本，他们被告知还有几名参与者正在别的房间里玩填字游戏。这意味着他们必须暂停解谜，等待可以用词典的机会，但时间可不会停止。

参与者不知道的是，其实词典并不存在，所以等待是没有期限的。

一半以上的参与者等待这本不存在的词典，直到奖励减少到不足 2.4 美元。用研究人员的话来说，他们"等到了'只能进不能退的地步'，陷入了无法顺利抽身的境地"。

承诺升级代价高昂。参与者越早放弃，得到的奖励越多。你可能会觉得是退出阻碍了我们的进步，但鲁宾和布洛克奈尔的实验证明，坚持往往才是罪魁祸首。

过去 45 年来关于承诺升级的研究（各种不同的实验室实验、现场试验以及对常见行为的解释）表明，这种因厌恶损失而陷入困境的情况在各种环境中都会发生。

我们受困于决定的方式多种多样。面对机会和相关信息，我们会过度坚持、拒绝退出，并通过投入更多资源来支持最初的决定，试图将功补过。

花更多的时间排队等候，发动一场无法取胜的战争，将就糟糕的恋情或工作，砸钱在一辆不值得维修的车上，都是如此。这就是为什么房子会变成花钱的"无底洞"，我们会坚持看完一部烂电影，企业会继续开发和支持那些明显失败的产品，或者在情况发生变化后很长一段时间内仍执行以前的策略。

乔治·鲍尔是对的。这种行为司空见惯。

如穆罕默德·阿里、罗布·霍尔那般在困难面前坚持到底的并不罕见，罕见的是在必然的失败之前选择退出。像斯图尔特·哈奇森、斯图尔特·巴特菲尔德和亚历克斯·霍诺德这样的人少之又少。

第四章小结

- 处于损失状态时，我们不仅更有可能坚持下去，而且会加倍投入。这种倾向被称为"承诺升级"。
- 承诺升级现象非常普遍且根基坚固，发生在个人、组织和政府机构层面。我们所有人都有可能一旦开始行动就陷入困境，尤其是面对坏消息的时候。
- 承诺升级不仅发生在高利害性的情况下，当利害性较低时也会发生。这表明了它的普遍性。

第五章　沉没成本与恐惧浪费

2008年，加利福尼亚州选民批准发行了一笔90亿美元的债券，用于建设连接洛杉矶和旧金山的高速铁路系统。该铁路系统时速可达220英里，还可能彻底改变沿线民众的交通方式。

加利福尼亚州的经济引擎坐落在北部（湾区、硅谷）和南部（洛杉矶、圣迭戈）的沿海中心。更快的车速和流动性将使该州的中间地带与南北海岸共同繁荣，通过扩大合理的通勤范围缓解南北大都市区过度发展的房地产市场。

当债券发行通过后，预计这条线路将耗资330亿美元，并于2020年完工。届时，铁路系统的年营运收入将达到13亿美元，营运盈余将达到3.7亿美元。该系统也将实现自给自足，并在此之后逐渐实现盈利。发行的债券只能够覆盖完成该项目预期成本的1/4左右，其余的资金将由联邦基金、额外的州基金以及政府和社会资本合作（PPP）补足。

这些预测和计划都来自加利福尼亚州高速铁路管理局（以下简称管理局）。管理局的工作人员从一开始就负责该系统的规划、设计、建设和运营。他们是决策者，受州长和州立法机关的监督。

管理局每两年制订一份新的商业计划，并重新预测。随着成本的增加和完工日期的推迟，这些计划和预测——无论是最初的，还是后来修正的——显然都与现实毫不沾边。

管理局的预测究竟与现实相差多远？

举一个令人震惊的例子。还记得预计2020年的营运收入达13亿美元吗？管理局没有达到目标。

差多少？正好差13亿美元。这条线路根本没有运行。

鉴于管理局以往预测的准确性，我们没有理由相信2029年（初步开通）或2033年（完全开通）的预计收入可以合理实现。这并不奇怪，因为他们在2010年批准了第一部分（马德拉至弗雷斯诺之间的25英里）的建设，但直到5年后才破土动工。

好消息是，完工日期也顺延了。

为什么要花这么长时间？因为在规划中连接该州中部内陆地区和南北大都市区的线路存在两个巨大的工程障碍。首先，他们要想办法在蒂哈查皮山上修建轨道或者爆破隧道，才能连通贝克斯菲尔德和洛杉矶南部。这不算什么，下一个"拦路虎"更加棘手，它就是耸立在中央山谷和北部湾区之间的代阿布洛岭的一部分，被称为帕切科山口。

这并不是说管理局在2010年没法知道这些障碍的存在。蒂哈查皮山和帕切科山口已经存在至少500万年了，定然也不会在管理局制定规划并决定爆破山脉、修建隧道的时候消失。

2018年，管理局向公众承认修建帕切科山口隧道存在"成本和进度方面的最大不确定性"。他们知道，爆破山脉、从技术上克服地质障碍、穿过活跃的地震层将困难重重且耗资巨大。但他们不知道是否、如何、何时或以什么代价能实现目标。

2020年，管理局承认工程面临艰巨挑战。项目的隧道造价（包括帕切科山口和蒂哈查皮山隧道在内）"占到了预计总成本的近80%"。

你可能会认为，当管理局认识到这两个问题很难处理，会耗资巨大且还不一定能成功时，就会首先寻找解决问题的方法，然后再建设铁路的其他部分。毕竟，如果不能以纳税人愿意承担的成本解决洛杉矶和旧金山的连通问题，继续修建铁路还有什么意义呢？

然而，在2019年，加利福尼亚州州长加文·纽森并没有抓住这个旁观者眼中叫停项目的完美时机，反而批准了一项计划，修建完成连接贝克斯菲尔德和北部城市默塞德的轨道。这段轨道完全不涉及两个工程障碍。默塞德坐落在帕切科山口的另一边，距离旧金山110英里；贝克斯菲尔德则坐落在蒂哈查皮山的另一边，距离洛杉矶100英里。

完成这段轨道之后，按照计划他们将修建连接旧金山和硅谷的轨道，而这两个地区已经具备了成熟的公路系统。比这更糟的是，两个地区都位于帕切科山口的北面。

第五章　沉没成本与恐惧浪费

因此，该计划是在不解决问题的情况下继续建设，而且这些问题最终将导致至少80%的高速铁路成本消耗。这有违常识。他们还将建造一列特快火车，因为它制造起来更便宜也更容易。但这列火车实际上不会投入使用，至少不会像2008年项目开始时所承诺的那样奔驰在铁路线上。

这就好比执行一项在月球上建造公寓的计划，结果先在地球上建造公寓，然后再考虑"如何把它们搬到月球上"一样。

因此，目前对该项目2029年投入运营和2033年全部竣工的预测似乎过于乐观，基本上毫无意义。对高速铁路建设成本的预测同样如此。截至2021年6月，管理局在规划和建设基础设施上的花费已超过85亿美元。完成该系统的预算造价已从330亿美元飙升到1050亿美元。

这些预算甚至没有完全包括在南北两面爆破山脉和修建隧道的费用，因为管理局只是在最近几年才认识到这个问题的严重性，还没有弄清楚细节，尤其是这样一项大工程将耗资多少的细节。

考虑到该项目现在的状况，我们可以很有把握地说，如果决策者当时就知道高速铁路的高昂造价和长久耗时，一开始就不会批准。

但在项目启动后，管理局似乎不愿退出以减少损失。

沉没成本效应

当谈到类似加利福尼亚州高速铁路这样失控的公共工程项目时,如果你对行为经济学领域略知一二,可能首先想到的是"这听起来像是沉没成本问题"。

理查德·塞勒在1980年首次指出沉没成本效应是一种普遍现象,并将其描述为一种系统性的认知错误,也就是当人们决定是否继续并增加支出时,会顾及他们之前投入的金钱、时间、努力等资源。

完全理性的决策者在决定是否继续采取行动时,只会考虑未来的成本和收益。换句话说,要是期望值为正,理性行动者会坚持下去;要是期望值为负,他们就会退出。

40年来,各领域开展的实验和调查均表明,人类的行为与塞勒提出的沉没成本假设相符。在决定是否继续时,他们确实会顾及之前的投入。这是因为他们非理性地认为,收回成本或证明成本合理的唯一方法就是继续下去。

简而言之,沉没成本效应使人们在应该退出的情况下坚持。

为了说明这一点,让我们做一个简单的思想实验。一支你喜欢的乐队要来城里举办一场户外音乐会。演出当天气温很低,预计还会下一整夜暴雨。一个朋友告诉你,他有多余的票,很乐意请你去听音乐会。你对他表示感谢,但拒绝了。尽管很喜欢这支乐队，但你不想冒着体温过低的风险，站在人群里淋上几个小时的雨。

现在假设你花95美元买了一张音乐会门票。演出当天气温很低，预计还会下一整夜暴雨。你会去听音乐会吗？

对于大多数人的直觉来说，这两种情况是不同的。在第二种情况下，人们更有可能选择去听音乐会，因为不想浪费已经买了的票。

这揭示了沉没成本谬误。在第一种情况下，你正在决定是否去听音乐会。你还没有买票，也没有任何计划。你只是在权衡未来的成本和收益，即恶劣天气下置身户外数小时的不适和观看心仪乐队现场表演的快乐。

如果你认为门票免费时观看音乐会的成本大于收益，那么你买了票时的成本也大于收益。

你花钱买票这件事无足轻重，实际上一点也不重要。因为钱已经花出去了，这些成本已经沉没了。但我们常常会想："如果我不去，票就白买了。"

而且票价越高，沉没成本效应越强。想象一下，倘若你花的不是95美元，而是150美元、250美元或500美元。随着票价的升高，沉没成本效应也在增强。

理解沉没成本效应的另一个简单例子是股票投资。在决定是否买入某只股票时，重要的是看其未来的期望值是否为正。你相信买入这只股票会赚钱吗？刚刚做出决定时，你相信；但当买入股票后股价下跌时，你更有可能会"死守"，企图挽回持仓损失。

这就是个人投资者会跌破止损点的原因。

但这不是理性的行为。如果你今天不想买入一只股票，那么也不应该持有它，因为持有决策与买入决策没什么不同。

沉没成本问题在卡尼曼和特沃斯基的研究中得到了响应，该研究表明人们接受赌约的意愿取决于他们此前的输赢。这种响应并不出人意料，因为他们在1979年所做的研究（奠定了展望理论的一部分基础）就包含了1980年塞勒在其论文中试图解释的一组结果。

你可能还记得，卡尼曼和特沃斯基的调查从欠钱开始，然后才让参与者选择放弃或者赌一把，以便有机会把损失从他们的账簿上抹去。

当然，我们知道人们更倾向于第二种选择，也就是赌一把而不是止损，因为他们顾及自己已经损失的钱。毫无疑问，如果你让一个人（没赢钱也没输钱）抛硬币，50%的可能赢得100美元，50%的可能输掉120美元，理智的人不会愿意冒险。但在卡尼曼和特沃斯基的研究中，那些账面上出现损失的参与者却愿意这么做。

卡尼曼和特沃斯基的主张简单易懂。你能看到决策的失误，而且它不存在复杂因素，比如参与者是如何陷入亏损的，或者他们是否意识到自己的期望值为负。在这些以及随后的实验中，参与者对数学的运用是清晰且透明的。

这不是计算错误。这是认知错误。

在音乐会这个简单的例子中，你也能清楚地看到这种认知错误。你有多少想看乐队演出，或者多么不想在冰冷的雨中淋上数小时，如何选择不应该取决于你是否买了票，或者花了多少钱。

但这种认知错觉非常强大。仅仅知道这在理论上是错的，并不意味着当你面对这类决定时不会轻易受骗。

你可以把它想象成视错觉。两个正方形在不同的背景下，一个呈现棕色，另一个呈现橙色。而在去掉背景以后，两个正方形实际上呈现相同的颜色。这就是一个视错觉。与背景的对比效果会让你看到不同颜色的正方形。

然而，无论我多少次向你展示这两个正方形的颜色一样，或者向你解释视皮层形成错觉的原因，当你再次带着背景看它们时，仍会看到一个棕色正方形和一个橙色正方形。你无法视而不见。

我们在决定退出时，同样很难"无视"沉没成本。

自相矛盾的"公共工程"

加利福尼亚州高速铁路的建设过程遍布沉没成本谬误的痕迹。如果现在进行投票，受爆炸式增长的成本——目前高达

1 050亿美元，而且可能还会大幅增加——以及爆破两座山脉的艰巨性所累，该项目显然不可能被通过。

除了直接成本外，该项目还存在机会成本问题。加利福尼亚州在这个项目上投入的每一美元，本来都可以用来为纳税人创造更多的价值和更大的公共利益。

试想一下，一名政治家要有多大的勇气才敢放弃这个项目？他们将不得不面对在一列从未完成的火车上"浪费"了80多亿美元的指控并为自己辩护。"收回"这些成本的压力巨大。

谈到这类公共工程项目，沉没成本只是旧调重弹。

几十年前，也就是20世纪70年代中期到1984年，田纳西—汤比格比水道①经历了与加利福尼亚州高铁一样的命运，成为联邦政府有史以来最昂贵的公共工程项目之一。吉米·卡特曾试图以浪费资金为由关闭它，但没有成功。《纽约时报》指出："来自其他地区的国会议员称之为20亿美元的无用之物，是最严重的政治分赃。"

具有讽刺意味的是，已耗费的高昂成本反而成了不能放弃该项目的理由。

水道的竣工取决于一群参议员（来自出资的州），他们成功地辩称"在已经投入大量资金后叫停这个项目是浪费纳税人的钱"。亚拉巴马州参议员杰里迈亚·登顿的话颇具代表性，他

---

① 1985年，心理学家哈尔·阿尔克斯和凯瑟琳·布卢默发表了一篇关于沉没成本效应的具有里程碑意义的论文，其中记载了这一案例。——作者注

说："终止一个已经投资了 11 亿美元的项目，是在随意滥用纳税人的钱。"

登顿并非有意为之，但我想再没有什么对沉没成本谬误的说明比这更清晰的了。

纽约的肖勒姆核电站是又一个受到承诺升级影响的昂贵公共工程项目，也是杰里·罗斯和巴里·斯托实地研究的对象。该核电站在 1966 年的初始预算是 7 500 万美元，竣工时间预计是 1973 年。然而，仅仅为了获得美国原子能委员会的批准，投入就已超过了整座核电站的初始成本，竣工日期也超出了原定时间。

1979 年，该项目的负责人声称核电站的建设已经完成 80%。但到 1983 年，该站仍未竣工。核电站所有者的发言人明确承认存在沉没成本问题，指出如果回到开始，他们不会继续下去。"如果早知道建设核电站要耗费 30 亿美元，而且过程中还会遇到许可证、政治问题等重重困难，我想我们会选择不做。"

然而，他们仍在继续！直到又过了 6 年，又花了 25 亿美元，这座仍未竣工的核电站项目才被终止。

看到这些惨败，你很容易翻起白眼，心里想着"典型的政府浪费"。但沉没成本效应或大或小都会让我们所有人执着于修建一条无法使用的铁路，因为我们不想失去已经花掉的钱。

可能是砸锅卖铁"供房"；可能是即使不开心也不愿意换

专业，因为已经上了那么多课、花了那么多时间；可能是拒绝改变职业方向，因为那意味着为此付出的多年学习毫无意义；也可能是继续看一部烂电影，因为已经看了很久。

由于我们在已经开始的事情上投入了时间、精力和金钱，决定是否停止时，我们就都会受到沉没成本谬误的影响。

《块魂》游戏

2004年出现了一款很受欢迎的电子游戏，名叫《块魂》。这款游戏有点无聊，却奇怪地令人上瘾，情节宏大但简单。在游戏中，你会控制一个小王子的行动，他的父亲宇宙之王会给他一个"块"，也就是一个带有黏性的球。你需要在不同的地方滚动这个球，把地板上的垃圾和碎片粘住。粘的东西越多，球就会变得越大。

为什么要这样做？因为宇宙之王喝醉了，不小心摧毁了许多星星和星座。你必须让球不断变大，直到它可以成为一颗星星，来取代被宇宙之王毁坏的那些星星。这个情节听起来好像有点愚蠢，但比起在《吃豆人》里吃豆子和水果或在《俄罗斯方块》里组合方块还是略胜一筹的。

球不能滚过比自己大的东西。否则，冲击力会把一些东西撞掉，让球变小。起初，球只能粘住蚂蚁、图钉和纽扣之类的东西。撞到老鼠可能导致一场灾难。

但当你成功粘住碎片后,球就会变大。然后你就可以与老鼠决战了。你滚过电池、餐盘、收音机、鞋子和宠物,接着滚过牛、熊、相扑选手、汽车、怪物、建筑、岛屿和山脉。

一位评论家在列出了一些普通小物件后说:"过了25分钟,这该死的东西就从地上粘起了彩虹。"

"块"四处滚动粘住碎片,变大后再粘住更多、更大的碎片。同理,沉没成本谬误也有自我强化的方面,我们真的需要注意。

在开始一件事后,我们也在积聚碎片,即那些已经花费的时间、金钱和努力。随着积聚的成本不断增加,"块"在变大,承诺也在升级,让我们越来越难以退出。决定坚持会让我们积聚更多的成本,致使下一次考虑退出时更有可能选择继续。这让天平倒向了坚持的那一端。

整件事就像滚雪球。

学生等待查词典也是同样的道理。一旦他们开始等待,就会因为已经花费的时间而继续等待下去,从而增加等待的时长,反过来促使他们坚持等到底。与此同时,他们的奖金却在"蒸发"。

我们都有过这样的经历,最简单的例子就是在食品杂货店排队。

在决定排队付款时,我们表现得像爱因斯坦。我们不仅要看每列队伍的长短,还要考虑收银员的速度和经验。我们仔细分辨哪些顾客没准备好付款，哪些顾客看上去被孩子分散了注意力，哪些顾客正在摆弄优惠券，哪些顾客把商品放到了购物车的下面。

但只要我们在排队，花了时间等，就不会那么严格地考虑是否应该换一列队伍。看到旁边队伍的收银员迅速给三名顾客结完账，而我们这列的收银员还在一边闲聊一边给一名顾客结账，我们会感到厌恶或翻白眼吗？肯定会。那我们会换一列队伍吗？几乎不会。

排队等待的时间越长，我们就越不愿意换队伍。我们就是这样被困住的。

一段糟糕的恋爱关系变成了一场《块魂》游戏。朋友向你抱怨感情不顺。倘若你问："为什么不分手呢？"他们通常会说："因为花了很多时间维持这段关系。"有时，他们甚至会说："我全身心地投入其中。"投入的时间越多，他们就越不可能分手，只能继续投入时间维持感情，于是更不可能分手。如此循环往复。

难怪一旦你和朋友谈论这个话题，最终都会一次又一次地重蹈覆辙。他们的糟糕恋情"越滚越大"——生活安排、朋友、宠物、消费、财产——直到把彩虹从地上粘起来。

我们在萨拉·奥尔斯汀·马丁内斯的身上看到了类似的事情，那时她还没能意识到辞职的决定实际上是期望值的问题。

随着她在事业上投入的时间越来越多，辞职也变得越来越难。在开始考虑换工作以前，她已经工作了 15 年。等她过了一年和我取得联系，辞职的阻力又变大了。

这也是个人投资者持有亏损股票的原因之一。试想一下：当持仓亏损时，你想挽回损失，于是取消了止损指令。而这通常会导致损失越来越大，使你更不可能将这只股票清仓。

我在扑克比赛中可以亲眼看见承诺升级的发生。玩家会输，会为了挽回之前输掉的筹码更多地下注，并且越下越多。该决定会造成损失增加，于是他们继续下注，有时甚至加码下注。

他们会被困住。

而这正是斯图尔特·巴特菲尔德和亚历克斯·霍诺德如此出色的原因。

两者都具备止损的能力，尽管他们已经为实现目标投入了大量资源。巴特菲尔德退出开发《电子脉冲》时，已经花费了 4 年时间和 1 000 多万美元的风投资金。霍诺德为登顶酋长岩训练了好几个月，尽管由朋友组成的摄制组正吊挂在山上拍摄他的准备工作，并且纪录片的成功依赖于他的尝试，但他仍能在 2016 年放弃登顶。

"块"能变多大？

在 1976 年的经典研究《泥足深陷：对选定行动方案的承诺

升级研究》中，巴里·斯托着手研究之前的承诺会在多大程度上影响未来坚持或退出的决定。

答案五花八门。

斯托招募了几组商学院学生，让他们各自决定一家公司应该如何在两个部门之间分配特定的研发资金。为帮助学生做出选择，研究人员给他们提供了该公司和两个部门10年来的历史财务业绩作为参考。

每个参与者都必须做出"二选一"的决定，即一个部门要么得到1 000万美元的研发资金，要么一分钱没有。这意味着他们只有两种选择：将1 000万美元全部分配给一个部门，不给另一个部门提供资金，反之亦然。

根据提供的数据，学生有理由将资金分配给任何一个部门。尽管一个部门的利润更高，但另一个部门的增长更快。事实上，一开始做决定时，参与者选择每个部门的概率各占50%。

斯托想弄清楚的是，关于哪个部门将获得资金的初始决策会不会影响未来的分配决策，尤其是当参与者得知他们第一次选择的结果不佳时。换句话说，斯托是在探索进行新的分配决策时，那些已经面临损失的人是否更有可能坚持同一个选项，即继续向同一个部门追加资金投入。

为此，他向所有学生提供了公司未来5年的财务业绩模型。无论他们把资金分配给了哪个部门，该模型都显示他们选择的部门经历了5年的销售停滞和亏损增加，业绩表现明显落后于另一个未被选择的部门。

随后,在了解业绩数据后,参与者获得了2 000万美元的新预算,以供他们在两个部门之间按比例分配。斯托假设,在第一次决策中收到负面反馈的学生会增加他们对原始目标的承诺,从而在第二次分配时倾向于同一个部门。

事实的确如此。平均而言,参与者将1 300多万美元分配给了他们最初指定研发资金的部门,而将不到700万美元分配给了最初未被选择的部门。

为了真正切中要害,他还让另外一组参与者对2 000万美元的分配进行初始决策。他们看了同样的财务业绩,并由一名已经离职的财务总监告知5年前获得1 000万美元研发资金的部门后来表现不佳。在这组实验中,参与者不是将研发资金全部投给一个部门的初始决策者。

当这些新的参与者按比例分配2 000万美元时,他们平均只将900万美元分配给了之前获得全部资金的部门,远低于那些因先前遭受损失而携带沉没成本的参与者给出的1 300多万美元。

更具体地说,相比那些同样得知相关信息和公司历史,但无须对初始决策负责的参与者来说,因决策导致亏损的参与者将2 000万美元资金中的50%以上投给了同一个部门。

斯托的研究揭示了当初始决策者可能选择退出时,过往决策会在多大程度上影响承诺升级。他还在《泥足深陷:对选定行动方案的承诺升级研究》中指出那些坚持的决定具有自我强化的性质："由于需要为先前的行为辩护,决策者在面对负面后果时可能会增加承诺,而这种承诺升级反过来又可能导致进一步的负面后果。"

斯托的发现也解开了发生在他父亲身上的谜团。毕竟哈罗德·斯托在加利福尼亚州的门店长期亏损且日益严重,他却拒绝了弗雷德·迈耶公司的收购要约,这多少有些令人不解。

但他儿子的研究让我们得以一窥事情的缘由。哈罗德·斯托越是挽救其每况愈下的加利福尼亚州门店,不断增加的亏损越是促使承诺升级,以至于在几乎彻底破产之前他拒绝了退出的机会。

心理账户

扑克高手中流传着一句话:"扑克比赛是一场持久战。"

这是在提醒自己,他们不是在打最后一手牌,也不是在打最后一天牌。扑克选手一生中会打无数手牌,所以从全局看,他们输掉一手牌的影响并不大。关键在于,他们每一次都要从打过的每一手牌中最大化自己的期望值。这就是所谓的持久战。

这句口头禅是为了帮助职业选手克服沉没成本谬误,它在扑克比赛中表现为想用不弃牌的方式保护已下的赌注,或者不想在输牌时退出比赛。当然,适用于扑克的道理也适用于生活。

我们都需要这样的提醒，因为我们的心理账户存在"怪癖"。

当开始做一件事时，无论是下注玩扑克，还是建立一段恋爱关系、接受一份工作、买入一只股票，我们都要开设一个心理账户。当停止做这件事时，无论是弃牌，还是分手、跳槽、清仓股票，我们都会关闭这个心理账户。

原来我们只是不喜欢在损失状态下关闭心理账户。

手上的牌要输了，我们不愿弃牌，因为这意味着已下的赌注有去无回；整场比赛要输了，我们不愿退出比赛，因为这意味着真金白银的损失。面对恋情或工作，我们也不愿放弃，因为这意味着浪费或赔掉已投入的所有时间和精力。

当然，这些无疑都是非理性行为。真正重要的是，从你开始做的所有事情及其心理账户中寻求期望值的最大化。例如投资多只股票，有些赚钱，有些亏钱。重要的是整个投资组合能否实现盈利，而不是某一笔投资的涨跌。

但我们天性不会如此思考。我们不会考虑整个投资组合。每一笔投资都拥有相应的心理账户，除非该项投资盈利，否则我们不愿关闭相应账户。

适用于股票或扑克的道理，同样适用于个人决策、工程建设、登山或在经过改造的鸡舍里开折扣店。当我们开始做这些事情时，就开设了一个心理账户。而当事情开始变得不顺时，我们不愿退出，因为我们不喜欢在损失状态下关闭账户。

这就是扑克高手提醒自己"扑克比赛是一场持久战"的原因。我们都应该记住，人生也是一场持久战。

最难承受的代价

沉没成本越大，退出就越难。而最大的成本无疑是人命损失。因此，决定是否或者何时退出一场战争极其困难。

退役的四星上将、美国特种作战司令部指挥官托尼·托马斯2001—2013年在阿富汗执行任务（其中有一年赴伊拉克参战）。他参加过许多军人的葬礼，也向许多"金星家庭"授予过美国国旗。他向我讲述了这些令人自惭的经历，以及这些悲剧性的损失是如何放大沉没成本问题，从而导致一个国家特别难以脱离战争泥潭的。

曾经有一名刚刚失去儿子的母亲抓住他的手说："坚持到底！"将军双膝发软。在那一刻，他想为她"冲锋陷阵"。

虽然悲痛的父母在葬礼上并未开口表达，但他能感受到他们的内心在呐喊："告诉我，我的孩子没有白死！"

我们可以理解为什么阵亡士兵的父母会说"坚持到底，别让我的孩子白死"，我们也不可能不被这样的情感打动。无论是那些影响未来走向的决策者，还是那些士兵以及亲人为之做出牺牲的普通民众，都感受到了这种压力。作为一个有感情的人，你不可能对此冷眼旁观。

但现实是，在决定坚持还是放弃时，关键在于是否值得让下一条生命去冒险，就像我们本能地去考虑已经失去的生命一样。如果坚持，实现目标的可能性是否值得我们冒险牺牲更多生命，并把这些损失强加给其他家庭？

知道不等于做到

我们的许多直觉包括沉没成本谬误在内，都属于认知偏差。其中最常见的就是，自认为只要在某方面受过教育并有所了解，就不会犯错。

我知道我在登山事件上用了很多笔墨。但是为了证明知道不等于做到，请允许我再讲一个故事。

杰弗里是一名经验丰富的户外运动者和攀登者。他给自己设定了一个目标，要登上新英格兰地区最高的100座山峰。这在攀登界是一项了不起的成就。其中几座山峰没有正式步道，只能沿着雪车道、旧的伐木道或牧羊道登顶，有时还得砍伐丛林开路，强行穿过森林或杂草丛生的地区。

杰弗里已经攀登了99座山峰，现在正挑战最后一座山峰——缅因州的福特山。天气变得恶劣，山上开始起雾。同行者决定掉头，但杰弗里不愿意，他选择继续独自攀登。

他的遗体在几天后被发现，显然是坠亡。

为什么我要讲这么一个与之前差不多的故事？一个人掉

头,安全下山。另一个人继续攀登,造成悲惨后果。

故事中的杰弗里全名叫杰弗里·鲁宾。他曾和乔尔·布洛克奈尔一起研究人们为了完成填字游戏无限等待查词典的行为,并随之写出了一系列令人印象深刻、富有影响力的关于承诺升级的著作,直到1995年离世。要说有谁熟知在行动过程中陷入困境的问题,即使面对应该退出的明确信号时也无法止损,那就是他了。

但那天他未能脱困。

这是对我们所有人的警告。不要以为阅读了本章内容或者懂得沉没成本谬误,这些知识就能帮助你克服它。连鲁宾都无法退出,我们其他人只会难上加难。

知道不等于做到。

初始决策时的判断更可靠

很多知道沉没成本谬误的人告诉我,他们已经想到了一个解决办法。大致就是无论过去的决定如何,他们都会问自己:"如果我重新做决定,还会采取这个行动吗?"

例如,你持有一只现价低于买入价的股票。换句话说,你在亏钱。你会问自己:"如果这是一个新机会,我会买入还是卖出呢?"如果买入,你会继续持有(等同于买入)该股票;如果不买,你会卖出该股票。

这种"绝地控心术"真的有用吗？

我们再次向巴里·斯托寻求答案。

在一次后续实验中，伊塔马尔·西蒙森和巴里·斯托要求参与者就无酒精啤酒和生啤这两种产品的营销资金分配做出企业决策。初始决策同样是"二选一"，即哪个产品应该获得全部300万美元的市场支持。在做出选择并收到未来3年的业绩模型后，参与者会就如何在两种产品之间分配另外1 000万美元的营销预算做出第二次决定。

研究人员测试了几种可能的方法，以减轻对最初获得300万美元营销资金的产品的承诺升级。其中一种方法就是"绝地控心术"，即要求一些参与者重新做决定，还特别指导他们进行分析，列出未来为每个产品分配资金的利弊。

尽管被要求在做新决定时展望未来，但与那些先前同样做了失败决策而未被要求展望未来的人相比，这些参与者对他们投入原始资金的产品做出了相似的分配（510万美元）。相反，真正在第二轮分配时做出初始决策的参与者只给了先前获得全部营销资金但后来亏损的产品370万美元。

重新做决定的要求对减少承诺升级毫无作用。

仅仅知道沉没成本效应没用。"绝地控心术"也没用。

尽管沉没成本的危害不胜枚举，但它也有好的一面。

第五章小结

- 沉没成本效应是一种认知错误,即当人们决定是否继续并增加支出时,会顾及他们之前已经投入的资源。
- 沉没成本效应致使人们在应该退出的时候坚持。
- 在决定坚持还是退出时,我们担心退出会浪费我们已投入的资源。
- 如果出现"不这么做就等于浪费时间",或者"我们现在不能解雇她,她在这里干了几十年"的想法,那么你可能正在陷入沉没成本谬误。
- 沉没成本越滚越大,就像《块魂》游戏一样。已投入的资源让你很难退出,导致沉没成本越积累越多,反过来让你更难退出,如此循环反复。先前承诺的"碎片"越多,你就越难脱身。
- 我们不喜欢在损失状态下关闭心理账户。
- 知道沉没成本效应并不能阻止你成为它的牺牲品。
- 你不能用"重新做决定"来哄骗自己摆脱沉没成本。即使重新做决定,问自己是否会继续,也不能像你直觉上认为的那样减轻沉没成本效应。

第六章　猴子与基座

埃里克·泰勒读高中时，朋友们都叫他阿斯特罗。他喜欢这个绰号，认为自己的发型就像阿斯特罗人造草皮。读大学时，他甚至还把喜剧动画片《杰森一家》里的卡通狗阿斯特罗画在了他的汽车侧面。

1998年，阿斯特罗·泰勒在卡内基梅隆大学获得了人工智能博士学位。读博期间，他与人合作发明了一个融合了肖像艺术和计算机科学的互动画廊装置。他出版了两部小说，其中一部正是在这期间完成的。

从那时到2010年，他联合创办并发展了5家公司，其中有运用机器学习技术进行投资的对冲基金公司，也有在可穿戴式身体监控器领域取得成功的公司。他还是斯坦福大学的教授。

2010年，他与拉里·佩奇、谢尔盖·布林和塞巴斯蒂安·特龙一起在谷歌建立了内部创新实验室。佩奇和布林是谷歌的两位联合创始人。时任公司副总裁的特龙曾是卡内基梅隆大学和斯坦福大学的教授。他一直是机器人领域的创新者，领导公司的自动驾驶汽车项目，后来创办了在线教育提供商"优达学城"。

他们一开始将实验室暂时称作"X"，因为觉得名字不太重要，可以留待日后决定。"X"就这样保留了下来，称呼起来也很方便，因为谷歌公司后来把名字改成了Alphabet（字母表）。

泰勒成了X实验室的首席执行官，尽管他的实际职务是"登月计划船长"。他提出的唯一任职条件是，拥有对实验室的完全自主权。即使X实验室是Alphabet的子公司，他也始终坚持文化剥离。

X实验室已经成为继贝尔实验室、施乐帕洛阿尔托研究中心和托马斯·爱迪生实验室之后，又一著名的思想孵化器和创意开发者。X实验室旨在开发和推出技术，以"改善数百万甚至数十亿人的生活"。

他们专门识别并加速改变世界的想法。这意味着他们也会否决很多好的想法，因为这些想法带来的变化对其使命来说太慢。X实验室有个口号："对世界上最棘手的问题产生10倍的影响，而不仅仅是10%的改善。"

管理这样一个有着如此崇高目标的创新实验室，泰勒可能是最佳人选。深刻和突破性的思想并不是凭空出现的。他的祖父爱德华·泰勒是一位传奇物理学家，是氢弹的发明者之一。他的外祖父杰勒德·德布勒是经济学家、数学家，曾获得诺贝尔经济学奖。他的父亲是一位从事量子力学研究的哲学家，他的母亲则是服装设计师和天才儿童的老师。

他的血液里名副其实流淌着创新基因。

X实验室是一个创新中心,但并非不计成本和时间。它制定了相当明确的章程：在5~10年内将最好的想法从概念变成商业上的可行性。仅仅能改变世界或使方案可行仍然不够,它们还必须具有经济效益,这样才能自给自足并实现盈利。

他们给出5~10年的原因是,如果解决方案可以在5年以内提出,那么别人可能已经在研究了；如果解决方案需要耗费10年以上的时间,那么技术还没有进入市场可能就已经过时了。

当一个项目达到打磨产品或扩大运营的阶段,它就从X实验室"毕业"了。X实验室最著名的"毕业生"是其首批项目之一——自动驾驶汽车。2017年,该项目成为Alphabet旗下的Waymo（研发自动驾驶汽车的公司）。截至2021年初,Waymo的估值为300亿美元。其他即将商业化的项目包括谷歌大脑（有史以来规模最大的机器学习神经网络之一）、Verily Life Sciences(主营医疗技术产品,如监测血糖水平的智能隐形眼镜)和Wing送货无人机。

还有许多没有成功的项目也令人惊叹,集合了针对全球问题的创新理念。气球项目正在开发一种技术,以创建一个巨大的高空气球网格,为全球未通网络的国家的10亿人口提供互联网接入。雾角项目旨在将海水转化为燃料,作为一种清洁、丰富的石油替代品。

第六章 猴子与基座

X实验室经历了许多波澜起伏,知道大部分项目都是昙花一现。泰勒将每个项目视为购买未来的期权。像多数期权一样,你必须不断地为持有它而付出越来越大的代价。

正如他告诉我的:"我们将在未来几年内购买1 000份期权,但在10年里只要让桑达尔·皮柴(Alphabet的首席执行官)兑现其中4份就可以。"泰勒认为,他的工作就是以尽可能低的成本建立一个价值投资组合。

即使有Alphabet托底,时间、资金和关注度也是有限的。换句话说,泰勒必须剔除那些无法尽快取得成功的项目。为了追求激进的想法,他势必要迅速止损。这样,他们节省下来的资金就可以用在能改变世界的事情上。

为了帮助实验室人员成为更好的退出者,泰勒提出了一种独特的心智模型——"猴子与基座",该模型已经融入了X实验室的内核。

试想一下,你正在训练一只猴子,让它站在公园的基座上用燃烧的火炬玩杂耍。如果能完成这么精彩的表演,你就要发大财了。

泰勒认为,表演要想成功离不开两部分:训练猴子和建造基座。前者恐怕是成功道路上难以逾越的障碍,后者则不然。人类自古希腊甚至更早的时候就开始建造基座。两千多年来,基座被研究得很彻底。你可以在家具店或五金店买一个基座,或者把牛奶箱倒过来放。

难的是训练一只猴子用燃烧的火炬玩杂耍。

这个心智模型的意义在于提醒你：如果不能训练猴子，那么建造基座就没有意义。

换言之，你应该先解决问题中最难的部分。

"猴子与基座"已经成为X实验室文化的一部分。当工作人员进行项目演示时，你会看到"猴子为先"标签和猴子图标。这是他们确定项目中值得探索之难事的方式。

这教给我们，创业要做的第一件事不应该是设计一张完美的名片、一个最漂亮的标志，或是想出一个最酷的名字。

毕竟，X实验室最初就是因此得名的。

将"猴子"赶走

"猴子与基座"心智模型如何运作？我以X实验室的雾角项目为例，该项目旨在开发将海水转化为燃料的技术。"第一只猴子"是概念验证，但他们已经从与其合作的科学家那里得到了证明，正是这些科学家近来的研究吸引了实验室对这项创新的注意。"第二只猴子"是商业上的可行性。他们生产这种燃料的成本必须大大低于目前每加仑[1]汽油的价格，才能让这种燃料在市场上得到广泛采用。

---

[1] 1美制加仑≈3.8升。——编者注

当时，每加仑8美元的汽油替代品能够在昂贵的市场上，比如斯堪的纳维亚半岛参与竞争。首先遇到的障碍是在海洋中建造管道的巨额成本。他们以为通过与现有的海水淡化基础设施合作就能克服，但很快发现这些现有工厂的全球产能无法满足生产需求。而传统燃料价格的暴跌更无助于解决问题。

他们意识到他们无法对付"这只猴子"。由于在未来3年内不太可能具有价格竞争力，他们终止了雾角项目。

有时，应用"猴子与基座"模型就意味着2年或5年后要终止某个项目，也有可能过了9年才终止，如气球项目（旨在为偏远地区提供互联网接入）。无论是2年、5年还是9年，只要能尽早终止。

只要尽早止损，就是大胜利。此外，你还能从中抽身，把有限的精力和资源转投到更加富有成效，也就是期望值更高而机会成本更低的努力上。

"如果我们发现了'阿喀琉斯之踵'（致命的要害），"泰勒告诉我说，"那么值得庆幸的就是只花了200万美元而不是2 000万美元。"

阿斯特罗·泰勒清楚地知道，退出能让你更快到达想去的地方。

早一点意识到应该放弃，就能早一点转换到更好的赛道。越早放弃，节省的资源就越多，而这些资源则可以投入更富有成效的努力中。

"猴子与基座"心智模型的一个美妙之处在于，有时它能帮助你在开始之前就退出。

几年前，X实验室打算开发一种实验性的高速铁路系统，也就是现在所谓的"超级高铁"。概念很好。从工程的角度来看，建造物理基础设施也并不难。

超级高铁是否可行的难点，在于能否安全地运送乘客和货物，以及能否安全地加速或刹车。几百码[①]的轨道无法说明能否战胜这些挑战。事实上，泰勒及其团队成员发现，要想知道它是否有效，就得实际建造整个系统。你必须先建一堆基座，才能知道猴子是否难以驾驭。

他们很快决定放弃此事。

泰勒的宝贵见解之一是，建造基座造成了进步错觉，而不是实际上真的在进步。

当你在做一件明知自己能够完成的事情时，并不能判断这种努力是否值得付出。你知道你能建造基座。但关键问题在于你能否训练猴子。

最重要的是，泰勒意识到，你在建造基座的过程中也在积累沉没成本，从而使你很难退出，即便你发现自己可能无法训练猴子摆弄那些火炬。先把注意力集中在猴子身上，自然会减少你因为那些实际上已经解决的问题而"粘上的碎片"。

---

① 1码≈0.9米。——编者注

我们可以在加利福尼亚州高铁项目中看到这种由建造基座造成的进步错觉。我们已经在平原上修建了无数铁轨。它们基本上出现于150多年前，让铁路公司成了19世纪最后25年里全世界最赚钱的公司之一。我们知道我们能够建造这类基础设施。

换句话说，你在铁路系统内部建造的任何轨道都只是基座。而他们在2010年批准的第一条铁轨甚至还是连接马德拉和弗雷斯诺的轨道。

阿斯特罗·泰勒还提出了一个敏感但同样重要的观点，即当我们遇到一只很难对付的猴子时，往往会把注意力转移到建造基座上，而不是放弃。

相比退出和承认失败，我们更喜欢进步错觉。

这一点在加利福尼亚州高铁项目中再次得到了充分展示。与帕切科山口和蒂哈查皮山这"两只大猴子"对峙无果后，管理局转而建造另外两个"基座"：2019年，纽森州长批准了贝克斯菲尔德和默塞德之间以及旧金山和硅谷之间的铁轨建设。

如果加利福尼亚州的决策者像X实验室一样应用"猴子与基座"心智模型来处理问题，那么他们可能会像X实验室终止"超级高铁"一样终止这个项目。相反，他们的"块"越滚越大，导致高铁项目越来越难以被放弃。

当面对一只难以驾驭的猴子时，你转而去建造基座，是一场双重灾难。当世界发出不可能成功的信号时，你不仅继续投入资源，还错过了将这些资源投入其他更好选择的时机。管理局在高铁项目上投入的每一美元，都无法再用于其他更有可能造福加利福尼亚州人民的好想法上。

"猴子与基座"心智模型可以归结为三句良言：

- 先找出最难的部分。
- 尽快解决这个问题。
- 谨防虚假的进步。

终止标准

如上所述，我们不是特别擅长理性回应那些预示着应该退出的信号。实际上，我们对坏消息的反应往往是增加承诺，而不是止损。仅仅知道问题所在帮不上忙，"如果重新做决定会怎样"的"绝地控心术"思维也帮不上忙。

但有些东西可以起到助益作用。

如果能提前确定应该注意什么信号，并制订计划加以应对，我们就能增加止损的机会。

大体来说，当你开始做一件事时，要先想想自己会因为什么而"停手"。问问自己："如果我将来看到这些迹象，哪些将使我放弃现在的道路？我从世界或自己的状态中所了解的信息能改变对这个决定的承诺吗？"

由此，你就可以构建出一套终止标准，真正用于终止一个项目、改变主意或止损。这是最好的工具之一，有助于尽早适时退出。

终止标准包含你所掌握的信息，比如这只猴子无法训练，你不太可能达成目标，或者运气不佳。

我们可以为上文中提到的例子设想潜在的终止标准。如果哈罗德·斯托的商店盈利降至某一阈值以下，就考虑出售。也可以用终止标准来限制亏损，如果需要个人额外出资维持商店运营（或者出资额高于某一阈值），就出售或关闭业务。在极端的情况下，值得信赖的顾问会告诉你应该放弃，就像哈罗德的律师好友在诉讼中改变立场一样。

《电子脉冲》的终止标准可能就是在特定日期之前没有达到一定数量的黏性用户。

至于加利福尼亚州高铁项目，你可以想到许多适用的终止标准，比如初始预算增加两倍以上就退出。

攀登珠穆朗玛峰要遵守的"关门时间"，是有关终止标准的一个最清晰的例子。如果不能在下午1点之前登顶，就不能在天黑之前安全返回4号营地，所以你必须放弃攀登。

1992年，伊塔马尔·西蒙森和巴里·斯托在两种啤酒产品的营销资金分配研究中探索了提前计划的影响。

研究人员想弄清楚提前计划是否有助于参与者做出与初始决策者更相近的分配决定。

你应该还记得，对第二轮分配（1 000万美元）做出初始决策的参与者，向先前获得全部资金的产品投入了370万美元。相比之下，那些初次决策失败的参与者则投入了500多万美元。我们已经知道，要求参与者重新分析未来的利弊并不能改变他们的行为。

但还有一种行之有效的策略，即在初次决策之前，让一个小组设定销售和利润的最低目标。这些参与者在了解业绩不佳的情况后，只给他们先前选择的那个产品分配了390万美元。金额与初始决策者做出的分配相差无几，但比起那些做了两轮分配决定但没有设定基准的参与者要少得多。

这与后来许多有关预先承诺合同的研究结果相符。无论是遵循饮食计划、工作计划还是学习计划，这些预先承诺约定都能让人更理性地行事。

从本质上讲，终止标准建立了一纸预先承诺退出的契约。

漏斗管理

终止标准在现实生活中可以被广泛应用。当你开始和某人约会时，要提前思考，哪些情况将导致你结束这段关系？或者在进行某次约会时，什么会让你想结束约会？你在读大学、选专业和找工作时都能这么做。

终止标准对企业销售部门的漏斗管理显然具有很高的应用

价值。销售人员面临的一个大问题是如何管理漏斗顶部的所有机会：应该抓住哪条渠道？开始投入后，什么时候应该放弃？

符合企业利益的做法是，根据成交的可能性和合同的潜在规模确保销售人员将时间投入价值最高的机会上。

当然，这些挑战并不是销售行业独有的。一旦开始建立销售渠道，就要投入时间和精力，这让你很难放弃。随着投入的资源越来越多，放弃和止损也越来越难。

除了在失败或低价值渠道上投入的资源以外，还有机会成本。资源是有限的。你在期望值低的事情上多花一分钟，就会在其他更有价值的机会上少花一分钟。

倘若销售人员僵化固执，不肯放弃可能的交易，那么这些问题会变得更大。销售人员天生喜欢坚持，就像扑克玩家一样，只要还有获胜的机会就不肯弃牌。这种心态会使你感到平静，因为永远不用放弃什么，也不用担心"如果……会怎样"。但这也像扑克玩家的问题一样，是对资源的错误使用，终将导致破产。

设定终止标准非常有利于销售部门做出更合理、更有效的决策。

例如，我曾和mParticle（移动营销及数据服务公司）合作，帮助其在销售过程中设定和实施终止标准。mParticle是一家SaaS（软件即服务）公司，通过提供客户数据平台帮助团队统一客户数据，并将其连接到各种营销和分析应用程序接口。

刚开始合作时，mParticle 的销售人员很难放弃低价值渠道，原因之一是该公司的文化在强化一种观念，即放弃机会等于让公司失去优势。

销售人员的时间宝贵且有限。如果时间被用在低价值渠道上，就不能被用在高价值渠道或开发新的机会上。这意味着，如果他们不能迅速判断并退出可能走入的"死胡同"，就会阻碍实际进展。

设定一套终止标准有助于团队在失败迹象明显时更快地止损。

要设定这样一套标准，我们首先要和销售团队合作，生成一系列预示着某个机会不值得深挖的信号。为此，我们向销售部门领导层和销售人员发出了以下提示：

假设你正在开拓一条需要使用建议邀请书或信息邀请书的销售渠道。你花了 6 个月时间，但最终还是失败了。回顾过去，你意识到早期有迹象表明这笔交易不会成功吗？这些早期的迹象是什么？

这种把自己投射到未来，假设失败，然后回过头去寻找原因的做法通常被称为"事前验尸"。事前验尸法是帮助设定高质量终止标准的好工具。

这一特别提示瞄准了销售人员（和我们所有人）倾向于忽

略、合理化或无视的早期失败信号。换句话说，我们在寻找那些直觉上应该注意却没有注意到的各种不顺迹象。

我们要求团队成员先后在小组之外的场合独立对提示做出回答，这样就可以在不受他人意见影响的情况下获得最广泛的反馈。我们也使用了假设性问题，与他们目前正在追寻或已经错失的机会无关。之所以这样做，是因为我们知道，在面对退出的决定或分析错失的机会时，大家的观点将是最为偏颇的。

在这些回答中有几个反复被提及的信号，比如潜在客户从未委派高级管理人员参加会议，提出的要求显然考虑到了竞争对手，潜在客户在了解其他信息之前直接询价。

随后，我们将这些信号转化成一套终止标准。其中有些属于强信号，只要看到其中之一，你就可以放弃正在跟进的渠道，而不采取进一步行动。例如，潜在客户直接询价就被视为一个强信号，这预示着销售渠道的开发将走入"死胡同"，因为它表明潜在客户只是利用销售人员收集信息，以便在价格上击败竞争对手。

至于其他信号，还需要进行进一步确认。我们为每一个信号罗列了需要销售人员尽快从潜在客户那里了解的信息。根据发现的具体情况，他们要么继续跟进，要么退出交易。

例如，如果在最初的几次会议里都没有高管出席（一个微弱的终止标准），销售人员就应该提议双方高管在下次会议上见面商谈。他们将这样向潜在客户解释：根据经验，当双方高管都在场时，交易会进行得更加顺利，并保证只要对方高管出席下次会议，己方高管也一定会到场。若是客户拒绝该提议，那么销售人员就可以放弃这条渠道。

构建这套终止标准有助于销售团队更有效地管理渠道，确保销售人员把更多的时间用在更具潜力的机会上，并尽可能快地淘汰低潜力机会。这些终止标准还为 mParticle 的销售人员提供了另一条成功的途径。毫无疑问，公司对销售人员的评估仍然纳入了他们创造的收益，但现在也会考虑他们在管理潜在客户时是否遵循了终止标准。

销售人员以达成交易为终极目的，天生就爱坚持。为其创造更多的成功途径，对于让他们适时退出至关重要。

我们倾向于将漏斗管理的概念与销售人员或投资者联系在一起。但其实人人都有需要管理的"漏斗"，比如兴趣爱好、学业课程、工作项目、职业岗位和约会对象。

我们必须选择把握哪些机会，跳过或退出哪些机会。我们希望在不值得的事情上少花时间，而在值得的事情上多花时间。

无论是选工作岗位、选专业、选大学，还是买房子、迁居，你都可以提前设定终止标准。当你花钱买一张音乐会门票时，也可以考虑一下什么样的天气会让你宁愿浪费门票也要待在家里。

终止标准非常适用于投资市场，止损或止盈便是其应用之一。你还可以设定更宽泛的标准，提前问问自己会因为哪些市场信号而改变投资策略。

好消息是，一旦开始行动起来，你就不会错过设定终止标准的机会。无论是约会、买房，还是投资、读大学，你随时都能在未来的某个时间框架内进行思考，想象自己面临的糟糕处境，找出那些你将要错过或看到的信号，这些信号预示着你应该放弃。你买入股票时可能并未设置止损或止盈，但可以现在动手。

毕竟，"亡羊而补牢，未为迟也"。

状态和日期

最好的终止标准包括两个方面的内容：状态和日期。顾名思义，状态就是你或你的计划所处的状况，它是客观且可测量的，是你遇到的或错过的比较基准。日期就是时间。

通常，包括状态和日期的终止标准以下面几种形式出现："如果我在特定日期或特定时间处于 / 不处于特定状态，就得退出。""如果我在 Y（时间）之前没有完成 X，那就退出。""如果我花了 Y（金钱、努力、时间或其他资源）仍没有达到 X，就应该退出。"

对 mParticle 来说，会议室里缺少决策者是一个终止标准。这将触发一个提议，即要求双方高管在下次会议时到场。转换成"状态和日期"表达，那就是："如果我不能让客户的一名高管参加下次（时间）会议（状态），那就放弃这笔交易。"

你只需浏览一番 X 实验室的章程，就能找到状态和日期相互作用的例子。X 实验室的项目必须在 5~10 年内（时间）具有 10 倍改变世界的潜力（状态），能够在商业上可行（状态）。

麦克雷文上将所讲述的"海神之矛行动"，即突袭本·拉登的计划，就是对"状态和日期"概念的一次特别的、高风险的应用。行动共分为 162 个阶段，每个阶段都注明了在什么状态下才能继续，以及在什么状态下必须退出。正如麦克雷文告诉我的，因为事先计划好了一切，所以当行动开始后，他可能只需要在百忙之中做出大约 5 个指挥决策。

他举了两个例子来说明他们会在什么情况下终止任务。如果比预定时间晚了一个小时，任务就会终止。如果在前往本·拉登住所途中的半程以内被巴基斯坦政府发现并怀疑，他们就会撤退；如果在半程以上被怀疑，那就需要麦克雷文立即做出指挥决策。

当然，这次突袭取得了成功，麦克雷文也没有用上终止标准。但并非所有任务都是如此，"鹰爪行动"就是一个闻名的例子。1980 年，卡特政府为解救被伊朗扣押的美国人质计划了该行动。行动设定的终止标准之一是，若正常运转的直升机少于 6 架（由于机械故障、事故或其他原因），就终止任务。他们派了 8 架直升机前往第一个集结区，但只有 5 架到达，由于触发终止标准，因此他们选择了放弃。如果没有事先设定这样的标准，可以想见在风险如此之高的情况下做出放弃决定是多么困难。

提前设定终止标准，重在考虑"状态和日期"。这种重要性已经在生死攸关的情况下得到了应用和检验，影响着大量人口和改变世界的伟大决定。但这些概念也普遍适用于个人决策，以便你把资源投向关键事项，避免在应该退出的时候"建造基座"。

卡内基梅隆大学教授、博弈论学家凯文·措尔曼举了一个很好的例子，说的就是如何将"状态和日期"应用于寻找学术型工作。那些人文学科博士获得"终身职位"的机会相对较少。这种有限的供应众所周知，不太可能大幅改变。

新取得博士学位的人在寻找终身职位的过程中面临两大问题，因此事先设定终止标准至关重要。首先，人文学科内部将离开学术界视作单向决定。一旦离开，就很难回头。知道这是最后的决定，会让人们更难退出，即使预示着他们应该退出的信号很强。

其次，你可以在人文学科内部建造许多基座，比如连续获得兼职教授或博士后的职位。这些职位不是终身制的，但它们会让你产生一种自己在职业生涯中不断进步的错觉。

你很容易一个接一个地建造基座，博士后、兼职教授……以为大好机会就在眼前。建造的基座越多，积累的沉没成本就越多，不断投入的时间和精力让你越来越难以放弃。

为避免陷入这般境地，可以提前运用"状态和日期"概念设定比较基准。首先确定新晋博士平均需要多长时间才能获得终身职位，然后在日历上圈出这个日期作为退出的最后期限。举例而言，如果平均时间是4年，那么4年之内（日期）不能获得终身职位（状态），就应该退出。

假如你想成为一名奥运会短跑参赛选手，不妨向世界最佳100米跑运动员看齐，将他们在15岁、18岁或大学时的跑步成绩记录下来。如果你达到了这些阶段性纪录，那就继续（只要跑步还能给你带来快乐）；如果达不到，那就退出，换一个新的目标。

这样，你就可以把更多的时间花在值得追求的事情上。

"状态和日期"概念还可以应用于恋爱关系。假如你以结婚（或长期承诺）为目的，如果恋爱对象在某个日期之前没有向你求婚/接受你的求婚（或没有以其他方式表现出长期承诺），你就应该结束这段关系，找一位愿意给出承诺的对象。

在职业发展方面也是如此。如果你在具有晋升前景的初级岗位工作，尽早弄清楚那些成功晋升者的阶段性转折点，如加薪、初次晋升、承担分外工作等。了解他们在晋升道路上收到相关信号的时间，并将这些"状态和日期"列入终止标准。

只求更好，不求完美

我在玩扑克时，会运用一系列终止标准帮助自己成为更好的退出者。例如止损。如果输钱达到一定金额，我就会退出牌局。这一点在职业生涯初期非常重要，因为新手尤其不擅于判断输牌是因为自己发挥不好还是运气不好。（止盈在扑克比赛中没有意义，所以我没有使用这个工具。）

转为职业选手后，我仍然坚持止损。优秀的扑克选手在比赛中很难做出退出决定，特别是一输再输的时候。因此，尽管积累了经验，对自己的比赛质量和运气的短期波动也有了更深的了解，我还是设定了止损限额。

我还意识到，我在6~8个小时以内的比赛质量更高，所以决定到时间就退出。我也更加意识到了比赛环境的重要性，因此暗下决心，要是比赛选手的素质朝不利的方向发展，比如有选手退赛，换上了新的玩家，我也会退出。

这些终止标准有助于我在比赛中更好地做出退出决定。但要说完美，那还相差十万八千里。

当达到止损限额时，我每一次都会退出比赛吗？不！要是能在赌场获得资金，有时我会再抓些钱接着玩。

我每一次都会在玩了6~8个小时之后就停止吗？绝对没有。有时我会一连玩上24个小时甚至更久。同样地，有时我也会坚信自己仍然置身在一场高质量的牌局中，即使之前的扑克高手已经退出，而新加入的玩家水平有限。

我的表现远远称不上完美，但比未设定终止标准时做得好。在漫长的扑克生涯中，我敢肯定我赢多输少，因为我有些时候能够在期望值为负的情况下减少精力和财力的投入。

只求更好，不求完美，这一点很重要。毕竟，我们只是凡人。面对不确定性，你很难完美把握退出的时机。

阿斯特罗·泰勒知道 X 实验室并不总能在正确的时间退出。他对此没有意见，因为他们一直在努力，总体上做得不错。"这就是为什么 X 实验室取得了如此巨大的回报。不是因为我们表现完美，而是因为我们执着追求，所以才能取得一定的成功，并最终被证明是巨大的成功。"

综上所述，"猴子与基座"心智模型和终止标准有助于我们克服在损失状态下关闭账户的不悦。一方面，它们都会让你三思而行，这自然降低了因退出带来的损失。而损失越少，你就越容易放弃。

另一方面，若提前设定明确的终止标准，并预先承诺在看见这些信号时就放弃，你更有可能善始善终，即使处在损失的情况下。只要提前做好止损的决定，你就能更好地关闭这些心理账户。

第六章小结

- "猴子与基座"是一种帮助你尽早退出的心智模型。
- "基座"是指你知道自己可以解决的问题,比如设计出完美的名片或标志。"训练猴子"才是最难的。
- 面对复杂艰巨的目标时分三步走:一是先找出最难的部分,二是尽快解决这个问题,三是谨防虚假的进步。
- "建造基座"会让你产生一种朝着目标前进的错觉。但是,如果无法解决问题的难点所在,那么做容易的事情就是在浪费时间。
- 先"对付猴子"会放慢进度,使投入某项计划的时间、精力和金钱受限,从而让你更容易放弃。
- 当遇到无法解决的难题时,我们往往倾向于"建造基座",而不是选择退出。
- 提前计划和预先承诺让你更有可能尽早退出。
- 采取行动之前创建一套终止标准,列出你未来可能会看到的、预示着应该退出的信号。
- 终止标准有助于避免"当局者"做出错误决策,因为它限制了你在获利或损失状态下必须做出的决策数量。

- 在组织中，终止标准允许人们以不同的方式获得回报，而不是固执、盲目地追求一个目标，直到以悲剧收场。
- 设定终止标准的一种常见而简单的方法是使用"状态和日期"概念："如果到（日期）为止，我已经/还没有（达到某个特定的目标），那就退出。"

延伸阅读 II

要么摘金,要么一无所有

1992年,7岁的亚历山德拉·科恩(昵称"萨莎")第一次对花样滑冰产生兴趣。在此之前的24年,美国女选手在每一届冬奥会上都有奖牌入账。等她开始参加高水平的青少年比赛时,女子花样滑冰已成为最受瞩目的冬奥会项目之一。美国花样滑冰运动员克丽斯蒂·山口、南希·克里根、塔拉·利平斯基和关颖珊的名字家喻户晓。

观看奥运资格赛和非奥运级别比赛的美国观众数不胜数,他们期待着下一个超级巨星的诞生。无数年轻女孩在竞争激烈、要求苛刻的地方比赛中前仆后继,渴望扬名立万。科恩也是其中的一员,她比关颖珊小4岁,比利平斯基(于2002年奥运会后退役)小两岁。

萨莎·科恩后来成了她那个时代最优秀的花样滑冰运动员之一。自20世纪90年代末起,她在精英青年赛、国内和国际比赛中都表现出色,21岁时获得了2006年意大利都灵冬奥会花样滑冰银牌。

科恩在15岁时就崭露头角，是2000年美国花样滑冰锦标赛的亚军得主。冠军则花落关颖珊，当时关颖珊已经夺得了两枚世界锦标赛金牌和一枚奥运会银牌。关颖珊在全美锦标赛上无人能敌，1996年摘金后，更是在1998—2005年连续8年夺冠。

科恩紧追不舍。除了2001年因背部应力性骨折不得不退出比赛，她在2000—2006年的全美锦标赛上相继获得了亚军、亚军、季军、亚军、亚军和冠军的好成绩。排在她前面的只有关颖珊（2003年锦标赛上排在她前面的还有奥运冠军萨拉·休斯）。

17岁时，萨莎·科恩在2002年的盐湖城冬奥会上获得了第四名，并在2002—2003年的六场大奖赛里摘金（包括2003年的花样滑冰大奖赛决赛）。她还在2001—2005年赢得了其他六项国际赛事，并分别在2004年（银牌）、2005年（银牌）和2006年（铜牌）的世界锦标赛上夺得奖牌。

在科恩的花样滑冰生涯里，我们从她身上看到了世界顶级运动员的专注和坚持。她从7岁开始滑冰，11岁时开始频繁参赛。当时，为了最大限度地腾出时间进行练习、训练和比赛，她选择了在家接受教育。但努力也带来了伤病和挫折。背部伤病问题使她退出了2001年的全美锦标赛，也扰乱了她在2004年和2005年的比赛计划。

然而，2006年似乎是属于萨莎·科恩的一年。当年25岁的关颖珊一直在为冲击奥运会进行训练，但由于臀部受伤，她退出了2005年末的三场比赛。到了来年1月，全美锦标赛刚开始打响，她就又退赛了，终止了8年的连胜纪录。

科恩摘得金牌，终于成了美国冠军。

关颖珊为了参加奥运会申请并获批了医疗豁免，但随后在都灵的第一次训练中受伤，不得不退赛。这标志着关颖珊竞技滑冰生涯的结束。现在科恩成了美国滑冰王朝的继承人，这个王朝连续在10届奥运会上斩获奖牌，其中有5届夺得金牌，包括参与的前4届奥运会中的3届。

科恩在短节目后处于领先地位，但还是输掉了金牌。在决赛中，长节目开始后不到30秒，她就摔倒了。倒地的她立刻意识到这次不会赢了，但仍表现完美，展现出了一名伟大运动员的素养，最终摘得银牌，为她的一长串成就增添了新的荣誉。

要是她没有摔倒，也许就能获得金牌，光荣退役。她的背部情况堪忧，最近又经历了髋关节受伤。到下一届奥运会时，她就25岁了，与2006年冲击奥运会的关颖珊同龄。关颖珊就是因为身体的三处伤病而无法参赛的。

相反，科恩在2006年4月，也就是奥运会结束两个月后，宣布回归并争取获得2010年奥运会的参赛资格。她暂停了比赛，但仍在接受训练。2006—2009年，她在同样苛刻的滑冰环境中度过。

由于在花样滑冰事业上取得的成功，科恩得以在2007—2009年的专业展览会和《冰上冠军》《冰上之星》巡演中担任主演。

科恩对此并不开心。这是一份赚钱的工作，但正如她所说的："这不是我想要的生活。我不想同电影《土拨鼠之日》里演的一样，一遍又一遍做相同的事情。"

这不禁让人好奇，既然她那么痛苦，为何不退出呢？

科恩自己也想过这个问题，但没有答案。她就是无法让自己退役，认为退役是一件"太永久，太最终"的事。"那意味着身份的终结……我想我得承认自己已经不开心到无法正常工作了。"

她觉得有义务再次入选奥运代表队。滑冰运动员是她的身份，坚持是她的身份。否则，就会是"软弱，或者早早放弃，因为不努力的话就很难做到"。

2009年5月，她开始训练，准备重返赛场。由于右小腿肌腱炎（另一个原因是15年来从事如此高难度的工作，不可避免地积累了一身伤病），她退出了两场大奖赛，参加了2010年的全美锦标赛。她需要取得前两名的成绩才有资格参加温哥华冬奥会，但她只得了第四名。

她最终还是退役了，尽管更多是出于环境原因而不是自己的选择。女子花样滑冰运动员的比赛窗口期是25岁。她超龄了，但她"并不认为这是退出，而是自由了"。

虽然她的滑冰生涯已经成为遥远的过去，但她的成就依然存在。她在2006年获得银牌，使美国连续11届奥运会在女子花样滑冰项目上功成名就。直到 2022 年，她仍然是最后一位获得花样滑冰奥运会单人滑奖牌的美国女性运动员。

被迫退役后，她过上了幸福的生活。26 岁时，她开始上大学，这距离她上一次坐在教室里已经过去了 15 年。2016 年，她从哥伦比亚大学毕业，同年入选美国花样滑冰名人堂。她成了摩根士丹利的一名投资经理，随后步入婚姻殿堂，育有两个孩子，分别在 2020 年 1 月和 2021 年 8 月出生。

关于退出，我们可以从萨莎·科恩的故事中学到很多。她和家人为滑冰事业付出的时间、金钱和努力，显然是不断积累的沉没成本。她厌恶损失，无法想象自己退役后的生活，直到迫不得已才退出。

但正如我们将在第三部分探讨的那样，她的经历与身份认同有关。萨莎·科恩和我在书中提到的其他人，包括那些试图登顶珠穆朗玛峰的攀登者，如已故的道格·汉森在内，具有很多相似之处，即在付出大量努力后，如果不能实现所定目标，宁愿一无所有；一旦感觉到失败，就必须再次尝试。

在很大程度上，我们的所作所为塑造了我们，我们的身份离不开我们关注的事情，包括职业、人际关系、项目和爱好。退出其中的一样，就意味着退出了部分身份。这很痛苦。

第三部分

身份与其他障碍

第七章　禀赋效应与现状偏见

2006年，安德鲁·威尔金森创立了MetaLab（软件开发公司），为科技企业设计和开发移动应用程序。公司立刻实现盈利并迅速增长，客户囊括苹果、谷歌、迪士尼、沃尔玛以及Slack等知名企业。

这些年来，威尔金森用公司的部分利润创办了20多家公司，其中成立于2014年的Tiny（科技控股公司）还投资并收购了数十家互联网企业。威尔金森以快速交易、不干涉收购和长期持有而闻名，被誉为"初创企业界的沃伦·巴菲特"。

威尔金森在年纪还小时就显露出了创业精神。21世纪初，他在上高中时和一些朋友创办了一个名为MacTeens.com的科技新闻网站。他孜孜不倦地工作，甚至争取到了采访史蒂夫·乔布斯的机会。这个网站非常成功，需要管理员工、洽谈广告交易和创作内容，结果变成了一份全职工作。他在网站上花了许多时间，差点没能毕业。

考上大学新闻专业没多久，他就退学并创办了MetaLab。

2009年，威尔金森发现需要一种方法让他的团队共享待办事项列表，于是决定开发自己的待办事项列表工具。这就是软件产品Flow的起源，直到2021年他还坚持为这个产品投入资金。

从那以后，谷歌文档（Google Docs，在线办公软件）和Slack（Slack在2013年雇用MetaLab为其设计界面）等SaaS工具的市场发展迅速，但在威尔金森构思这个想法的时候，该市场还处于萌芽阶段。他正确预见了这类产品的潜在市场规模，很早就进入了相关领域。MetaLab足够成功，威尔金森有充分的资源启动Flow，可以自己投入资金，而不用寻求风险投资公司等外部投资者的帮助。

在与MetaLab的两名开发人员合作9个月后，威尔金森成功开发出了这个待办事项列表工具的测试版。他如此描述自己对这款产品的自豪感："它真的很棒，从第一天起就大获成功。"

Flow测试版的月经常性收入很快达到2万美元，随后以每月10%的速度增长。产品爆火引得各大风险投资公司争相与他联络。

在孵化新企业的圈子里（以及圈子辐射的更大的群体中），长期以来一直对风险投资和自主创业的利弊存在激烈的争论。威尔金森是公开支持自主创业的人之一。无论就他自己而言，还是作为总体战略，他都认为自主创业是更好的选择，因此拒绝了所有风险投资。

Flow是一家节俭的公司，但毕竟刚刚敲开这个领域的大门，因此它的开支远远超过最初的销售预期也不足为奇。威尔金森欣然掏钱应对不断增长的成本。他有资本，有自己热爱的产品，而且经常表示希望避免因接受外部投资而带来的股权稀释。

虽然 Flow 最初的成功证实了市场对有助于团队管理和分享待办事项列表的 SaaS 工具的需求，但他意识到，潜在的需求意味着其他公司也会试图进入该领域。

他的担忧不无道理。创办 Flow 后不久，威尔金森就听说了另一款名叫 Asana（项目管理软件）的产品。Asana 由达斯汀·莫斯科维茨联合创立并运营。莫斯科维茨是脸书的联合创始人，是一位亿万富翁，在潜在投资者、雇员和潜在用户中有着极高的可信度和知名度。

2011 年底，Asana 上线了。威尔金森松了一口气："好丑！工程师设计出来的东西又复杂又不好用。它对我一点威胁也没有。"

对比 Flow 和 Asana 首次亮相的版本，威尔金森觉得证实了自己的价值。"我们只用 1/4 的团队规模和很少的资金，就做出了一款我认为很优秀的产品。"

Asana 首次亮相后，达斯汀·莫斯科维茨与安德鲁·威尔金森取得联系，他们在 Asana 总部所在的旧金山相约喝咖啡。会面时，莫斯科维茨非常坦率地说了他们拥有的资金规模，以及为公司招揽了哪些人才。

会面结束后，威尔金森认为莫斯科维茨想要传达的信息是 Asana 拥有优越的资源，Flow 无法与之相比。很久以后，莫斯科维茨公开表示，他对那次会面的记忆截然不同。他认为自己是在探索 Asana 与 Flow 合作的可能性，或许可以通过收购的方式更好地应对该领域规模更大的老牌竞争对手。

很难知道他们为什么对会面时发生的事情有不同的解释。但威尔金森对这些话的理解，与他对自主创业和风险投资的看法是一致的。这也强化了他的观点：Flow 是斗志昂扬的"黑马"，而 Asana 与其说是另一家意气风发的新企业，不如说是自主创业者与背靠风险投资的创业者之间"我们对他们"之战中"他们"的一分子。

在 Asana 付费产品发布（2012 年 4 月）后的几个月里，该公司完成了三轮融资，最后一轮融资达到 2 800 万美元，估值则达到 2.8 亿美元。

威尔金森本该忧心忡忡。毕竟，他的主要竞争对手发展蓬勃、资金充裕，明显是风险投资市场上的"抢手货"。但他反而认为这对 Flow 的前景来说是一个好消息。假如经验丰富的风险投资者觉得 Asana 价值 2.8 亿美元，那么他自己的公司及其优质产品肯定价值更高。

此时，Flow 的月支出是其月收入的 2~3 倍，要是优先考虑赶上 Asana 的开发进度，支出还将增加。焦虑的首席财务官向威尔金森提起了这件事，威尔金森告诉首席财务官他们需要坚持下去。根据他的推断，Flow 势必会"战胜"Asana，显然值得继续向该产品投入自己的个人资金。

针对 Asana 的自发讨伐很快就演变成一场"消耗战"。为了让 Flow 进驻更多平台（就像 Asana 一样），升级用户想要的功能，并学习 Asana 的一部分营销方式，Flow 的"烧钱"速度翻了一番。

威尔金森坚持认为，鉴于产品的质量，继续向 Flow 投入资金是合理的。"我们开始在广告上砸钱，雇用销售人员占据市场，但主要的关注点还是开发更好的产品。这是我们唯一的优势。"

随着他们持续给产品添加功能，更多的漏洞（这是软件开发中出了名的难题）开始出现。尽管定期注入资金，但工程和设计团队仍然人手不足，只能超负荷工作。他们发现自己无法跟上用户报告漏洞的速度。环比增长从 20% 放缓到 5%。

2015 年 9 月，Asana 推出了新版本，完全不同于威尔金森认为很差的原始版本。它现在拥有 Flow 已经具备以及他希望 Flow 具备的所有功能。Asana 还能在更多平台上运行，而且不像 Flow 那样受到漏洞的困扰。

此时，Flow 的"烧钱"速度已经达到每月 15 万美元。威尔金森的投资总计超过 500 万美元，而且没有结束的迹象。眼前的一切都在告诉他，争强好胜、全靠自主投入的公司与资金充足、有风险投资支持的公司进行竞争，是一场必败之战。然而，他还是没有关闭Flow，反而继续坚持了7年，直到投入的总资金达到1 100万美元。他眼看着公司的收入增长从放缓到停滞，而Asana（以及该领域的其他竞争对手）一直在改进其产品。

其间，威尔金森收到一份以600万美元收购Flow的报价。他拒绝了，因为他投入了1 100万美元，不想承受500万美元的损失。典型的沉没成本谬误！

12年后，威尔金森终于看清了别人早就明白的事情。正如他所言："1 000多万美元打了水漂。"从营销、产品、功能、支持、集成等各方面来看，Asana都更胜一筹。Flow的规模大幅缩减，勉强维持盈亏平衡，年度经常性收入不到原来的1/3。

更重要的是，威尔金森放下了对Flow的雄心壮志。截至2021年，该公司仍在运营，但威尔金森意识到他永远无法收回投资，Flow也永远无法在效率工具市场占据大块份额。

威尔金森的故事展示了所有权如何影响我们退出的能力，尤其是在自主创造的情况下。

"嗜酒"的经济学家

我们会把自己拥有的东西看得比同等物品更重。理查德·塞勒率先将这种认知错觉命名为"禀赋效应"。事实上，他正是在1980年那篇提出"沉没成本"的论文里引入了禀赋效应，并将其描述为"相比取得一件物品所愿意付出的代价，人们往往要求更高的补偿才会放弃它"。

塞勒举例说，他的一位杰出的经济学家朋友在 20 世纪 50 年代末以每瓶 5 美元的价格买了一箱好酒。几年后，酒的价值大幅增加。酒商提出以每瓶 100 美元的价格进行收购。尽管买过的酒从未超过 35 美元一瓶，但他还是拒绝了。他也不乐意花 100 美元再买一瓶这样的酒。这很奇怪。他拒绝出售，表明在他眼里每瓶酒的价值不止 100 美元，甚至他认为这些酒卖得太便宜了，所以拒绝利用这个便宜的价格再买一瓶酒。

波尔多葡萄酒的牛市仍在继续。11 年后，也就是 1991 年，塞勒、丹尼尔·卡尼曼与经济学家杰克·尼奇一起交流了这位朋友及其葡萄酒的最新情况。现在这种酒以每瓶 200 美元的价格拍卖。这位朋友偶尔会小酌几杯，但还是"不愿意以拍卖价格出售这些葡萄酒，也不愿意以这个价格再买一瓶"。

这个故事逗得他们哈哈大笑，但从经济学的角度来看，他们觉得很费解。因为他有机会以盈利的方式出售这些酒，所以沉没成本效应并不能解释这种行为。塞勒提出假设，认为这与对葡萄酒的所有权有关。这种所有权使这位朋友认为自己的酒比别人的酒更有价值。

被朋友们在学术期刊上调侃了多年，这位经济学家仍然对这种错觉深信不疑。可想而知，我们面对此种情况时的表现会有多么糟糕。

在过去的40年里，研究人员展开了100多项研究，复制并拓展了塞勒的初始研究成果。早期的禀赋效应实验非常简单。

在杰克·尼奇早期的一个实验中，学生们需要完成一份调查问卷。在填写问卷之前，第一组参与者收到了咖啡杯作为奖励，第二组收到了巧克力棒。

（第三组之前没有收到任何东西，被要求在两者之间进行选择。这组参与者的选择大致均衡，56%的人选择咖啡杯，44%的人选择巧克力棒。）

尼奇想知道前两组参与者对咖啡杯或巧克力棒的所有权是否会改变他们对这些物品的评价。为此，他在完成问卷调查后允许这两个小组的参与者交换奖励。也就是说，收到咖啡杯的学生可以用咖啡杯交换巧克力棒，收到巧克力棒的学生可以用巧克力棒交换咖啡杯。

可以想见，如果没有所有权的影响，前两组参与者在交换了各自更喜欢的东西以后，最终选择咖啡杯和巧克力棒的人数比例与那些初始决策者是一样的。每组大约有一半的参与者会选择交换，可能巧克力棒那组略多一些，咖啡杯那组则略少一些。

但尼奇的发现并非如此。事实证明，即使在这么短的一段时间里，禀赋效应也会深深影响他们对这些物品的评价。在第一组中，80%的人拒绝用咖啡杯交换巧克力棒。在第二组中，90%的人更喜欢巧克力棒，只有10%的人用巧克力棒交换了咖啡杯。

尼奇和其他几位合作者（包括塞勒和卡尼曼）进行了更多的实验，以揭示禀赋效应对买卖价格产生的不同影响。这些研究试图复制他们那位经济学家朋友的行为，他既认为花200美元买一瓶酒太贵，又觉得以每瓶200美元的价格把酒卖出去太便宜。

其中一项实验是给一些参与者现金，给另一些参与者咖啡杯。得到杯子的人答完问卷后还会被问道："你最低愿意以多少钱出售咖啡杯？"而那些得到现金的人则会在问卷末尾看到一只杯子，并被问道："你最高愿意为它付出多少钱？"

对于一只印有学校标志的简单咖啡杯来说，买卖价格的差异大到离谱。咖啡杯拥有者的最低售价至少是现金拥有者愿意支付的最高价格的两倍。在此后几十年的实验中，这个比例一直保持不变，无论实验人员使用的是遮阳板、运动衫、笔盒，还是从大学书店里随便找来的东西。

这些实验的结果也和我们的一般经验相符。

你有一辆车，正在考虑卖掉它。当你查看凯利蓝皮书[①]的估价时，心里会想："不可能。我的车不止这个价。"或者："它至少得卖这么多。很明显，它值得第一梯队的价格，要是估价再高一点就好了。"但是，当你出去买车的时候，看到一辆要价

[①] 凯利蓝皮书是一家位于美国的专业汽车评价公司，官方网站多被称为汽车评价网。——译者注

是凯利蓝皮书最高估价的同款车，就会说："这些人太荒谬了，不如去高速路上抢钱，看这辆车的挡泥板都坑坑洼洼的。"

禀赋效应显然适用于退出的行为。出售自己拥有的东西相当于退出，你将放弃物品的所有权。拒绝出售自己拥有的东西则是一种坚持。当你决定是否要卖掉你的酒、你的车或者你的房子时，就等于在选择是否坚持拥有这些东西。

知道即所有

禀赋效应的原始基础是损失厌恶。简单地说，如果我们权衡之下发现损失大于收益，就会更担心失去已经拥有的东西，而不是渴望得到相同的东西。

此后几十年的研究表明，除了损失厌恶以外，我们还会因为其他原因抓着自己的东西不放。在这个过程中，我们会夸大这些东西的价值。

禀赋效应最初研究的是物品所有权以及我们在拥有这些物品后赋予它们的附加价值。但正如凯里·莫雷韦奇和科琳·吉布林 2015 年在一篇文献综述中指出的那样，我们被赋予的东西远不止物质对象。随着禀赋效应研究的不断深入，大家越来越清楚地认识到，我们也可以赋予自己信念、想法和决定。

当我们带着信念和想法时，它们就成了我们的所有物。我们拥有所买的和所想的。

当我们承诺采取行动时，在某种意义上，我们就拥有了这个决定。无论是一瓶酒还是对努力的承诺，我们赋予这些东西的价值都可能高于那些属于别人的东西，也高于别人的评价。

倘若这些东西还是自己创造的，那么禀赋效应尤其强大。这就是众所周知并且原因显而易见的"宜家效应"。你从宜家购买的大多数家具都需要自己组装。我们会更看重自己组装的床头柜，而不是一个完全相同的预装床头柜。

"宜家效应"是我们必须谨慎对待"建造基座"这件事的原因之一。建造已经确定可以建造的东西，比如说在马德拉和弗雷斯诺之间启动加利福尼亚州高速铁路，在贝克斯菲尔德和默塞德或者旧金山和硅谷之间建造高速铁路，那你就是在制造双重问题。在还没有找到能否建成铁路的有用信息时就投入时间、精力和金钱，会导致沉没成本问题。此外，你已经被赋予了你所建造的东西，因此也更难放弃。

要想通过增加"禀赋"让天平远离退出的方向，起码要确保你被赋予的东西在解决难题的过程中起到了真正的推动作用。

禀赋效应

禀赋效应有助于解开哈罗德·斯托两次拒绝出售门店的谜团。在他与得克萨斯州股东的斗争中，他的律师好友投靠了对手，他则获得了加利福尼亚州的商店。他不愿意为了保护那些不是他创立并建造的得克萨斯州商店,而卖掉自己一手创立并建造的加利福尼亚州商店。

当弗雷德·迈耶公司提出收购他的商店时,他还是认为价格太低,尽管那时商店已经陷入了亏损。每走一步,他都比旁观者更看重自己从鸡舍打造出来的商业帝国,而对后者眼中摇摇欲坠的发展态势视而不见。

禀赋效应也有助于我们了解安德鲁·威尔金森为何会将如此多的个人财富投入 Flow。威尔金森的故事极好地说明了在我们的过度坚持中发挥作用的认知碎片层。

威尔金森在很多方面为 Flow 赋能。首先,最简单的一点,威尔金森是 Flow 的实际拥有人。再者,这是他的主意。Flow 是他想出来的,也是他创造的。

他很快就爱上了自己的产品,而且当他将其与类似的产品 Asana 进行比较时,这种感觉更加强烈。在他眼里,Asana "丑""复杂""不好用"。Flow 是一只美观、实用的咖啡杯,而 Asana 则是一块他碰都不会碰一下的巧克力棒。很难说他对 Flow 的价值判断在一开始是否合理,但在他给这家亏损企业"烧钱"的最后几年里,这种判断肯定是不合理的。

禀赋效应显然使威尔金森高估了他的产品,但也可以看到,它与沉没成本效应相互影响,形成了一种非常具有破坏性的认知融合。即便已经决定减少对 Flow 的投入,他还是拒绝以 600 万美元的价格出售公司,因为这无法让他弥补 1 100 万美元的全部损失。

沉没成本效应增加了"块"的质量，禀赋效应增加了更多。当你开始一项行动并做出继续下去的后续决定时，不仅会积累越来越多的沉没成本，也会越来越执着于自己的想法，越来越相信自己走在正确的道路上。当你创造某样东西时，无论是铁轨、书架、人际关系，还是课业论文，禀赋效应都会使天平更加倾斜，进一步升级我们对失败的承诺。

职业运动队及其对高顺位选秀权的承诺升级

经过20年对承诺升级的实验探索，巴里·斯托开始在相关领域验证他的发现。他首先关注的领域之一是职业体育决策中的花名册管理。在1995年的一项研究中，斯托和黄霞（Ha Hoang，音译）探讨了在不考虑技术水平的情况下，NBA（美国职业篮球联赛）球员的选秀顺序是否会影响他们后续的上场时间和职业生涯。

一支NBA球队用高顺位选秀权获得一名球员，在现实生活中是一个潜藏着沉没成本和禀赋效应问题的高风险决定。用高顺位选秀权获得一名球员，不仅会消耗宝贵而有限的资源，而且要支付给该球员更高的薪水。禀赋效应也会发挥作用，因为球队所做的决定是公开的，也是属于他们自己的。由于战绩最差的球队会得到最高顺位的选秀权，首轮选秀明显会将该球员与球队的未来联系在一起。

沉没成本和禀赋效应是否会影响未来的比赛决策，并更多地留住那些高顺位选秀球员？

答案是肯定的。考虑到 NBA 球队把最好的球员派上场比赛的强烈动机，你可能会对此感到惊讶。

NBA 等职业体育联盟为研究退出行为提供了独特的环境。职业体育运动的决策者可以从球员的比赛效率中获得大量持续、快速和清晰的反馈。职业篮球比赛充满了数据，对球员的得分表现（得分、投篮命中率、罚球命中率）、弹跳力（篮板球和盖帽）以及速度（助攻和抢断）制定了许多客观的衡量标准。为了赢球，教练和球队管理层都会积极地在适当的比赛中派出最好的球员上场。

相比之下，我们在做出大多数决定时并没有这种程度的信息以精确计算不同选项的期望值。无论是决定录用两位应聘者中的哪一位，还是接受两份工作中的哪一份，我们所掌握的信息远不如 NBA 高管在决定两名球员中哪一名首发或下个赛季继续留用时所掌握的信息多。

我们基于已知信息和经验进行的猜测远没有那么准确。

这意味着，如果教练和高管在球员决策上犯错，就不能仅仅将之归咎于不了解数据。就信息透明度而言，这与卡尼曼和特沃斯基最初在展望理论研究中提供给参与者的选项类似。参与者拒绝期望值为正的赌约，接受期望值为负的赌约，并不是因为他们对选项的有利与不利一无所知。虽然选项清晰易懂，但你可以看到，他们在亏损时更愿意接受不利的赌约，在账面盈利时会拒绝有利的赌约，因为可以通过退出获得实际收益。

相比卡尼曼和特沃斯基的研究，NBA 的人事决定至关重要，期望做出正确决策的动力巨大。但就像参与者接受或拒绝赌约一样，NBA 高管做出的选择也并不总是理性的。

斯托和黄霞想知道，在同等技术水平的两名球员里，通过高顺位选秀招揽的那名球员是否会获得更多的上场时间、拥有更长的职业生涯，并且更不可能被交易。为此，他们分析了1980—1986 年的 NBA 选秀顺序，以及球员的 9 项表现指标、5 个赛季的上场时间、职业生涯长度和交易情况。

事实证明，选秀顺序确实对未来的上场时间和人事决定产生了独立的影响。"结果表明，即使控制了场上表现、伤病、交易状态和场上位置等变量，高顺位选秀出身的球员仍能从球队获得更多上场机会，留队的时间也更长。"

在球员职业生涯的前 5 年，选秀顺序是上场时间的重要风向标。从球队一年的比赛数据看，首轮新秀在第二个 NBA 赛季的上场时间比同等技术水平的次轮新秀多 552 分钟。同一轮选秀中，球员的顺序每向后挪一位，他们的上场时间就会减少 23 分钟（例如，首轮的第二顺位球员比第三顺位球员在整个赛季里多打了 23 分钟）。

球队首轮选中的球员，留在联盟的时间比场上表现相似但是次轮选中的球员平均延长3.3年。选秀顺序每向后挪一位，球员被裁掉的可能性就会增加3%。他们还发现，次轮新秀被交易的可能性比首轮新秀高了72%，而且顺序每向后挪一位，该可能性就增加3%。

如果这样一个能够正面评估球员质量、数据丰富的高风险环境，都无法避免承诺升级的影响，那么雇主坚持留住员工也就不足为奇了。学生对咖啡杯的要价远远超出其价值，以及经济学家不肯出售或购买葡萄酒同样如此。

1999年，科林·卡默勒和罗伯托·韦伯尝试用新数据（来自1986—1991年的NBA选秀球员）和更多可排除其他解释的变量及方法复制斯托的研究。结果相差无几。由于增加了变量，他们发现承诺升级效应没那么强，但仍显著到足以充当"非理性承诺升级最确凿的现场证据之一"。

公平地说，斯托和卡默勒对NBA进行分析的时候，体育领域还没有进入"点球成金"的时代，那时的决策更多是由分析驱动的。有人可能会质疑球队理解或使用数据的方式与现在不同。那么，问题来了：沉没成本和禀赋效应对职业体育的影响如今还存在吗？

奎因·基弗是加利福尼亚州立大学圣马科斯分校的经济学教授。自21世纪初以来，他就NFL（美国国家橄榄球联盟）和NBA的选秀顺序与球员薪资对上场时间的影响进行了多次实地研究。研究内容包含了后"点球成金"时代的决策。他还使用先进的分析方法对球员的表现进行评估。结果与20世纪80年代和90年代的原始发现一致，虽然禀赋效应的影响减弱了，但是它们仍然很重要。

那些认为自己可以客观地做出退出决定的人，对这些涉及主要职业运动的实地研究成果应该会大感震惊。毕竟，球队拥有聪明的人才、丰富的数据、密集的反馈和十足的动力。而当我们决定退出时，大多数情况下掌握的信息都很少，反馈循环也更长、更嘈杂。

现状很难改变

沉没成本和禀赋效应以一种放大承诺升级的方式共存。现状偏见则强化了这种造成天平倾斜的认知融合。

简单地说，现状就是你正在走的路或做事的方式。偏见是我们倾向于坚持那些现有的决定、方法和方向，抗拒转向新的或不同的事物。

无论是考虑转行，比如萨拉·奥尔斯汀·马丁内斯或萨莎·科恩，还是分手、与新的对象约会，抑或是换专业、换大学，都是如此。球员加入了NBA球队，他们就成了现状的一部分。要是让他们"坐冷板凳"，或者将他们交易、裁掉，那就偏离了现状。

在1988年的一篇开创性论文中，哈佛大学经济学家理查德·泽克豪泽和波士顿大学经济学家威廉·塞缪尔森介绍了"现状偏见"一词。他们摆出的实验室实验和实地研究都表明，绝大多数人坚持维持现状，即使这种选择带来的期望值较低。现状偏见普遍存在且根基深厚，常见于个人和组织的决策。

现状代表了我们已经开设的一个心理账户，它与已经投入的时间、金钱、努力等沉没成本相关。通过改换新的选项来关闭这个账户，会让我们感觉自己浪费了已经投入的资源。

我们也被赋予了现状，紧紧抓在那些维持现有状态的决定和在此过程中创造的东西不放。

我们固守现状的另一个原因是损失厌恶的不对称。面对坚持和改变可能带来的负面影响，我们更担忧后者。

马丁内斯的困境揭示了这一点。显然，她在考虑转行的过程中受到了损失厌恶的影响。"要是换了新工作以后结果不好怎么办？"这是造成阻碍的部分原因，使她无法接受新的角色。

与此同时，她一点也不抗拒继续从事目前这份职业所造成的坏结果——不快乐，尽管她已经认识到，除非退出，否则肯定不快乐。

她正在以一种不对称的方式考虑潜在的损失。

20世纪最具影响力的经济学家之一约翰·梅纳德·凯恩斯很好地总结了这一现象。他说："世俗的智慧告诉我们，常规的失败比非常规的成功更能维护声誉。"非常规的成功往往伴随着因改变现状而导致失败的风险。

固守现状提高了对更高失败概率的容忍度。毕竟,面对自己做出的无效决定,我们在"事后验尸"时都会怎样辩护呢?"我是照着程序做的。""我可没改变什么。""我做了一致的选择。"

常规的失败感觉没那么糟,无论是对于你还是对于那些评判你的人。

在所有这些影响退出决定的因素中,我们认为坚持现状不是一个主动的决定,改变现状才是。我们更在意犯错误(做出改变)而非遗漏错误(什么都不做)。比起什么都不做"任其发生",我们更担心采取行动会"导致"不好的结果。

这种现象被称为遗漏-承诺偏见。

改变现状,比如寻找新的工作或换专业、建立新的恋爱关系、制定新的商业策略,会被认为是一个新的、主动的决定。相反,选择维持现状则被认为根本不是一个决定。

你可能听过别人(包括你自己)在考虑走一条新的道路时说:"我不想现在就做决定。"你可能觉得这是一种合理的说法。但回过头去思考,你就会意识到,决定不改变,本身就是一个决定。无论什么时候,追求目标都是一件非此即彼的事情,要么选择朝着既定的道路前进,要么选择改变方向。坚持与退出,都是决定。

事实上,关于坚持还是退出的决定按照定义来说是同等的选择。

要成为更好的退出者，就要打破"我还没有准备好现在做决定"这句话的桎梏。在生命中的每一刻，你都可以选择坚持还是退出。选择了坚持，就等于选择了不退出。选择了退出，就等于选择了不再坚持。关键在于，要开始认识到这些都是同等的、主动的决定。

一场接一场的冰上表演不是萨拉·科恩想要的生活，她选择不退役，就像她在自己的最后一届奥运会后决定退役一样。萨拉·奥斯汀·马丁内斯也是如此。她坚持当了几年的急诊室医生、主任，终于还是决定辞职。哈罗德·斯托和安德鲁·威尔金森都选择了继续出资支持亏损的企业。

如果距离峰顶不到 3 个小时路程的哈奇森、塔斯凯和卡西希克在上午 11 点 30 分决定继续攀登，那也是他们的选择，与决定转身返回一样。如果斯图尔特·巴特菲尔德继续开发《电子脉冲》，那也是他的选择，与终止开发《电子脉冲》一样。

但是，遗漏-承诺偏见使我们无法对这些决定一视同仁。这就是我们接受别人和自己用"我还没有准备好做决定"当借口的原因。毫无疑问，这句话真正的意思是："我还没有准备好改变现状。"

下次当你说"我还没准备好做决定"这句话时，其实是想说："目前我认为维持现状是最好的选择。"也许你需要更多的信息来决定是否改变。但阻止你退出（或者获得信息）的，不应该是因为过于厌恶损失而害怕改变。

新不如故

不妙的是,我们喜欢熟悉的多过陌生的,也多过不确定的和未定义的。无论你正在做什么,无论它是否有效,都比未知事物的确定性更强。

因此,有句谚语是这样说的:"与其遇到不认识的新鬼,不如遇到认识的老鬼。"

你可以从马丁内斯身上清楚地看到这一点。当我问她在目前的工作中是否感到快乐时,她回答得很快。这是一个已知量,她知道自己不快乐。但当我问及新工作是否会给她带来快乐时,她说她不知道。这是一种对未来工作前景的不确定表达,因为她没有做过这样的工作。不确定性使她害怕辞职。

通过询问"是否有一丁点可能在新工作中感到快乐",我帮助她看到了换工作存在的一些确定性。具体来说,换工作能让她更快实现自己的目标。

在那一刻,她意识到选择"不认识的新鬼"也许更好。

坚持的代价

这种对退出的偏见影响了我们的个人生活,而对维持现状的鼓励则让组织付出了巨大的代价。职业体育运动提供了许多关于退出行为的反面例子,它们以坚持的方式呈现,反映出明显失败的策略。

其中最鲜明的例子就是 NBA 球队在利用三分球优势方面进展奇慢。相关文献有很多，迈克尔·莫布森和丹·卡拉汉就在 2021 年 9 月发表了一篇关于克服体育和商业变革障碍的论文。[1]

NBA 在 1980 年采用了三分球。到 1990 年，远距离投篮的命中率促使球员更愿意选择投三分球，因为它们带来的期望值比两分球更高。尽管如此，当时的球员实际上很少练习三分球。莫布森和卡拉汉引用了拉里·伯德的话，他说除非要打一年一度的全明星三分球大赛，"我甚至想不起来练习投篮"。

伯德在 1986 年、1987 年和 1988 年均赢得了三分球大赛的冠军，之后因伤病缺席了整个 1988—1989 年赛季。他是历史最佳球员，是那一代中最好的三分球投手，更是有史以来最好的纯投手之一。他对训练的投入也充满传奇色彩。试想一下，如果能把三分球的优势发挥到最大，他将变得多么伟大。

球队早期犯的错误之一是在思考数学问题时出错。球队比较的是三分球和（全部）两分球的价值，而不是三分球和在三分线以内投的两分球的价值。是投一个外线两分球，还是投一

---

[1] 正如莫布森和卡拉汉在论文中记录的那样，理查德·塞勒在 2020 年 3 月麻省理工学院斯隆体育分析峰会上的演讲中提到，球队在采取许多策略方面进展缓慢。塞勒的演讲内容包括 NBA 的三分球和二打一机会、MLB（美国职业棒球大联盟）的短打和偷垒，以及 NFL 的第四次进攻和选秀权。——作者注

个比之略远的三分球,球员做出的实际选择会扩大期望值的差距。答案一目了然,而且在 NBA 采用这一规则的 10 年内都是如此:得到 3 分而不是 2 分(增加了 50%),其价值远远超过两种投篮之间几个百分点的准确率差异。

这个数学问题在 20 世纪 90 年代初就明确了。但令人震惊的是,直到 2014—2015 年赛季,NBA 的三分球出手次数才超越两分球。

还有一些职业运动队在放弃一些众所周知、有据可查的失败策略方面也表现得犹豫不决:NFL 球队总是在第四次进攻时弃踢(而不是努力争取),在达阵得分后尝试获得附加分(而不是选择两分转换);MLB 球队总是将内场手放在传统位置(而不是换位),将跑垒和偷垒作为进攻策略;NHL(美国国家冰球联盟)球队总是不愿提前或在分差较小时换下守门员。

在职业体育运动领域,创新(或者只是效仿成功的创新者)能够带来巨大的回报。创新者和快速应用者表现出色,比如棒球场上的奥克兰运动家队和坦帕湾光芒队,以及篮球场上的休斯敦火箭队,都用处于历史低位的薪资水平打造了一支持续获胜的球队。在足球场上,新英格兰爱国者队在没有那些选秀状元的情况下,建立起了一个长达 20 年的王朝。

现实生活中,现状偏见在商业领域造成的破坏要比体育领域大得多。球队不进行创新或调整,可能会输掉比赛或失去球迷,但特许经营权还在,仍有机会改变并迎头赶上。但在商业世界里，通常没有这样的机会，因为当你意识到要开始改变时，你可能已经被挤出市场了。看看2002年"超级碗"上那些已经破产的广告商，你就能理解企业"死亡"的常见原因。无论是百视达还是RadioShack，导致其失败的一部分原因就在于未能及时改变。

我们在商业和个人决策中看到了损失厌恶、确认损失厌恶、沉没成本效应、禀赋效应、现状偏见和遗漏－承诺偏见这些认知效应是如何制造一锅"兴奋剂"，阻碍我们适时退出的。

事实上，这锅"兴奋剂"里还有一个成分，那就是我们接下来要关注的身份。

第七章小结

- 禀赋效应是一种认知偏差，即我们认为自己拥有的东西比起其他更有价值。
- 我们可以为物体赋能，也可以被赋予想法和信念。
- 禀赋效应是退出的阻碍，因为当我们非理性地评价自己拥有的东西时，会错估它们的期望值。我们会认为自己创办的公司、设计的项目或拥有的信念在价值上高于其实际价值。
- 我们更愿意保持现状。
- 我们更能容忍因坚持而产生的坏结果，而不是因尝试新事物而产生的坏结果。这种现象属于遗漏–承诺偏差。
- 当你说"我还没准备好做决定"时，其实是想说"现在我选择维持现状"。
- 即使在职业体育等数据充足的环境里，沉没成本、禀赋效应和现状偏见也会对决策造成不良影响。

第八章　最难放弃的是"自我"：身份和失调

从1896年发行第一本西尔斯邮购目录到2018年破产，西尔斯公司经历的兴衰世人可见。西尔斯在成立后的前30年里，只通过邮购目录来销售商品。西尔斯目录应时而生，帮助这家新公司颠覆了零售业的发展趋势。

当时2/3的美国人生活在农村地区，几乎没有机会接触批量生产的商品。铁路的扩张以及美国邮政署在1896年推出的"农村免费送货"计划，极大地推动了邮政业务。多亏了最初的《折扣品清单》（532页），住在小城镇和偏僻农场的人忽然能够购买自行车、童车、衣服、家具、农用设备、缝纫机、专利药品等一切商品。

西尔斯公司很快成为一家"现象级"的邮购商品销售商。创始人理查德·西尔斯在1908年退休时，财富达到了2 500万美元。

1906年，为了实现大规模增长，西尔斯委托高盛公司承销4 000万美元的IPO（首次公开募股）。西尔斯是美国第一家上市的零售公司。它的增长引人注目，是最早一批在IPO时公布市盈率的公司之一。2019年，高盛在庆祝公司成立150周年时，将西尔斯的IPO列为公司史上的一大亮点，称其规模惊人："以2018年的美元计算，此次发行高达262亿美元。"

在接下来的15年里，西尔斯继续快速发展，直到20世纪20年代，它的商业模式遭遇了一系列挑战：由汽车带来的流动性、更激烈的竞争、农业的萧条以及人口向城市的转移。

为此，西尔斯开始将业务从邮购目录销售转向零售商店。

到1929年，西尔斯开设的百货商店超过300家。即使在大萧条时期，西尔斯也蓬勃发展，其零售店数量几乎翻了一番。第二次世界大战后，公司继续发展壮大。1941—1954年，年销售额增长了两倍，达到30亿美元。之后的20年里，西尔斯的年销售额再次增长了两倍，达到100亿美元，成了美国郊区数百家大型商场的主要租户。

到20世纪70年代初，西尔斯已经成为美国消费文化的代表。其年收入约占美国国民生产总值的1%。每3个月，就有2/3的美国人在西尔斯购物。

1969年，西尔斯宣布将要建造新的总部，一栋世界上最高的建筑。1973年，110层高的西尔斯大厦落成。

西尔斯刚刚启用这栋同名摩天大楼，就面临着过去半个世纪以来最严峻的零售业务挑战。与20世纪20年代的情况一样，主要还是人口结构变化和竞争加剧带来的阻碍。

自19世纪90年代以来，西尔斯一直在美国消费者心目中树立和培养自己的形象，如今却发现这种形象成了桎梏。一方面，廉价零售商（尤其是沃尔玛、凯马特和塔吉特）的普及侵蚀了西尔斯的节俭消费市场。西尔斯扩张太过，无法与新连锁店打价格战，逐渐被不断发展的连锁店甩在身后。另一方面，较为富裕的消费者则被萨克斯第五大道精品百货、诺德斯特龙百货、梅西百货、内曼·马库斯百货等百货公司的高端形象所吸引。

具有讽刺意味的是，正是该公司向郊区大型商场的扩张将许多消费者"引流"给了这些竞争对手。此外，西尔斯产品的广泛性也从优势变成了劣势。这些大型商场不仅为竞争对手大开方便之门，还为专业零售商（例如服装品牌Gap和Limited）提供了进入巨大消费市场的机会。

西尔斯发现自己又一次失去了消费者。

1978—1979年，公司销售收入同比下降了13%，1979—1980年又下降了43%。1978—1980年，零售部门的投资收益率从比行业中位数高出15%以上，降到比行业中位数低31%，比沃尔玛低了近40%。

西尔斯试图用各种方法解决这些出了名的零售难题，但没有一种方法能阻止其继续下滑。西尔斯不再是最成功的零售商，到20世纪90年代初，它也不再是最大的零售商。1991年2月，沃尔玛和凯马特双双超过西尔斯，分别成为美国排名第一和第

第八章 最难放弃的是"自我"：身份和失调

二的零售商。

西尔斯公司衰落的"终章"广为人知：落伍、破旧或被关闭的零售店，对维修或重装门店的反复承诺，2005年与凯马特灾难性的合并（至少有一家媒体称之为"双重自杀"），投资资金的蒸发，以及2018年众人期待已久的破产。

西尔斯作为零售商从诞生到消亡的故事家喻户晓，但其作为金融服务公司的故事则鲜为人知。西尔斯金融在零售公司步履蹒跚的情况下依然蓬勃发展。

故事开始于1899年，也就是在西尔斯首次发行邮购目录3年后，该公司设置了银行业务部。1911年，它们开始向客户赊销。

1931年，随着客户中汽车保有量的增加，西尔斯看到了向客户销售汽车保险的市场机会。它们创立了好事达保险公司，起初通过邮购目录销售保险产品，3年后则通过西尔斯零售商店销售。好事达保险公司成了西尔斯家族中蓬勃发展的一员。

到20世纪50年代，好事达保险将其销售场所扩展到西尔斯商店以外，发展为一家多元化的保险销售商，产品囊括汽车险、个人责任险、人寿险、健康险、商业险和财产险。

20世纪70年代是金融服务业务显著增长的时期。西尔斯的店内信用卡比维萨和万事达卡的信用卡更受欢迎。拥有一张西尔斯店内信用卡的美国家庭占比接近60%。好事达保险已成为美国最大的意外险保险公司之一。

到20世纪70年代末，西尔斯在试图挽救其濒危零售业务的同时，也开始积极扩大其在金融服务行业的覆盖面。

1981年10月，西尔斯宣布了两项重大收购。一是以1.75亿美元的价格收购了美国最大的房地产经纪公司科德韦尔银行。二是以6亿美元的价格收购了美国最大的证券经纪公司之一迪恩威特。1985年，西尔斯在完成这些收购之后推出了一种名为"发现卡"的全新通用信用卡，与维萨和万事达卡展开竞争。

到20世纪90年代初，好事达保险、迪恩威特、发现卡和科德韦尔银行都是西尔斯成功的、增长的、盈利的子公司。这些资产当时的总市值超过166亿美元。它们至今仍广为人知（除了迪恩威特），你可能想不到它们曾属于西尔斯。

这不禁让人疑惑，既然西尔斯拥有如此值得羡慕的品牌，怎么可能破产呢？

原来这一切都"怪"退出。更具体地说，是错误的退出"惹了祸"。

由于零售商店拖累了整体财务业绩，持有该公司大部分股票的机构投资者向管理层施压，要求采取行动。

管理层是如何回应的呢？1992年9月，西尔斯宣布将分拆其金融服务帝国。它打算卖掉这些资产，用这笔钱让西尔斯"回归零售本源"。

在接下来的两年半时间里，西尔斯剥离了所有这些盈利资产。它在IPO中出售了好事达保险20%的股份，筹集了20多

第八章 最难放弃的是"自我"：身份和失调　　177

亿美元，还将好事达保险剩余的价值（90亿美元）以红利形式分配给股东。它以同样的方法剥离了迪恩威特公司和"发现卡"，通过IPO筹集了9亿美元，并将剩余的价值（约45亿美元）作为股息分配。最后，它以2.3亿美元的价格将科德韦尔银行全数出售。

毫无疑问，西尔斯未能解决其零售问题，最终还是走向了破产。而它曾经创办、收购并经营的金融服务企业却大获成功，持续发展壮大。

2021年10月，好事达保险公司的市值逼近400亿美元。它是最大的上市私人保险公司，为约1 600万户家庭提供保险服务。

西尔斯剥离迪恩威特公司不到5年，摩根士丹利就以100亿美元的价格对其进行了股票交易收购，占合并后实体价值的40%。到2021年10月，摩根士丹利的股市估值超过1 800亿美元，而且不包括"发现卡"的价值。后者在2007年成为一家独立的上市公司（即发现金融服务公司）。2021年10月，该公司的股市估值接近400亿美元。

科德韦尔银行与其他一些房地产公司合并，并于2012年以Realogy（房地产经纪公司）的名义上市。Realogy在2020年参与了140万笔房屋交易，2021年10月的股市估值超过20亿美元。

从20世纪70年代中期开始，作为零售商的西尔斯一直屡战屡败。到20世纪90年代初，西尔斯与竞争对手在各方面的差距越拉越大。与此同时，作为金融服务商的西尔斯却越战越勇、成绩喜人。

当西尔斯不得不面临出售哪些资产和保留哪些资产的选择时，在旁观者看来应该很容易。无论是理性的金融专业人士，还是西尔斯所担心的企业掠夺者，都会选择保留金融服务资产，出售零售业资产。

然而，西尔斯却反其道而行之。它升级了对零售商店的承诺，牺牲所拥有的一切投入这场战斗。

为什么会发生这种情况？

部分原因就在于你可能只知道（或记得）西尔斯是一家零售公司。"西尔斯"等同于"零售"。

零售就是西尔斯的身份。

如果继续持有金融服务资产，关闭或出售零售公司，从某种意义上说，它就不再是西尔斯了，至少不是大家耳熟能详的那个西尔斯了。这就是西尔斯面临的选择。

谈及退出，最痛苦的事情就是退出自己的身份。

身份崇拜

1954年，20世纪的著名心理学家利昂·费斯廷格在报纸上看到了一篇关于末日崇拜的报道。

有趣之处在于，异教组织预测了末日来临的确切日期，也就是1954年12月21日。这引起了费斯廷格的注意，他想知道当那个日期来临而世界并没有迎来末日，当信徒们清楚地发现诱使其加入异教的信仰和由此形成的一切都不正确时，他们会怎么做。他们会退出还是会坚持呢？

费斯廷格和他的同事亨利·里肯、斯坦利·沙克特是最早提出这些问题的三位心理学家，他们在1956年发表了其经典实地研究的成果《当预言失败时》。

研究人员读到的故事与住在郊区的一名家庭主妇有关。她叫玛丽安·基奇，她接收到了来自"号角星"的高智商外星人发来的信息。根据这些信息，一场大洪灾将于12月21日淹没西半球的大部分地区。

心理学家们联系了基奇，得知她是"探求者"组织的领导人之一。该组织的成员坚信世界将在那一天灭亡，而外星人会在洪水当天的午夜派遣宇宙飞船营救真正的信徒。

追随者们做出了一系列改变生活的决定。他们辞去工作，停止上学，与怀疑论者和非信徒断绝了友谊与家庭关系。他们还变卖或赠送自己的财产。

心理学家们潜入一小群异教信徒中，观察当信仰被推翻时，他们在现实生活中会如何表现。在12月21日到来之前，费斯廷格团队竭尽可能地与基奇及其追随者待在一起。

12月20日傍晚，15名信徒聚集在玛丽安·基奇的家里，等待宇宙飞船和世界末日的到来。午夜渐渐临近，大家都坐在客厅里,腿上搭着各自的外套,只有壁炉架上的一对时钟在嘀嗒作响。

当一个时钟敲了 12 下时,外星人还没有来。这引起了一阵慌乱,直到一名信徒指出另一个时钟还没有敲响 12 点的钟声,所以第一个时钟肯定走快了。

几分钟后,另一个时钟敲了 12 下,外星人仍然没来。两名"探求者"确信前往"号角星"的午夜之旅就此泡汤,也不再坐等洪水来袭。他们回家了,从此一去不返。这是理性人该有的表现,毕竟他们的信仰(无论多么古怪)刚被证实为一个明显的错误。

剩下 8 名忠实的信徒和费斯廷格的观察员。

《当预言失败时》报告了一个著名的发现,即剩下的 8 名成员不愿意放弃他们对预言的信仰,即使它错得很明显。相反,他们实际上升级了承诺。

先前,"探求者"躲避媒体的关注,但现在他们增加了曝光度。基奇转述了一大堆来自"号角星"的新信息,以此做出解释和新的预测,并承诺将会继续露面。成员们频繁接受长时间的采访,放出和外星人接触的最新消息。他们吸引好奇之人了解他们的群体,无论这些人是不是真的感兴趣,也无论潜在动机如何。

出乎意料的是,曾经对世界末日预言疑虑最重的两名成员——克莉奥·阿姆斯特朗和鲍勃·伊斯门,反而成了最积极的追随者，尤其是克莉奥。她的父亲托马斯·阿姆斯特朗是一个小型大学城里的医生，与基奇同为"探求者"的领导人。她的母亲黛西也是一名信徒。鲍勃·伊斯门把阿姆斯特朗医生视作他的导师，在12月以前几乎一直生活在阿姆斯特朗家。

在所谓的世界末日来临前的最后几天里发生的一系列事件，让克莉奥和鲍勃对自己的信仰产生了怀疑。他们去听了一位名叫埃拉·洛厄尔的灵媒主持的两场降神会的录音。活动过程混乱不堪，预测信息前后矛盾、令人费解。克莉奥和鲍勃也对其他"探求者"的轻信感到失望，这些人盲目相信据称来自"号角星"的信息，这些信息明显就是当地青少年的恶作剧。

然而，"在21日之后的几天里，他们的行为发生了惊人的转变。虽然在被否定后放弃自己的信仰才是最合理的举动，但事实却恰恰相反"。

在12月22日以及整整一周的公关攻势中，克莉奥经常代替她的父亲和玛丽安·基奇回答记者的提问。与她之前面对记者的行为（完全避开或撒谎摆脱他们）相反，她心甘情愿地成了异教信仰的代言人。

5个月后，她又在当地一家酒店的车库坡道上彻夜等待外星人的到来。埃拉·洛厄尔联系了阿姆斯特朗医生，说阿姆斯特朗一家将在那天和那个地点被接走。克莉奥现在已经是一名大学生了，未经宿管允许就在外过夜的她，或许认为只要能去"号角星"，一切都无关紧要了。

在 12 月，也就是外星人降临失败之前，她还对自己的信仰摇摆不定；然而现在，她却整晚待在车库坡道上等待一艘宇宙飞船。这种承诺升级显得很奇怪。

加入异教形成了身份的一部分。你是"探求者"。你相信世界末日预言。信徒成为你的身份，尤其是在信仰如此极端，而你又以其作为行动基础的情况下。与亲朋好友断绝关系。放弃所有的财产。承受外界的嘲笑。

我们希望自己的身份始终如一。因为信仰构成了身份的主体，所以我们也会主动保持信仰的完整性。如果异教徒是你的身份，那么当你发现与最初促使你加入异教的信仰相冲突的信息时，要如何保持这种一致性呢？

你可能会对"探求者"的行为嗤之以鼻，说："这些人与我无关，他们显然都疯了。他们加入了异教，你怎么能期待他们还有理性呢？"

但你需要明白的是，我们都在崇拜自己的身份。

为何西尔斯选择出售盈利的资产来挽救濒危 15 年的零售业务？因为西尔斯困在了零售公司的身份里。这是它对自我的定义，也是世界对这家公司的看法。

如果卖掉零售业务，西尔斯就不是西尔斯了，至少不是公众所熟知的西尔斯。

萨莎·科恩的身份无疑就是"花样滑冰运动员"。到 25 岁为止，她在滑冰上投入了 18 年，从严重的伤病中坚持下来并举世闻名。这是她对自己的看法，是公众对她的期待，也在一定程度上解释了她为何愿意在接二连三的冰上表演和展览中忍受折磨。从某种意义上说，退出就意味着抛弃了自己。

就算你寂寂无闻，这些身份问题也会深刻影响你的止损能力。人人都逃不过。当你说"我是教师""我是程序员""我是医生""我是游戏迷"时，就是在陈述自己的身份。

我们会问孩子："你长大后想成为什么？"我们不会问他们："你想要做什么工作？"

我们问的是他们会成为谁，而不是他们会做什么。这里的区别很大。

孩子们明白这一点。"我要成为消防员。""我要当医生。""我要成为篮球运动员。"当身份与所做的事等同时，你就很难放弃所做的事，因为这意味着退出你的身份。

认知失调

费斯廷格认为，可以用认知失调解释"探求者"在外星人降临失败后的行为。他的理论是，当新的信息与先前的信念发生冲突时，我们就会经历认知失调。冲突会让我们感到不适，我们想让这种不适消失，所以把新的信息合理化，以此捍卫先前的理念。

费斯廷格早期的学生埃利奥特·阿伦森也是社会心理学的

先驱。他解释说,在解决这些冲突时,"我们经常让自己陷入自我辩护、否认和扭曲的混乱之中"。

直觉上,当新的信息与我们的信念发生冲突,也就是当我们的信念需要更新时,我们会通过改变信念来解决冲突。但很多时候,我们会像异教徒一样把新的信息合理化,以此捍卫先前的理念并坚持下去。

这样,我们就不必承认自己犯了错误,或者我们相信的东西不是真的。

"我不会无缘无故抛弃家庭、放弃财产。"

举一个简单的例子。你在院子里的草坪上放了一个政治标志,用以支持某位候选人。他的政策符合你的价值观。你在他的竞选办公室做志愿者。你为他游说。你把竞选贴纸贴在自己的汽车保险杠上。然后,有消息说这位候选人卷入了一桩可怕的丑闻。如果在选举周期刚开始,在做出选择之前听到这桩丑闻,你根本就不会选择支持他。

但你已经公开表示支持这位候选人了。邻居们知道你支持他。去过你家的人,或者开车经过你家门前的草坪并看到这个标志的人,统统知道。

现在你会怎么做?根据认知失调理论,你不会把院子里的标志扔掉,也不会把汽车上的贴纸撕下来。相反,你会通过合理化新的信息继续表达支持,甚至升级承诺。另一个政党想要抹黑这位候选人,权势集团也想要扳倒他。你支持他的原因之一就是，他对权势集团嗤之以鼻。

不仅新的信息会与你过去的信念产生冲突。有时你自己的行为也会导致认知失调。

例如，你相信自己是一个诚实的人。有一天，你宿醉未醒，闹钟响了，你还在睡觉，所以上班迟到了。你的老板问你为什么没有准时上班，你说是交通拥堵的缘故。

这种说谎的行为与你认为自己是一个诚实的人的信念相互冲突，从而造成了认知失调。你会突然觉得自己是一个爱说谎的人吗？不，你会为你对老板说的谎话找借口。

"没人受到伤害。我平时不这么做。这次只是例外。"

无论是自己的行为还是冲突的新信息，在与改变信念的斗争中，事实真相往往会落败。

就像我们探讨过的其他因素一样，认知失调也给"块"增加了质量，致使退出变得更加困难。每次你为了坚持一种信念而将新的信息合理化时，这种信念就会更紧密地融入你的身份。拒绝事实成了循环论证。下次当你发现冲突的信息或者自己的行为与信念不符时，你会更有动力坚持这些信念。

这就是为什么一些"探求者"会对如此清晰的信号视而不见，即玛丽安·基奇与另一个星球的超级智能生物没有直接联系。他们不得不将外星人未能降临和洪水未能到来的事实与自己"断亲绝情"、放弃世俗财产的决定联系起来，合理化末日的缺席。

他们的奉献可能延缓了世界末日的来临。这是一次考验，而"探求者"通过了考验。没有宇宙飞船，因为外星人已经降落在地球，随时准备现身。

这就是他们解决冲突的方式，我们也都是如此。

镜子与窗户

说到身份认同，我们都想保持积极的自我叙述。我们想要对自己有好的评价。我们想要相信自己表里如一、富有理性，相信我们不会犯错误，相信我们对世界持有的信念是正确的。

面对镜子里的自己，我们希望看到一个好人。

我们也希望别人眼中的自己是一个好人。我们担心，当别人看到我们现在和过去的决定或行为前后矛盾时，会认为我们是错误、荒谬、多变和容易犯错的。

渴求保持积极的自我形象导致了退出的问题。如果退出，你就关闭了一个心理账户，而我们都知道我们厌恶在损失状态下关闭这些账户。

放弃一个信念，就是承认自己错了。采取一项行动又改变主意，"未能完成"就坐实了"失败"。而失败，不就意味着一开始就错了吗？

答案当然是否定的。但这与我们的感觉不符。

如果你加入异教后又退出，那一开始为什么要加入呢？你为什么把钱都捐出去？你为什么和家人断绝关系？

如果退出花样滑冰，那你付出的努力和时间意味着什么？意味着所有这些决定都是错的吗？意味着你定下的目标失败了吗？

正如我们已经看到的，这种保持内在一致性的欲望让我们难以退出。担心别人像我们评价自己一样苛刻地评价我们也是如此。

巴里·斯托证明，越是担心别人的评价，越是难以退出。在"泥足深陷"实验里，相比初始决策者，那些向公司两个部门之一投入资金，然后得知该部门业绩不佳的参与者，会加大对同一部门的投入。初始决策者把2 000万美元中的900万美元投给了先前获得全部资金但亏损的部门，而那些先前投入全部资金的参与者则给了该部门1 300万美元。

这种升级看上去明显受到了保持内在一致性需求的影响。若我一开始把钱分配给某个部门，之后又改变主意，那不就意味着最初的选择是错误的吗？

如果在动机中加入"被他人以积极的眼光看待"，这种承诺升级是否会变得更糟呢？

1979年，斯托和伊利诺伊大学的弗雷德里克·福克斯一起进行了研究。他们提出了一个问题：渴望得到外部认可的愿望，是否会让他们进一步把资金投给先前支持的部门？

为此，研究人员告诉部分参与者，他们只是临时担任公司的财务总监。如何分配2 000万美元的投资将决定他们能否保住这份工作。他们还被告知,董事会对他们做出的初始分配决策表示怀疑并且不愿批准。

这部分参与者进一步增加了承诺,现在把1 600万美元分配给了他们先前选择的部门。影响是巨大的,先前选择该部门的参与者追加了约25%的资金,初次做出决策的参与者则追加了约75%的资金。

是什么原因让得知自己的决定将被评价的参与者夸大了这种非理性行为?

我们都在试图保护自己,不让自己想象别人会如何评价我们。我们都知道,如果不坚持最初的选择,就会对我们造成不利的影响。

具有讽刺意味的是,这种被视为理性的需求反而让我们在做决定时变得不那么理性。

当一个人知道自己将被评价时,自然期望他们的决定被评判为理性人该做的决定。你可能认为这会使你的决定更加准确,但事实恰恰相反。想到退出之后别人的指指点点,会让你更加远离理性的基准。

最终,你更加坚持,不愿退出。

孤立无援

事实证明,信念的受欢迎程度与无论如何都要为之奋斗的决心成反比。正如沃顿商学院教授、2021年畅销书《掌控改变》的作者凯蒂·米尔科曼和现供职于哈佛商学院的约翰·贝希尔斯所证明的那样，站在一个非主流的立场上，在面对不确定的信息时更有可能升级承诺。

这些研究人员并未研究类似世界末日崇拜这样古怪的东西。相反，他们研究了6 000多名股票分析师18年来对公司收益的预测和预测更新。

预测并更新公司的收益情况是股票分析师的一项重要工作内容。我们对金融分析师的印象是，这是一个非常理性、非常善于分析的职业。这份职业的名称里就有"分析师"三个字。

米尔科曼和贝希尔斯想弄清楚，当分析师做出的收益预测偏离市场预期，并且后来被证明与实际盈利相去甚远时会发生什么。分析师们会固执地坚持他们最初的预测，还是会根据新的信息修改预测呢？

毫不意外，他们会固执地坚持。尽管有信息表明预测与实际结果不符，但分析师们仍不断升级承诺，直到升无可升。

这似乎是认知失调和身份认同共同作用的结果。他们做出了一个非共识的预测。他们公开地做了这件事。当实际盈利与预测相冲突时，他们会加倍下注，就像异教徒在外星人没有出现时所做的那样。

坚持不准确的预测不会让股票分析师得到经济激励。事实恰恰相反。作者发现，分析师逆势或独自的行动并不能为其带来好处，反而会因固守错误的盈利预测受到惩罚。既然坚持这些预测会受到惩罚，他们为什么还要这样做呢？

保持一致性的需求是强烈的，并且在现状被改变的情况下会变得更加强烈。坚持这些极端立场拉开了你和异议者之间的距离。这种距离加深了职位与身份的联系，构成了你不同于他人的、定义自己的方式。

为了强调这一点，米尔科曼和贝希尔斯研究了分析师对最新收益信息的反应方式，而这些反应方式取决于他们的预测是否与共识或主流一致。既然极端立场与身份的联系更加紧密，那么我们就应该看到那些立场与共识一致的分析师会减少承诺。

这正是他们的发现。

那些做出符合市场预期而与实际收益相去甚远的预测的分析师，看起来十分乐意修改这些预测。只有那些做出极端预测的分析师才会顽固地坚持到底。

这是安德鲁·威尔金森在运营 Flow 时无法及时止损的原因之一。他认为自主投入优于风险投资，这一公开立场与普遍共识并不相符，因此他拒绝了蜂拥而至的风险投资提议。他后来也承认自己重视这一立场和相关声明。"我美化了这一点，它就是我的身份。我真的很看重这一点。"随着风险投资支持的竞争对手开始超越，他也在不断升级承诺，直到很久以后，事实证明其投资并没有产生正的期望值。

教训在于，我们要谨慎联结身份与某个信仰，尤其是在背离主流和公众的情况下，因为放弃这些信仰太难了。这就是该死的事实！

错误身份

这一切的悲剧在于，我们想象别人看待我们的方式往往是错误的。也就是说，我们之所以做出一些关于退出的非理性决定，是因为错误地担心别人会怎么看待我们。

老实说，这些设想显得心胸狭隘、尖酸刻薄，因为在我们看来，即使退出是正确的选择，也会让别人把我们视作失败的人，认为我们软弱善变。因此，我们不相信有人会理解或共情我们选择退出的原因。

但这种对他人的恶意揣测通常并不合理。事实证明，当我们真的选择退出时，别人根本不会这么想。那些我们投射到别人身上的担忧只是我们自作多情的想象。

萨拉·奥斯汀·马丁内斯就是这样。"我担心急诊室的同事们会认为我是一个懦夫，一个应付不了困难的叛徒。"她也害怕让老板知道，因为担心老板会生气或失望。

但当马丁内斯最终辞职时，她的老板实际上非常理解。谈话临近尾声，他为自己辜负她的信任、未能减轻工作压力让她能够坚持下去而道歉。运营总监也说了同样的话，听起来很有说服力。

我们很快就会长大，不再害怕童年故事里那些可怕的食人魔、恶龙和女巫。但来自他人的评价取代了它们，继续折磨着成年后不再真实的我们。

一线希望

对于所有这些无法退出的故事，无论是出于身份、沉没成本、现状偏见，还是其他任何原因，你仍有奋起反抗的机会。我们知道，给予我们希望的不只有斯图尔特·巴特菲尔德、萨拉·奥斯汀·马丁内斯和亚历克斯·霍诺德三人。

尽管西尔斯、百视达和ABC连锁店等企业的倒闭与身份认同有关，但并非所有企业都注定会遭受这种命运。有显著的例子表明，一些公司退出了代表其身份的核心业务，并因此获得了持久的成功。

就像西尔斯在公众心目中被认为是一家零售公司一样，飞利浦也被认为是一家销售灯泡的公司。这就是它的身份。毕竟，在我们许多人的成长过程中，每当更换灯泡时，就会看见包装盒上的"飞利浦"品牌。灯泡本身也印有"飞利浦"字样。

西尔斯和飞利浦都成立于19世纪90年代。2012年，在西尔斯陷入"死亡螺旋"几十年后，飞利浦成为世界上最大的照明产品制造商，在180个国家销售产品。自20世纪60年代以来，飞利浦在消费电子产品领域声名大噪，发明了盒式磁带、

CD（紧凑型光盘）、VCR（盒式录像机）和DVD（多用途数字光盘）。

飞利浦不仅开发了技术、制造了产品，而且在产品上印着公司的名字——飞利浦。

尽管公司的身份可能会引起对变革的抵制，但到2020年，飞利浦已经不再销售任何照明产品。其三大业务板块——诊断与治疗、互联关护和个人健康——占据了98%的销售额。

飞利浦现在是一家年销售额将近200亿欧元的医疗保健服务公司。

与西尔斯的金融服务一样，飞利浦很早就开始借助知名的照明业务发展其医疗保健业务。

1914年，飞利浦兄弟创立了一个现在被称为创新中心的实验室，用来开发新产品。1919年，飞利浦开始生产X射线管。此后它继续大力研究，并扩展到医疗保健领域。到2014年，也就是在其开始生产X射线管将近一个世纪后，医疗技术占到飞利浦业务总量的40%。

绝大多数公众不知道西尔斯拥有好事达保险等金融服务资产，同样也不知道飞利浦拥有医疗技术。如果10年前你走在街上，问一个人："飞利浦生产什么？"他们会回答："灯泡和电视机。"

当西尔斯出售其盈利资产以升级对其核心身份（零售公司）的承诺时，飞利浦却反其道而行之，于2014年宣布出售其核心照明业务以专注于医疗领域。2016 年，该公司通过 IPO 出售了 25% 的飞利浦照明股份。它还宣布将在 2019 年底前出售剩余 75% 的股份。

与西尔斯不同的是，飞利浦分拆为两家公司，保留了知名度较低但未来期望值较高的部分。

我们了解了认知和身份驱动对退出的不利影响。这些杰出的个人和公司已想方设法克服了障碍。通过理解相关科学，我们可以从这些例子中学习，建立一种更好的、属于自己的退出模型。

- 谨慎选择坚持的方向。
- 坚持做那些重要的、令你快乐的、推动你朝着目标前进的事。
- 退出其他的事情，释放资源来追求目标，别再执着于那些拖你后腿的事。

我们已经探讨了实现该目标的一些策略，如找出困难的部分并首先解决，以避免进程有误；提前思考在什么情况下必须退出；创建预承诺契约和终止标准。

现在，我们要把注意力转向另一个策略：寻求外部帮助。

第八章小结

- 退出身份认同是最痛苦的事。因为我们的身份由思想、信念和行动共同构成。
- 当新的信息与信念发生冲突时,我们会经历认知失调。
- 为了化解冲突,我们要么改变信念,要么合理化新的信息。我们常常选择后者。
- 新信息与我们过去的行为发生冲突,也可能导致认知失调。
- 我们渴望保持内在一致性,即过去的信念、行为与现在的信念、行为始终一致。
- 我们也希望别人认为我们始终如一。我们担心,如果别人看到我们现在的决定、信念或行为与过去不同,会认为我们是错误、荒谬、多变和容易犯错的。
- 当我们知道或相信别人正在评价我们的决定时,直觉上会认为我们更加理性,但事实恰恰相反。外部有效性加大了承诺升级。
- 立场越极端,我们越会在认知上捍卫它。相比边缘观点,事实更有可能说服你违背共识。
- 对于如果退出,别人会怎么看待我们的担心,通常是危言耸听。

第九章　寻找友爱但正直的帮助

罗恩·康韦是有史以来最伟大的天使投资人之一。但他作为退出教练的技巧也应该同样为人所知。

康韦创立了早期风险投资基金 SV 天使，自 20 世纪 90 年代起一直在投资初创企业，是风险投资界的传奇人物。他创造了无与伦比的天使投资成功业绩，包括过去 25 年里许多知名公司，如脸书、谷歌、贝宝、多宝箱、爱彼迎、缤趣、推特和色拉布。

康韦显然很擅长挑选成功者。

开始一项新事业需要勇气。康韦最为人称道的是，他能扶持创始人渡过难关，将最初的一张蓝图成功发展为可以改变世界的公司。

康韦发挥了自己巨大的价值，帮助这些创始人制定并坚持正确的战略愿景，最终取得成功。这也许不会让你感到惊讶。但可能会让你感到惊讶的是，他特别自豪于自己能够帮助创始人找准退出的最佳时机。

他用四个字概括了他的哲学：人生苦短。

康韦认识到，我们总是在有限的时间内追寻无限的可能。创立、运营和发展一家初创企业是一项极其艰苦的工作。根据他的经验，创始人往往都是积极进取、坚韧不拔、才华横溢的个体。拥有这些品质的人在知名公司里广受欢迎，工作时间自由，薪水可观。但他们选择了不同的道路，而随之而来的是每周工作100个小时，承受巨大的压力，并且几乎没有工资。众所周知，许多创始人刚开始创业时都睡在父母的车库里或办公室的地板上（而且睡眠时间少得可怜）。

显然，成功之后能够改变世界和获得巨大回报的愿景让他们认为值得坚持。但在康韦看来，生命太过短暂，一旦人们意识到这些事情不太可能实现，就无法承担所有的痛苦。

即使像康韦这样对价值有着敏锐嗅觉的人，他投资的初创企业也只有10%左右能赚钱。这意味着，90%的风险投资将会失败。不鼓励一个满怀希望的人继续前进是残忍的，也是对人类潜能的可悲浪费。

康韦所说的"人生苦短"就是这个意思。

当然，几乎从来没有创始人意识到其旅程不再值得坚持的情况，因为他们是"当局者"。康韦则是知识渊博、经验丰富的"旁观者"，能赶在他们之前看到这一点。他认为自己有责任帮助创始人懂得坚持徒劳无益，好让这些优秀的人才可以继续寻找更有价值的机会。

康韦面临的第一个也是最突出的障碍，是让创始人真正认识到企业即将失败，该放弃了。康韦在与认知和动机因素做斗争，它们使这些企业家很难做到这一点。他们是公司的创始人。他们拥有它。公司是他们构想出来的，是他们身份的一部分。他们投入了大量的时间、精力和金钱。他们牺牲了太多。

如果他们现在退出意味着什么？是否意味着一开始就错了？他们浪费了时间吗？难道他们要放弃自己的身份吗？

尽管如此，当康韦意识到事情进展不顺利时，还是会坐下来与创始人分享他的观点。不出意料，他们拒绝了，坚信成功指日可待。这些企业家一般都擅长推销自己的愿景，竭尽所能想要说服康韦。

"这只是一段艰难的时期。""我们只需要完成下一个版本的构建。""这款产品要流行起来还需要时间。""我知道该怎么扭转局面。"

康韦如何反驳这些激烈的论点呢？

什么也没说。

他同意他们的看法，认为他们会取得成功。他不会试图说服创始人，不会对他们说他们是错的。

相反，他会问他们在接下来的几个月里将取得怎样的成功。他询问具体情况。这样的谈话让他能坐下来和创始人一起制定业绩基准，表明公司在朝着正确的方向前进。然后，他们就何时重新审视这些基准达成一致，如果企业达不到目标，就认真讨论退出事宜。

这听上去很像康韦在使用终止标准，因为他就是这么做的。

谈话结束后，创始人认为已经说服康韦相信他们可以扭转局面。但你可能已经猜到了，康韦的观点并没有改变。他仍然认为，如果创始人能看到他看到的一切，他们当天就会停止努力。但他知道，现在试图说服他们通常是白费力气。

这些终止标准是创始人和康韦共同制定的，因此，当他们重新审视这个问题时，超越自身偏见并做出正确决定的可能性也会大大提高。

康韦的做法自有巧妙之处，他能让那些面临决策的人，那些身为"当局者"而不那么理性的人，重新把注意力集中到未来的某个时刻。这种重新聚焦使创始人在选择时更加理性。

这种退出策略带来的后果是，创始人将继续投入几个月的时间、金钱和精力去做康韦显然认为会失败的事情。但康韦认为，额外的这几个月是巨大的胜利，因为比起其他方式，这能让创始人更早地放弃。

假如没有这类干预，生性坚韧的创始人往往会继续努力，直到迎来惨痛的结局。虽然浪费了这几个月的时间，但节省了几年的时间，这样的交易很划算，可以让创始人尽早地投入更有可能成功的事情中去。

即便如此，康韦还是经常会在公司未能达到基准水平的情况下遭到抗拒。这并不奇怪，因为没有完美的办法。这些工具只是我们更快、更经常地完成任务的手段。

创始人最常见的一大反击方式是，声称他们有责任为投资人付出一切。此外，他们还认为，如果放弃并将剩余的资金返还，投资人就会看轻他们，视他们为失败者，以后再也不想投资他们要做的项目。

同我们一样，创始人在想象别人会怎么评价他们时往往缺乏理性，康韦要做的就是帮助他们认识到这种错误。因为自身就是一名投资人，所以康韦拥有独特的优势，能够为这些创始人提供一个更准确的视角，让他们看清这些事情的"幕后黑手"。

就此而言，投资人的想法几乎在各个方面都与创始人的设想相反。

把投资人的钱全都花在一个失败的项目上，不是荣耀。在这种情况下，把资金还给投资人才是负责任的选择，同时表明了在艰难时刻进行正确决策的能力。它也展现了对期望值的理解，以及灵活而非僵化地对新信息和不断变化的环境做出反应的能力。

拥有这些特质的人，正是投资人想再次与之合作的。康韦指出，与创始人的想法相反，返还资金增加了投资人想再次与他们合作的机会。他甚至举例说，他自己在投资生涯中也是这样做的。

第九章 寻找友爱但正直的帮助

创始人难以止损，不仅仅是因为其对投资人有一种责任感，他们还认为自己有必要为了员工继续努力。如果关闭公司，员工就会失业。这些员工曾与创始人紧密合作，全身心地投入工作，放弃了生活中的许多东西来帮助公司成功。就连决心关闭《电子脉冲》游戏的斯图尔特·巴特菲尔德也表达过同样的担忧。

创始人难道不该为了员工坚持到底吗？

康韦再次指出，人生苦短，员工的人生同样如此。

加入一家初创企业，意味着接受微薄的薪水和股权承诺。这些优秀人才愿意进行这种交易，因为他们相信自己正在创造改变世界的东西，只要成功就能从中获益。但是，如果这件事根本不可能发生，继续下去只会让他们陷入注定会失败的努力中，无法过上更好的生活。

正如康韦不希望看到创始人泥足深陷一样，创始人应该也不希望自己的员工陷入失败的境地。

在一个理想的世界里，我们会像初始决策者一样理性地做出退出决定。但我们知道自己做不到。一旦做出过选择，不断累积的"碎片"随之而来，种种因素都会让你难以放弃。

从本质上讲，康韦所做的是为创始人提供一个"当局者"很难看到的视角。这种视角以及康韦对终止标准的娴熟运用，使他成为一名传奇的退出教练。

过分乐观

海伦·凯勒说过:"乐观是通向成功的信念。"

乐观能让你更快地实现目标,这种信念深深植根于流行文化中,许多经久不衰的畅销书都证明了这一点,比如诺曼·文森特·皮尔的《积极思考》、拿破仑·希尔的《思考致富》,以及《秘密》。这三本书总计卖出了7 400多万册。别忘了还有传递"我想我能做到"思想的经典儿童读物《小火车头做到了》。吸引广大读者蜂拥而至的主旨从没变过,那就是只要相信自己,成功的可能性就会增加。

就连现代心理学之父威廉·詹姆斯也说过:"悲观导致软弱,乐观带来力量。"詹姆斯相信积极想象的力量,举了登山的例子予以说明。他断言,若登山时被困在一个需要"大胆跳跃"的危险之地,你应该想象自己能做到,自信会帮助你成功。但如果因自我怀疑而动摇,你就会陷入绝望、跌入深渊。

加州大学伯克利分校哈斯商学院教授唐·摩尔将詹姆斯的例子称为谬论。在2020年出版的《自信是所有问题的答案》一书中,摩尔指出,在这种情况下,即使乐观有所帮助,其程度也一定是有限的。这么说吧,也许乐观至上能帮助你跃过6英尺宽的裂缝。但如果这个裂缝有20英尺宽,那么乐观也帮不上什么忙,还是调整心态比较现实。

摩尔身上的伤疤证明了这一点。他谦虚地承认:"相信自己并没有阻止我的脚在火灾中被烧伤。"

摩尔与犹他大学的伊丽莎白·坦尼、乔治敦大学的珍妮弗·洛格合作,研究了人们是否真的相信乐观至上会带来更好的表现。他们在 2015 年发表的论文中记录了调查对象在各种任务上的表现,范围从数学题到谜题游戏《沃尔多在哪里?》。

研究人员让一些参与者对自己可能的表现秉持乐观的态度,并要求另一些人猜测,与那些不那么乐观的参与者相比,他们表现如何。摩尔和他的同事们发现,人们确实相信《小火车头做到了》。那些认为自己能登上山顶、解出更多数学题或找到沃尔多的人,被判断为更有可能在实际中做到。

显而易见,硅谷普遍存在对这种乐观力量的无限推崇。在这个过分乐观不仅被认为是对创始人的工作要求,而且受到积极鼓励的世界里,罗恩·康韦成了一名"逆势者"。这种精神特质反映在创始人的实际信仰中。一项针对 3 000 名企业家的调查发现,81% 的创业者认为自己成功的概率是 70% 或更高,1/3 的创业者认为自己成功的概率是 100%!

鉴于康韦投资的企业中,只有大约 1/10 产生了正回报,这种乐观近乎妄想。

当然,假如乐观真的能提高创业表现,那么妄想性自信可能是值得的。如果你只有 10% 的创业成功率,乐观也许能将这个成功率提高到 40%。即使远远低于你所认为的 70% 的成功率,这种提高也值得付出心态不当的代价。

摩尔及其同事对该想法进行了检验，想要弄清楚更为乐观的参与者是否在数学题或《沃尔多在哪里？》游戏上表现得更好。虽然他们确实发现，更为乐观的人坚持任务的时间更长，但乐观主义者在这些任务中的表现并没有比不那么乐观的人好上许多。

换句话说，尽管他们退出游戏更晚，但并未获得任何好处。

乐观与毅力相同。乐观让你坚持做有价值的事。但乐观也会让你坚持做没有价值的事。人生苦短，时不我待。

问题在于，乐观会让你高估成功的可能性和程度。这意味着，你对期望值的计算完全错误。

结果呢？与现实相悖的乐观使你在该放弃的时候坚持。

当然，康韦期待并需要自信的创始人。他希望他们对自己和员工都持积极态度，但不要坚守在一条死胡同里。

对于这些奋发努力的企业家而言，在乐观主义和现实主义之间切换很难。他们需要一名优秀的退出教练的帮助和判断。即便如此，这名教练仍需要耐心，因为如果有这样一个开关，必须由创始人来拨动。

友善与善良的区别

我问丹尼尔·卡尼曼："你认为做一名优秀的退出教练的

秘诀是什么？"他说："每个人都需要一个真正爱他们，但在那一刻不怕伤害他们的朋友。"

作为当局者，面对放弃还是坚持的决定时，你的决策最容易受到认知偏见的影响，因此使你很难退出。卡尼曼的见解是，朋友、亲人等旁观者更有可能理性看待你的处境，因为他们没有身处其中。

问题是，作为旁观者，当你看到有人正走在失败的道路上时，可能会认为隐瞒残酷的真相是一件好事，因为你知道真相会伤害到他们。但为了顾虑他们的感受而表现友善，你就是在剥夺他们发现真相的机会。

你顾虑他们的感受，因为你爱他们。但你只是暂时没有伤害他们。他们正在奔赴失败的未来，这将对他们造成更大的伤害。

我们都需要一个爱我们的人，但他/她也明白，当我们需要放弃现有的路径时，大声说出令人不快的事实对我们长久的幸福更好。

这就是丹尼尔·卡尼曼所说的要点。

如果你找到了这样的朋友，请让他们成为你的退出教练，成为那个帮助你弄清什么时候该放弃的人。

如果毕生致力于研究认知偏见和决策错误的丹尼尔·卡尼曼都需要一名退出教练，那么每个人都需要。诺贝尔经济学奖得主理查德·塞勒恰好是卡尼曼的同伴。

我们中的大多数人都没有足够的运气能拥有这样的人帮我

们出谋划策，但我们都应该努力在生活中找到一个敢说真话的人，无论是好友、导师、同事、兄弟姐妹还是父母。

只要他们把我们的长久利益放在心上，愿意说出我们需要听到的，而不是我们想要听到的。

然而，几乎我们所有人都经历过相反的情况，总有人顾虑我们的感受，而不是帮助我们看清事情的真相。你和某人分手了，你的好友忽然说："我认为你几个月前就该甩了他。"或者你辞职了，你的家人说："我看得出来你很痛苦。你肯定花了很长时间才想清楚。"

当他们告诉我们这些事情时，我们都有同样的反应："要是你一直知道，为什么不早点说呢？"

而回答也总是相同："我不想伤害你的感情。"

听到"你应该退出"的建议，你还能重新振作。但如果把数月或数年的时间花在不能给你带来长久幸福的一份工作或一段关系上，你就再也回不去了。

在无奈解雇自家企业的首席执行官后，安德鲁·威尔金森也经历过这种情况。几个朋友告诉他，他们早就看出这件事的必要性了。他问："那你们怎么不告诉我？"他们说："我们不想让你生气。"

这让威尔金森很恼火，因为他立刻意识到，如果朋友们诚实说出他们所看到的事情，他会更早做出决定，从而节省宝贵的时间和资源。

这就是为什么罗恩·康韦为自己在创始人中扮演的角色感到如此自豪，并且认为，只要他能够提供新的视角让他们退出，就是一场巨大的胜利。

当涉及商业努力、职业选择或个人生活时，我们都应该竭尽所能做到两件事：第一，你至少应该找到一个人担任退出教练；第二，你应该试着为你所爱的人充当退出教练。

有些教练会制止

虽然退出教练有助于提供一个全新的视角，且未被不断扩大的"块"污染，但最终不得不选择放弃的那个人还是你，这意味着你可能无视教练的建议。与没有教练相比，有教练可以增加早日退出的机会。但就像康韦投资的那些创业者一样，很多时候你会断然拒绝教练的建议。

当然，在某些情况下，退出教练实际上有权做出退出的决定。例如，管理人员可以强制关闭项目，销售负责人可以迫使销售人员停止寻找潜在客户。

终止标准结合有权强制退出的教练，是最有效的止损方式，对那些极具毅力的人来说尤其如此。

海豹突击队队员以坚韧不拔闻名于世。原因很简单，他们通过了海豹突击队的训练。我们都记得电影中的经典场景，新兵必须证明他们能够忍受大多数人都会放弃的艰苦训练。受训者摇一摇那个有名的铜铃，就能结束在冰水中浸泡数小时、几天不睡觉等持续不断的身体考验。那些拒绝摇铃的人成了海豹突击队队员。他们之所以被选中，是因为海军发现不可能让他们退出。

麦克雷文上将知道，他的工作内容之一就是制止那些死也不愿放弃的人。正如他所说："你希望他们在枪林弹雨中冲锋，拯救生命并获得荣誉勋章。你需要这些孩子，但指挥官也需要告诉他们，这得看情况，并非每次任务都要如此。"

当然，麦克雷文有他的优势。作为指挥官，当一项任务达到终止标准时，他有权决定何时退出。他可以自行决定停止行动，无论海豹突击队是否想继续。

罗恩·康韦应该很想站上麦克雷文的位置，成为一名具有管控权的退出教练。相反，在看到初创企业面临失败，认为应该将其关闭时，他不得不让创始人继续下去，直到他们同意退出，因为做决定的是创始人而不是他。

我们都经历过这样令人挫败的情况：明明知道别人应该改变方向，却不得不看着他们继续前进。要是能直接接管并替他们做决定，不是更好吗？尤其是对那些最不具备做出理性退出决定的能力，但又面临这个选择的人而言。

我们都有过这种挫败感，但毫无疑问，我们也都经历过不愿退出的情况。决定是否退出的是我们，而最不具备理性选择能力的也是我们。

第九章　寻找友爱但正直的帮助

如果你曾经想从别人手中接过控制权，那一定意味着有时你最好把控制权交给退出教练。

分而治之

我们可以回头看看巴里·斯托的研究，看看把控制权交给别人作为一种退出策略的效果。1997年，斯托与耶鲁大学的西加尔·巴尔萨德和亚利桑那大学的肯尼思·科布共同研究了银行在批准和提供商业贷款方面的决策。银行在发放贷款时，需要有人做出批准的决定。如果借方及时还款并最终还清贷款，就不需要再进一步做决策了。

然而，当企业在付款方面遇到困难时，借方可能会要求再贷一笔款以挽救他们的企业，或者他们可能会要求重新协商合同条款。由于法律要求银行向股东和监管机构提供准确的财务报告，除了决定是否批准这些事情之外，银行还必须决定是继续将贷款作为资产计算，还是将其注销并确认损失。

对于所有这些决定，都可能发生承诺升级。根据我们目前所知的信息，你可能会认为，当一笔贷款出现问题时，为了避免将其确认为损失，最初做出批准决定的人会比初始决策者更有可能批准第二笔贷款或同意修改合同条款。

这正是斯托及其同事在研究了加利福尼亚州132家银行9年的贷款记录之后的发现。当管理层出现变动时，新的管理层会更快承认贷款出现了问题。由于没有做过批准贷款的初始决定，他们更有可能将其作为损失予以冲销。

我想，从斯托的数据中可以得出一个教训：如果企业获得了一笔贷款，但现在陷入了财务困境，应该去找那个最初批准贷款的人。你更有可能获得第二笔贷款。

更加严肃地说，这给那些想要更好做出退出决定的企业提供了一个好策略：尽可能分而治之。让一些人做出开始的决定，让另一些人做出结束的决定。

对于机构投资者客户，我建议将这种策略作为改善卖出决策的一种方式。让一个委员会批准购买什么，让另一个委员会批准何时卖出什么。当然，这只有在团队规模足够大的情况下才可行。

在许多商业场景中都能找到分工的方法。但如果是个体，就无法把自己一分为二。你不能像绝地武士那样假装自己是另一个人再重新做决定。

这也是我们要给自己找一名退出教练的原因之一，它能让你更接近于实施分而治之的策略。

给予和获得许可的重要性

为了让你和退出教练的关系正常运转，你必须允许他们发挥作用。这包括明确承诺愿意倾听他们不得不说出口的残酷真相。这就是为什么理查德·塞勒对丹尼尔·卡尼曼来说是一位有效的退出教练，因为后者允许前者说一些他不想听的话。

如果在没有达成共识的情况下寻求建议，你所询问的人往往倾向于表现友善，就像啦啦队一样说一些他们认为你想听的话。即使你真的准备好接受残酷的事实，如果没有和你寻求建议的人沟通，他们通常会认为你只是想要安慰。于是你只得到了安慰。

作为被咨询的对象，你也需要明白，当有人向你寻求建议时，并不一定意味着他们真的想听你说真话。除非他们明确允许你这么做。

安德鲁·威尔金森告诉我他是如何从经验中学到这一点的。在无奈解雇那位首席执行官，并发现朋友们都没有对他说他们作为旁观者的见解之后，他决定每当有人来请教时，就直言不讳地发表意见。

他们向他寻求建议，他说出残酷的真相。但这样做并没有什么好处。他无法改变他们的想法。事实上，他发现他们会加倍努力，坚定地想要证明他是错的。换句话说，这是典型的承诺升级。

不要把寻求建议与获得许可混为一谈。相反，当有人来找你时，最好使用罗恩·康韦的方法。它可以概括为四个步骤：

- 第 1 步：让他们知道你认为他们应该考虑退出。

- 第 2 步：当他们拒绝时，妥协并同意他们能扭转局面。
- 第 3 步：围绕不久的将来成功会是什么样子，设定明确的定义，并将其作为终止标准。
- 第 4 步：同意重新进行谈话，明确如果没有达到成功标准，你们将认真讨论有关退出的事宜。

第 3 步和第 4 步隐含的前提是，寻求建议的人现在已经允许你直接、坦率地谈论退出问题。

当然，你也应该时刻提醒他们"人生苦短"。

给予和获得许可是退出教练和寻求退出教练的人之间建立富有成效的关系的关键。就算寻求建议的人给予了许可，你也可以帮助他们自己做决定，而不是告诉他们应该怎么做。

当萨拉·奥斯汀·马丁内斯找到我时，她允许我和她进行坦诚的交流。即便如此，我也没有告诉她该做什么决定。我只是问了一些问题，通过将她的选择转换为期望值问题来帮助她。这让她很快就发现了关键所在。

如果你处于领导职位，阿斯特罗·泰勒提供了一个如何成为优秀的退出教练的杰出例子。通过解决"猴子"、避开"基座"和设定终止标准，他帮助 X 实验室的工作人员提高更快做出理性决定的可能性，从而更好地退出。他创造了一种文化，这种文化不仅消除了对退出的偏见，而且进行了颂扬。

退出很难，很难全靠我们自己做到。作为个体，我们被各种各样的偏见困扰,比如沉没成本谬论、禀赋效应、现状偏见和损失厌恶,这些都会导致承诺升级。我们的身份与我们所做的事情交融。我们本能地想要保护这种身份,结果变得更加坚持。

如果本书能教给你什么,那就是你无法独自做到了解问题、站在别人的角度去思考、试着从外部审视自己。这就是丹尼尔·卡尼曼认为他需要一名退出教练,以及我们都应该看到这种需要的原因。

人生苦短,不要把时间花在无价值的事情上。我们都需要身边的人在我们走错路的时候说出真相。

第九章小结

- 乐观让你不愿放弃,但实际上并未增加成功的机会。也就是说,过分乐观将让你在无价值的事情上坚持得更久。最好是及时调整心态。
- 人生苦短,不要把时间浪费在失去价值的机会上。
- 旁观者通常能更理性地看待你的处境。
- 最好的退出教练是一个足够爱你,为你的长久幸福着想的人。他们愿意告诉你残酷的真相,即使这意味着你可能会在短期内受到伤害。
- 让一些人决定开始,让另一些人决定结束,关于退出的决策会得到改善。
- 如果想最大限度地用好退出教练,就要允许他们说真话。

延伸阅读 III

蚂蚁在前进……几乎是

要是看过自然节目或者有关蚂蚁的动画片，你的脑海中可能会浮现出这样一个经典画面：蚂蚁排成一行朝着共同的目的地前进。蚂蚁一只挨着一只，喊着"嗨哟嗨哟"的号子。这就是我们对它们的想象。而觅食蚁确实是如此行军的。

几乎是。

仔细观察时，你会发现虽然大多数蚂蚁都在列队前往或离开食物来源，但总有一定比例的蚂蚁似乎在漫无目的地徘徊。它们没有遵循计划。

它们看上去像在偷懒，逃避把食物带回巢穴的责任。它们是持敌对态度的蚂蚁？叛乱的蚂蚁？懒惰的逃避责任的蚂蚁？无政府主义的蚂蚁？反权威的蚂蚁？

事实证明，这些蚂蚁服务于一个至关重要的目的，而这个目的与退出有关。

为了弄清楚原因，首先要了解蚂蚁是如何排成一行的。

与我们期望看到的列队前进相反，一旦蚂蚁进入新的领地，所有的觅食蚁就会分散开来，四处游荡。这是因为还没有确定的食物来源，需要蚂蚁们不断寻找。

当一只蚂蚁找到食物，会把它带回巢穴，并沿路留下一种叫作跟踪信息素的微弱化学气味。其他嗅到这种气味的蚂蚁会跟着走。如果食物来源的质量足够高，它们也会找到食物，并在返回巢穴的同一条路上留下自己的跟踪信息素。

随着化学气味越来越强，其他蚂蚁也开始跟着走。食物来源越好，来往越频繁，反过来又加强了跟踪信息素。这就是为什么你最终会看到蚂蚁排成一行前进的经典画面。

这条路就像一个信息素"块"。

选择如何分配时间以便去发现新的事物或利用已发现的事物，属于经典的探索－开发问题。① 你该花多少时间去探索新的机会，又该花多少时间去开发那些已经具有正期望值的东西？从这个意义上来说，开发不是指操纵或做一些卑劣的事，而是指利用一个已经拥有的机会。

以一家拥有成熟产品的企业为例，就是将原本用于继续营销、生产和销售该产品的资源花在开发已发现的东西上，就像百视达在实体店里开发出了有利可图的影碟租赁、销售商业模

---

① 最优停止是一个探索－开发问题。在做出选择之前，应该花多长时间去探索不同的选项呢？例如，当你寻找住房时，在做出选择之前应该看几处房屋最好？最优停止不是本书的主题。它更像是一个博弈论问题，而不是本书所关注的认知问题。但如果你对这类问题感兴趣，我强烈推荐布莱恩·克里斯汀和汤姆·格里菲思的《算法之美》。——作者注

式一样。此外，也是将原本用于研究和开发新产品或战略的资源用在探索企业可能追求的新产品或商业模式上。因为公司的资源有限，所以你马上就能看出在探索和开发之间寻求平衡点的重要性。如果未达到平衡，探索得太少，企业就会停止创新，故步自封直到破产。

当然，我们在个人生活中也要面对这样的问题：如何在探索新的机会和坚持现有的机会之间分配时间、金钱、精力和注意力。

当学者们在思考探索－开发问题时，他们经常把蚂蚁作为两者之间适当平衡的例子。

这就引出了游荡蚂蚁的谜团。倘若跟踪信息素发出的信号如此可靠，几乎所有觅食蚁都能迅速捕捉并开始寻找食物来源，那么这些蚂蚁又是怎么回事呢？

答案是这些蚂蚁正在继续探索领地。这对蚁群至关重要，原因有二。

第一，有时蚂蚁会被迫退出它们正在开拓的食物来源。毕竟，食物来源可能不稳定。蚂蚁也可能走霉运。食物来源会消失。有备用计划对群落更好。这些持续探索的蚂蚁正是在寻找这样的东西。

第二，即使食物来源保持稳定，也不意味着没有比目前更好的食物来源。仅仅因为蚂蚁找到了一处不错的食物来源，不等于说外面没有更好的东西。

如果所有的蚂蚁都进入了开发模式，并且都沿着同一跟踪信息素的道路前进，它们就永远不会发现更好的食物来源，因为它们不会去寻找。

这对蚂蚁的生存是不利的，因为要是存在更高质量的食物来源，蚂蚁就应该转而开拓它，但它们只有在知道的情况下才能去开拓。

这就是为什么这些蚂蚁根本不是无政府主义者。

这对我们人类来说也是一个教训。当蚂蚁第一次进入领地时，它们到处探索机会。一旦找到高质量的食物来源，蚂蚁就开始开拓它。但有一部分蚂蚁从未停止探索。这使它们能够发现备用计划。当蚂蚁被迫撤退、运气不好或食物来源消失时，这些备用计划就能派上用场。同样重要的是，有时它们在寻找备用计划时会发现比现行方案更好的东西。

我们也应如此思考。当我们找到对自己有用的东西时，无论是工作、事业，还是正在开发的产品、商业策略，甚至是我们喜欢的餐厅，对于这个充满不确定性的世界来说，继续探索其他可能选项是一个很好的策略。

永远不要停止探索。

我们将在本书的最后部分探讨这一主题。

第四部分

机会成本

第十章　被迫放弃的教训

玛雅·尚卡尔6岁时，她的母亲从康涅狄格州家中的阁楼上找出了一把小提琴。玛雅的母亲从印度移民到美国时带上了这把原本属于她母亲的乐器。玛雅的三个哥哥姐姐已经对这件乐器失去了兴趣。但玛雅立刻就被吸引住了。

她很快就表现出了惊人的天赋。9岁时，她通过了面试，被纽约大名鼎鼎的表演艺术学院茱莉亚学院的大学预科课程录取。每周六，她的母亲都会驾车载她往返于茱莉亚学院，进行10个小时的高强度训练。

玛雅非常出色，并在13岁时获得了伊扎克·帕尔曼提供的面试机会。帕尔曼被公认是有史以来最伟大的小提琴家之一，曾获得16项格莱美奖、1项格莱美终身成就奖和4项艾美奖。

帕尔曼将她收为弟子。在短时间内就取得诸多成就的玛雅·尚卡尔走上了职业音乐最高水平的辉煌之路。

然而，这一切在玛雅高中毕业之前的那个夏季戛然而止。一天，她在演奏帕格尼尼的第十三首随想曲中一段高难度的旋律时拉伤了手指肌腱。

她接受了肌腱修复手术，但疼痛并未消失。在接下来的一年里，她尝试通过服用消炎药来克服不适。最后，她被诊断出除肌腱撕裂外，还患有幼年型类风湿关节炎。这一诊断不仅意味着她必须放弃拉小提琴，而且意味着她将面临一个每日都要忍受痛苦、最终可能无法行走的未来。

前途似锦的事业就此终结。

问题在于，当被迫退出一生为之奋斗的目标时，人们会怎么做？答案无疑就是，他们必须开始寻找另一个新的目标作为奋斗方向。

对于我们所有人来说，在生活中都会遇到这样的时刻，世界剥夺了我们正在做的事情。谈恋爱时，恋爱对象可以决定分手，即使你想和他/她继续走下去。失业的人到处都有。雇主可能对你的表现不满，因而将你解雇。也可能与你的表现无关，只是因为公司需要削减开支或者快要倒闭了。经营公司的人也会面临同样的情况。员工可能会离职。可靠的合同可能会被竞争对手"截和"。资金可能会被耗尽，公司被迫倒闭。

有时是你主动选择了退出，有时是世界替你做了这个决定。

被迫退出显然是痛苦的。但最终，当这种情况发生时，我们都必须振作起来，掸去身上的灰尘，然后寻找新的事情去做。

这正是玛雅·尚卡尔所做的。在克服了最初对被剥夺了激情和身份的怨恨后,她报考了大学,并被耶鲁大学录取。在大一开学前的那个夏天,她在地下室找到了姐姐的一本旧书——史蒂芬·平克的《语言本能》。用她的话说,学习语言学的想法"点亮了我的大脑"。

玛雅从耶鲁大学毕业,获得了认知心理学学位和罗德奖学金,之后在牛津大学获得博士学位。

在牛津大学学习期间,玛雅得知她的类风湿关节炎是误诊。这让她从担心自己的未来会受到身体状况退化的限制中解脱出来。也许,这也意味着重返小提琴的舞台。她表演了几次,并开始寻找参加协奏曲比赛的机会,但过去的手术在她的手上留下了疤痕组织,她再也不能在精英赛上演奏小提琴了。

获得博士学位后,玛雅回到美国,在斯坦福大学认知与系统神经科学实验室完成了博士后研究。在那里,她意识到自己并不喜欢神经科学家的日常生活,因为她所做的工作意味着要花几个小时独自在地下室的实验室里实施和分析功能磁共振成像。

她渴望合作。她希望自己的工作有社交的一面。

被迫放弃小提琴使玛雅对自己有了这样的认知。在日积月累中,玛雅意识到,虽然她在方方面面都喜欢拉小提琴,但特别讨厌独奏部分。

在斯坦福地下室的实验室里,她突然意识到自己又要独自工作了,而这正是她作为小提琴手时最不喜欢的地方。

所以她辞职了。

玛雅决定,一旦完成博士后研究,就放弃学术生涯。尽管面临重重认知阻力,但她还是做到了。本书讲述了很多人的故事,他们也不得不面临同样的阻力。事实上,这些都是我们大家必须克服的障碍。

比如沉没成本——玛雅为攻读学位所付出的10年时间和努力。禀赋——玛雅所创立和实施的研究项目,以及一路走来获得的所有奖项、奖学金和学位。身份——与这些学位相伴而来的是缀在她名字后面的"博士"二字。玛雅·尚卡尔博士——她的身份的重要组成部分。

我怀疑,玛雅之所以能放弃,并克服所有那些让她感到沮丧的事情,其中一个原因就是之前被迫退出的经历教会了她,当你在追求一个目标时,总会忽略其他机会。你完全看不到它们,因为你并未去寻找。

辞职后,玛雅又一次陷入了不得不考虑下一步该怎么做的境地。

玛雅接下来的行动不容易也不合理。她告诉我:"当你意识到你不想成为一名学者或综合管理顾问时,认知神经科学的博士后还能做什么呢?前路并不明朗。"

在一次婚礼上,玛雅遇到了她在耶鲁大学的导师劳丽·桑托斯博士,她们相约一起喝茶。桑托斯向她讲述了政府在应用行为经济学方面取得的非凡成就,特别是利用缺陷的力量来鼓励积极的行为。这些缺陷被称为"助推",因理查德·塞勒和卡斯·桑斯坦的畅销书《助推》而闻名。桑托斯把玛雅介绍给了奥巴马总统的科学顾问、科技政策办公室副主任汤姆·卡利尔。

玛雅向卡利尔提出为她设立一个新职位的想法,组建一支行为科学专家团队,就基于行为见解的政策向联邦机构提供建议。卡利尔喜欢这个想法,并聘请她担任高级行为科学顾问。起初她没有预算、没有授权,也没有团队。但在一年之内,她组建了一个由行为科学家、政策专家和项目制定者组成的跨部门小组,成立并主持了白宫有史以来第一个社会和行为科学小组。

当奥巴马于2017年1月离任时,玛雅也离职了,之后成为谷歌的行为科学全球总监。2021年,她还创立、主持并监制了播客节目《计划略有改变》。毫无疑问,该节目的灵感源于她自身经历过的重大计划变化。

玛雅·尚卡尔的职业生涯一直被突如其来的变化所打断,无论是被迫退出还是主动退出,她都已经站稳了脚跟。

显然,事情并不总是一帆风顺。肌腱撕裂后投身学术,不一定能获得罗德奖学金。离开学术界也不一定能在白宫谋得一份工作,或者在谷歌谋得高级职位。

但是,即使大多数人注定无法取得玛雅·尚卡尔那样的成就,她的故事中仍有一些东西值得我们学习。如果肌腱没有撕裂,她永远不会走上认知心理学这条路,最终也不会进入白宫和谷歌，因为她不会再找别的事情做了。

当被迫退出时，你不会总能找到更好的事情去做，但有时可以。问题在于，我们大多数人从未发现其他机会，因为我们没看见甚至没找过。

从中吸取的教训是，我们不应该等待别人强迫我们去找一个备用计划。我们应该不断探索，因为有时备用计划会比你现在追求的事情更好。

业余活动

在26岁之前，我的职业方向一直是学者和研究人员。这条路始于我在哥伦比亚大学读本科的第一周。当时我正在申请勤工俭学的工作，看到专门研究第一语言习得的认知科学家芭芭拉·兰多博士发布了一则招聘研究助理的帖子。我得到了这份工作，在哥伦比亚大学读书的4年里一直为她工作。芭芭拉成为我的导师和朋友，鼓励我跟随她在宾夕法尼亚大学的导师、赫赫有名的莱拉·格莱特曼和她同样有名的丈夫亨利学习。

我在宾夕法尼亚大学待了5年，获得了国家科学基金会的奖学金，完成了博士课程和论文研究。在博士毕业前的最后一个冬天，我得到了纽约大学、杜克大学、得克萨斯大学奥斯汀分校和俄勒冈大学等高校的就业面试机会。我在争取一个终身教授的职位。

但与此同时，我在那一年里也一直与慢性胃病做斗争。慢性胃病给我带来了很多不适，让我一直想吐。我去看过医生，被诊断为胃轻瘫，这是一种潜在的危险疾病，会导致胃不能正常排空。我的计划是坚持到底，通过就业面谈，完成学位论文，然后再关注健康。

但我的身体不允许。

就在我将前往纽约大学进行第一次面试的前几天，我的胃病加重了。我在医院住了几周，无法吞咽任何食物和液体。我不得不推迟就业计划。我被迫决定休学一段时间，以解决健康问题。

出于身体原因，我离开了研究生院，也失去了可以补贴生活的奖学金。

我真的很需要钱。

从那时起，我开始打扑克，把它当作一种业余活动。那是扑克在电视上风靡和网络扑克出现之前的10年。对于大多数人而言，他们可能从没想过打扑克也可以成为一份工作。

不过，我的哥哥霍华德·莱德勒碰巧已经打了10年扑克，在纽约靠高赌注比赛谋生，对手包括东海岸一些最好的玩家。他也在更大的舞台上取得了成功，23岁时就进入了拉斯维加斯一年一度的世界扑克系列赛主赛事的决赛，成为当时最年轻的选手。

当我读研究生的时候，他为我提供机票，让我加入他一年一度的世界大赛之旅,带我一起去金砖赌场玩。我欣然接受了这个机会,因为我自己显然负担不起这样的假期。

就是在这些旅行中,我第一次尝试玩一些低赌注的扑克。上大学的时候,我们都住在纽约,我会连着数小时观看哥哥打牌,因此对这项比赛足够了解,能取得一定的成功。

突然被迫休学后,哥哥建议我通过打扑克来维持生计,直到完成学位论文,回到学术轨道上去。

我的谋生方式受到了很多限制。我不知道自己的胃每天会有什么感觉,所以需要灵活的工作时间。我也很想在第二年成为一名教授,所以需要做一些容易退出的事情。

打扑克非常符合我的需要。你可以在比赛中随时决定打还是不打。你可以选择哪天工作,什么时候开始,什么时候结束。如果退出扑克比赛去做其他的事,也无须提前告知或担心会给依靠你的人带来不便。

接下来的故事大家都知道了。我爱上了打扑克带来的挑战,甚至爱上了蒙大拿州比林斯市一家酒吧里烟雾弥漫的地下室,那是我开始打扑克的地方。我一直在研究学习和认知,而打扑克是这些学科在现实生活中的高风险应用。我喜欢在充满不确定性的环境中不断考验自己,尤其想要设法克服我们在本书中讨论过的偏见。

第二年春天我没有回到宾夕法尼亚大学……在那之后的春天也没有。

我坚持玩扑克，最终赢得了世界扑克系列赛的冠军手链，获得了世界扑克系列赛冠军锦标赛和NBC（美国全国广播公司）全国单挑扑克锦标赛冠军，并拥有了硕果累累的长期职业生涯。原本属于"业余活动"的事情，最后却持续了18年。

对26岁的我来说，学术之外的任何职业都是我未曾涉足的领域。即使就扑克而言，当我去拉斯维加斯玩扑克的时候，也只把它当成度假时的乐趣，或一生中偶尔玩一次的爱好。

我喜欢玩扑克，也在假期里赢了一些钱，但把扑克当成一种机会实在太蠢，我甚至就此和莱拉开起了玩笑。某次旅行结束后，我回到学校和莱拉见面，我开玩笑地对她说："玩扑克好开心，我简直不想回来了。"

我俩都放声大笑。

我经过深思熟虑，才选择成为一名职业扑克玩家。我被迫离开学校，至少有一年时间错过了进入学术生涯下一阶段的机会；我迫切需要收入，但出于健康状况的原因选择非常有限。

对于我、玛雅·尚卡尔，以及每一位被迫离开自己曾经热情追求的道路的人来说，这些都是发现的时刻。有时候，被迫退出会让你探索新的机会，就像玛雅发现她热爱认知科学一样。有时候，被迫退出会让你以全新的眼光看待当前的选择。

这就是我和扑克的故事。

关于备用计划，蚂蚁教会了我们什么？

世界是不确定的。无论你决定追求什么，项目、运动、工作、恋情，明天都可能不复存在。世界可能会迫使你远离正在追求的东西。或者，当所做的事情发生变化时，你也可能选择退出。比如你拥有一份热爱的工作，上司是你曾经的导师，但这名上司可能会离开，被一个讨厌的人取代。比如你住在一间喜欢的公寓里，但楼上的新邻居总是在大半夜跳木屐舞。比如你在爬山，浓雾却滚滚而来。

在这些情况下，你所选道路的期望值与最初并不一致。

世界并不总在改变。有时候，改变的是你自己。你的品位、偏好和价值观会随着时间的推移而变化。20多岁时喜欢的工作，可能到30多岁时就不喜欢了。也许年纪轻的时候，你可以接受每周高压工作80个小时。但到了30多岁，你对时间的看法可能发生改变，不太愿意为了事业发展而牺牲和家人在一起的时间。

无论是世界在变，还是你在变，有时你可以自己选择是否退出，有时世界会替你做出选择。

实际上，就一些重要的事情而言，我们都会面临其中一种情况，而且一生当中会有许多次。无论哪种情况，探索其他机会，至少拥有一个备用计划，都是让退出变得更容易的基石。

蚂蚁做了正确的选择。

即使它们找到了一些看起来很神奇的东西，比如从后院桌子上滚下来摔碎了的西瓜，但还有一些蚂蚁仍在寻找其他食物来源。毕竟，如果这个家庭清理地面或者冲洗平台，西瓜就会消失。因此，就算西瓜还在，一些蚂蚁也会继续探索。

不幸的是，我们人类通常要到迫不得已的时候才会去探索。

玛雅·尚卡尔的"西瓜"是小提琴，我的"西瓜"是认知心理学。我们俩谁也没有探索备用计划的意识，因为我们从未想过会被迫退出。只要拥有"可利用的食物来源"，我们都没开始寻找其他可能想要追求的东西。我们在书中提到的很多人也是如此。

当斯图尔特·巴特菲尔德专注于《电子脉冲》时，他甚至没有注意到就在其眼皮底下的"独角兽"——Slack 一直都在，但直到退出《电子脉冲》，他才看到了 Slack 的潜力。这种事情以前还在巴特菲尔德身上发生过一次，在《永无止境的游戏》耗尽资金后，他才意识到 Flickr 的潜力。

萨莎·科恩因超龄而被迫退出花样滑冰。这让她从不喜欢做的事情中解放出来，去探索她可能追求的其他事情。最后，她在哥伦比亚大学获得学位，成为摩根士丹利的一名投资经理，并组建了家庭。只有在被迫去寻找之后，她才获得了很多幸福，远远超过在职业生涯最后几年所经历的痛苦巡演。

蚂蚁在开发和探索之间取得了适当平衡。跟踪信息素的强度决定了继续探索的觅食蚁的数量，但无论气味的强度如何，永远都有蚂蚁在探索。这很合理。蚂蚁栖息的星球总有一些不确定性。事物是变化的。事实上，没有什么能保持不变或永恒存在。

我们生活在同一个星球上。我们应该吸取这个教训。

蚂蚁做得很好。它们已经存活了1亿多年，在各种气候和地貌条件下繁衍生息。它们变得如此善于生存，部分原因就是一直在探索。

简单地说，在被迫放弃一处食物来源之前，这一点探索为蚁群提供了备用计划。此外，这使蚂蚁有可能找到更好的东西。

作为人类，我们应该好好向蚂蚁学习，不断进行探索。我们不该等到被迫退出时才这么做。

有一次，我和一群专业销售人员谈话。谈话结束之前，其中一人向我咨询他是否应该接听猎头的招聘电话，尽管他真的很喜欢目前的工作。

我回答说，他当然应该接听这些电话。首先，他可能会失业。这家初创企业可能会倒闭，或者不得不削减销售人员。在这些情况下与猎头建立关系无疑是有益的。同样，公司内部也可能发生一些事情，使销售人员改变对自己工作的看法。产品可能会出现问题，或者新入职的销售主管不好相处。如果是这样，知道还有其他选择会让他更容易理性地做出是留下还是离开的决定。

而且，这样做没有任何坏处。他仍然可以很好地从事这份工作，并且热爱它。但如果他不与猎头进行一些探索，就永远不知道何时会有更好的工作。

这就是蚂蚁胜过人类的地方，因为蚂蚁永远不会问我这个问题。它们会直接接听电话。

伦敦地铁的教训

就像蚂蚁一样，当上班族搬到一个新城镇或在一个新地方找到一份新工作时，他们会开始探索各种不同的上班方式，试图找到最有效率的路线。但与蚂蚁不同的是，一旦这些人找到自己喜欢的路线，很快就会将这条路线固定下来，早晚都走同样的路线，不再探索其他选择。

除非迫不得已。

2014 年，在每天两次乘坐伦敦地铁的 200 万人中，就有许多人遇到了这种情况。伦敦地铁包括 11 条线路、270 个站点和超过 400 千米的轨道。这意味着从一个地点到另一个地点有很多不同的路线。

2014 年 1 月，英国最大的运输工会宣布从 2 月 4 日周二晚上开始进行 48 小时的罢工。罢工开始后，270 个站点中有 171 个被关闭了两天。也就是说，许多上班族不得不改乘其他路线。

那么，在这两天里，被迫寻找新路线的上班族是怎么做的呢？剑桥大学的肖恩·拉科姆、牛津大学的费迪南德·劳赫和国际货币基金组织的蒂姆·威廉斯一起进行了研究，以找出这个被迫退出问题的答案。

他们发现，在罢工之前，很多人绕远路上班。这么多上班族找不到最短的乘车路线，似乎出人意料。但只要看看伦敦地铁地图，你就能明白其中的原因。地图显然没有按比例绘制。简洁、有序和对称性使其成为世界上最著名的交通地图之一，但你不能用它对照从一个地方到另一个地方的直线距离或时间。

当大罢工发生时，70%的上班族不得不在两天之内找到一条新的上班路线。罢工结束后，约有5%的人坚持乘坐他们发现的新路线。这些人每次乘车的时间平均减少了6分钟以上。考虑到平均乘车时间为32分钟，那些永久改乘新路线的人节省了大约20%的通勤时间，也就是说他们每天节省12分钟，每周节省1个小时，每月节省4个小时。

这些备用路线一直就在上班族的眼皮底下。但只有被迫退出惯常的上班路线，他们才会探索更好的方式。

可想而知，如果罢工持续的时间更久，他们必须找到满足两天以上上班需求的路线，可能做出改变的人会有更多。这是一个宝贵的教训，告诉我们为什么应该探索，即使我们没有受到强迫。很多伦敦人显然吸取了这一教训，因为研究人员发现，除了永久改乘新路线的5%的人之外，在罢工后寻找其他通勤路线的上班族也在增加。

经历过被迫退出，上班族开始表现得更像蚂蚁。

仅仅一天

迈克·内博尔斯是一位传奇的大学女子篮球队教练。在担任主教练的前 8 个赛季（2013—2021 年），包括在华盛顿大学的 4 个赛季和在阿肯色大学的 4 个赛季，他的成就几乎超越了同一时期 NCAA（美国全国大学体育协会）一级联赛的所有教练：176 场胜利（历史第二），6 名球员入选 WNBA（美国国家女子篮球联盟）。

内博尔斯教练将他的成功大部分归功于退出。

2013 年，在几所学校担任助理教练 10 多年后，他终于获得了在华盛顿大学担任主教练的机会。他接手了一项计划，即按照大学篮球队的惯例，学生球员每周进行 6 天的比赛或训练。NCAA 规定，一级联赛的球员每周至少要有一天不参加体育活动，几乎每位 NCAA 教练都把这个最低限制当成最高限制。

经过多年的失利之后，凯文·麦古夫（内博尔斯是他的助理教练）带领的华盛顿大学哈士奇队在前两个赛季表现有所起色。自从麦古夫在俄亥俄州立大学担任主教练后，满足球迷期望的重担就落在了内博尔斯的肩上。

球队立刻陷入了困境，并输掉了前两场比赛，其中包括在主场揭幕战中以 77∶91 的比分惨败给波特兰大学队，而一年前在麦古夫的带领下,哈士奇队曾以20分的优势击败过波特兰大学队。

他们逐渐取得进步,以6胜4负的成绩进入圣诞假期,但内博尔斯知道他需要做出一些改变。轻伤在不断累积,他意识到,由于训练的强度,首发球员无法在比赛中出场很多时间。

圣诞假期给了他思考如何扭转局面的时间。在飞回华盛顿的航班上,他决定做出重大改变:每周额外减少一天的训练,让球员休息两天而不是一天。

之所以做出这个非常规的决定,是因为他的球队正受到伤病的困扰。球员的身体疲惫不堪,而根据多年来担任助理教练的经验,他知道随着赛季的进行,这些伤病会越来越严重。他认为,额外的一天休息能让球员增加在比赛关键阶段的出场时间。

这个决定极为大胆,因为在一级联赛没有其他教练这么做。这是在2013年底,距离"自我照顾"成为时代精神的一部分还有很长一段时间。内博尔斯知道自己在冒险,要为决定的后果承担责任。但用他的话来说,如果哈士奇队和他的教练生涯都会完蛋,那也要按他的方式完蛋。

哈士奇队休假回归后,当大多数教练都在NCAA规则的允许下不放过任何一点训练时间时,内博尔斯教练宣布他计划给球队额外放一天假,这个消息震惊了整个篮球队。

内博尔斯教练立刻遭到了来自四面八方的批评。他听到男子篮球队议论说:"她们放弃了。她们甚至不想试一试。"当把这个计划告诉队里的教练时,他们告诉他:"伙计,你这么做会被解雇的。"球队的头号新秀、大一新生凯尔西·普拉姆也反对他的决定:"我们训练还不够努力呢。这太奇怪了,肯定行不通。"

球队在次月发生的变化让普拉姆和队友们改变了看法。她们与排名第三的斯坦福大学队展开了一场比赛,后者在一年前以35分的优势获胜。现在,球队以87:82的比分意外击败对手,打破了斯坦福大学队的62场连胜纪录。这是内博尔斯第一次率队登上国家电视台。

获胜并非侥幸。华盛顿大学哈士奇队在这个赛季表现强劲,进入女子篮球全国邀请赛,赢下三场比赛后止步1/4决赛。在内博尔斯执教的第二个赛季,哈士奇队重返NCAA锦标赛。一年后,她们进入了四强。到了大四,她们成为全国最好的球队之一,以29胜6负的成绩入选"甜蜜十六强",胜场远超一年前。

这届学生毕业后,内博尔斯的母校阿肯色大学邀请他带领该校的女子篮球队,于是他成了阿肯色大学野猪队的主教练。在他执教的前4个赛季里,阿肯色大学野猪队取得了历史上最好的成绩。

内博尔斯教练的球队并没有因为多了一天的休息时间而失去竞争力。球队开始赢得更多比赛。而额外的一天休息不仅给球员带来了更多胜利，而且让她们有时间去探索其他机会和兴趣。如果她们不得不在球场上多训练一天，就无法探索这些机会和兴趣。在结束大学篮球生涯很久之后，她们仍会从这一天的休息中获益。

你能在一天之内完成许多事情，实在令人惊叹。

凯尔西·普拉姆等渴望在 WNBA 打球的球员，在这一天里可以在健身房多做训练。普拉姆后来开启了有史以来最伟大的篮球生涯之一，并在 2017 年的 WNBA 选秀中成为状元。

其他球员利用这段时间进行学习，这有助于提高她们的平均学分绩点，显然会给她们未来的职业前景带来好处。有些球员在寻找新的潜在职业。一名球员努力考到了房地产资质证书，后来她成为西雅图地区高档住宅销售最成功的房产经纪人之一。另一名球员利用这一天的休息时间得到了耐克公司的实习机会，她毕业后继续在那里工作，并很快得到了晋升。

很多人认为，你需要一心一意才能成功（尤其是在体育运动中），如果有退路，你更容易失败。但内博尔斯教练颠覆了这个观念。虽然很多球员在那一天的探索中为自己制订了备用计划，但他的球队仍然取得了长足的进步。

多元化你的机会

为了减少伤病，内博尔斯教练决定让他的球员额外休息一天。但随之而来的是，球员能够利用这段时间来多元化自己的兴趣、技能和机会。这和蚂蚁的所作所为类似。蚂蚁通过不断探索，为蚁群提供了多元化的食物来源。这种多元化有助于降低坏运气的影响。即使食物来源枯竭，它们还有其他选择。

当然，多元化的力量在投资界也众所周知。投资者想要一个多元化投资组合的原因与蚂蚁相同，即在其中一项投资出现问题的情况下，降低对利润的冲击。

这不仅适用于投资者和蚂蚁。对于每一个人来说，拥有兴趣、技能和机会的多元化组合都有助于保护我们免受不确定性的影响。

如果没有不确定性，并且知道所有事情的结果，那么你就不需要多元化。食物来源一直存在，而且永远是最好的。一项肯定具有最高期望值的投资，就是投资组合所需要的全部。你只会选择最好的工作，并且永远不会失业。

然而，现实世界不是这样的。这就是你要接听猎头电话的原因。万一公司倒闭、裁员，或者你不再喜欢现在的工作，这种探索性的交谈将会保护你。

虽然不是有意为之，但在"投资组合"中加入打扑克，使我在学术生涯"搁浅"的时候有事可做。在《永无止境的游戏》和《电子脉冲》未能成功之后，拥有 Flickr 和 Slack 也让斯图尔特·巴特菲尔德得以迅速恢复元气。

我们所有人的一大目标，都应该是尽可能地在"投资组合"中最大限度地实现兴趣、技能和机会的多元化。

生活中有各种各样的方法能够实现这一点。只要不对本职工作造成负面影响，你可以通过要求参加有益的职业培训来探索其他职业。

探索其他职业的好处体现在以下两个方面。一方面，这将极大地扩展你能胜任的工作范畴，让你有机会尝试从没考虑过的其他职业。另一方面，如果出于某种原因失业了，你也有更多的工作方向可以尝试。

有时，你可能会发现，与当前从事的职业相比，你更喜欢另一种职业。在"投资组合"中加入新技能，并通过探索进行开发，能够让你更容易地切换新工作。

接受教育也是如此。不要一进大学就死死盯住一个专业。考虑几个有特色或者关系到未来职业道路的专业。选择课程时，也要选择那些能够满足多专业要求的课程。这有助于增加可选专业的种类，使你正在学习的技能多元化。而在选择专业时，则要考虑选择能够提供更多就业机会的专业。

进入大学第一年，你应该努力与尽可能多的专业"约会"。就个人关系而言，这段时间的探索（约会）有助于你更好地决定最终会对谁做出承诺。但在其他事情上，无论是教育、职业还是爱好，甚至是上班路线，你所做的探索量都不应该为零。这一点与恋爱关系不同。

当被迫退出时，多元化不仅能让你实现"软着陆"，还能帮助你做出更理性的决定，即放弃那些失去价值的事情。这是因为当你知道未来的方向时，更容易放弃。

拥有其他选择可以消除一些关于未来的不确定性，而这些不确定性正是阻止你退出的障碍。

飞利浦公司无疑证明了一点：越是了解自己的目标，就越容易退出。一个多世纪以前，飞利浦兄弟成立了一个创新实验室，以便通过开发新产品和新技术来实现产品组合的多元化。该实验室开启了公司的医疗技术之路。通过持续多元化其产品组合，它得以退出质量较低的机会，包括核心照明业务，并转向了在此过程中发现的更好的业务。

当然，就像其他所有可能改善退出行为的因素一样，仅仅是"投资组合"的多元化，并不意味着你会在退出什么和坚持什么方面做出正确的选择。毕竟，西尔斯建立了一个利润丰厚且不断增长的金融服务帝国，但却为了挽救其摇摇欲坠的零售业务而放弃了它。

但拥有其他机会至少让你有可能做出更好的选择，决定该退出什么和坚持什么。当你被迫退出时，当你正在做的事情失去价值时，当你确实遇到了适合的工作时，继续探索并多元化"投资组合"有助于你看清什么时候会有更好的机会。

无论如何，不管你因为什么选择退出，都需要记住一点，即你所认为的备用计划往往会变成你的现行计划。

辞职浪潮

2020年3月和4月，第一波新冠疫情席卷美国，造成了大规模的被迫辞职事件。就在这两个月里，2 000万人失去了工作，一度达到每天100人失业的程度。

对于美国零售业、住宿业和餐饮业大约2 800万雇员来说，只能停止工作。没有顾客，这些企业大多暂时或永久地关闭了。其他许多公司也不得不裁员、放假或者大幅减少剩余员工的工作时间。到2020年底，这些工人和企业的不确定性水平依然很高。

当顾客开始渐渐回到商店、酒店和餐馆时，你可能认为，在经历了所有这些不确定性之后，失业大军会渴望重返工作岗位。但令人惊讶的事情发生了。从2021年4月开始，第二波辞职浪潮汹涌而至，只不过这一次是自发的。

大规模辞职开始了。

4月，主动辞职的人数接近400万，这是美国劳工统计局自2001年开始统计以来的最大数字。辞职率最高的是服务行业从业者，他们也是在新冠疫情开始时被迫辞职的人。这些从业者中有130多万人在2021年4月选择辞职。换句话说，仅仅在这一个月里，每20个服务行业从业者中就有一人辞职。

5月，主动辞职的人数几乎与上月持平。辞职人数在6月创下了新的纪录，到7月再创新高，8月则继续攀升。

为什么这么多在新冠疫情发生后失业的人，重新找到工作后却决定辞职？

根据我们在本书中学习到的关于放弃决定的知识，我们可以进行一些推测。

首先，由于疫情失业的人被迫探索其他可能的谋生方式，他们在其他情况下通常不会这么做。这让他们对就业形势有了更深的了解，看到了可能被忽视的机会。

其次，这也让他们能重新审视自己的偏好。就像玛雅·尚卡尔发现自己不喜欢独自工作一样，被迫辞职可以让你弄清楚自己喜欢和不喜欢的工作都有哪些特点。你是想在办公场所工作，还是更喜欢远程工作？你希望拥有更灵活的工作时间吗？你热爱你的工作吗？它让你充满成就感吗？是否还有别的事情能让你更加快乐？似乎人们总会问自己这些问题，但通常只有在被迫退出时才会再想一想。

最后，一旦找到工作，你就会开设一个心理账户。被迫辞职让所有人关闭了账户。我们知道，如果开设了心理账户，你就很难退出。你感觉很失败，因为自己没有达到预期，或者选择了放弃。有太多的认知因素对你不利。但当出现大规模裁员时，失业者就不得不关闭心理账户，重新开始。

在这种情况下，你的"块"会变回原来的大小。你更像是进入新领域四处探索的蚂蚁。

失业者在被迫退出所有"碎片"后感到轻松，他们更容易问自己:"我到底有多喜欢现在的工作?"他们也更容易理性地回答这个问题,因为他们实际上被迫对其他选择进行了探索。很多人发现,他们不想继续现在的工作,而想转向新的目标。

当然,只有存在机会,你才能转向新的目标。与大规模辞职相伴的是大规模重新开放。经济复苏带来了创纪录的就业机会。对于那些想要转行的人来说,机会很多。

从本质上讲,大规模重新开放为那些寻找机会的人创造了一个更加多元化的"投资组合"。

这大大加速了各行各业新工作岗位的增长,但主动辞职并转行的人数的激增,更多地集中在疫情暴发时被迫离职的人群之中。就像伦敦地铁重新开通后的乘客一样,那些失去工作的人即使在重返岗位后仍在不断探索。

他们从蚂蚁那里学到了一个教训:不要等到迫不得已才开始探索替代方案。

如果放任自流,我们往往会把注意力集中在手头的事情上,几乎不会考虑其他。问题不仅仅是我们不去探索其他机会,还在于即使机会就在眼前,我们也不会注意到。我们变得目光短浅,无法看到其他可能有用的东西。这比任何阻碍退出的因素都更难让我们做出改变,因为你怎么能转向你甚至不知道存不存在的东西呢?

我们接下来的讨论将聚焦于这种短视。

第十章小结

- 被迫退出会让你开始探索新的选项和机会。但你应该在被迫退出之前就开始探索。
- 即使你已经找到了一条想要坚持的道路,也要继续探索。世事多变,你现在所做的也许并不是你未来追求的最好选择。拥有更多的选项可以让你在合适的时机实现转行。
- 探索有助于多元化你的技能、兴趣和机会组合。
- 多元化组合有助于保护你免受不确定性的影响。
- 制订备用计划是一个好主意,因为有些备用计划比我们现在追求的东西更好。

第十一章　目标与短视

2019年的伦敦马拉松是该赛事有史以来规模最大的一届，超过42 000名选手跑完了26.2英里的全程。参赛者这么多，产生一些非凡的故事和成就也就不足为奇了。比赛当天，吉尼斯世界纪录宣布了38项纪录，比如"两名选手（男女混合）被铐在一起的最快马拉松""装扮成圣诞树的最快马拉松（男）"，以及落后"圣诞树"4分钟的"装扮成树的最快马拉松（男）"。

还有西沃恩·奥基夫的故事。奥基夫为这次赛事训练了4个月，希望在5个小时内完成比赛。刚跑了4英里，她的脚踝就开始疼痛，并且越来越严重。即便如此，她还是无视身体发出的信号继续跑步。

又跑了4英里，她的腓骨断成了两截。

为什么像奥基夫这样疼痛加剧的人会继续跑步直到断腿呢？

如果一个计划跑马拉松的人知道他们会在8英里处把腿跑断，我们直觉上肯定认为他们甚至不会开始比赛。如果你问一个已经开始跑马拉松的人,是否会在断腿之前退出比赛,考虑到骨折之前必定会经历的疼痛程度,他们也会给出肯定的回答。

奥基夫颠覆了我们的直觉。事情变得越发奇怪。

医务人员建议她停止跑步——毫不意外,她的腓骨已经断成了两截——但她拒绝了。她在近乎无法忍受的疼痛中跑完了最后18英里,以6小时14分20秒的成绩完成了比赛。

在你看来,这也许是一个匪夷所思的偶发性故事,但它其实并不像你所想的那样罕见。事实上,就在同一天的同一场马拉松比赛中,另一名参赛选手在同样的距离伤到了脚,然后坚持跑完了剩下的18英里。史蒂文·奎尔在8英里处踩到了一个滚动的水瓶,伤到了右脚、小腿和臀部。疼痛越来越剧烈。跑到16英里处,他不得不停在一个医疗帐篷前接受医疗帮助。此后他又接受了3~4次医疗帮助,最终以3小时57分33秒的成绩跑完全程。

四周后,参加爱丁堡马拉松比赛的迈克·刘易斯-科普兰在跑到16英里处时腓骨骨折。他从未经历过这种疼痛,但还是一瘸一拐地跑完了最后10英里,以4小时30分的成绩完成比赛。

在2014年的伦敦马拉松比赛中,格雷厄姆·科尔伯恩遇到的情况与2019年时史蒂文·奎尔遇到的情况完全相同:在8英里处踩到了一个水瓶,脚骨骨折,然后在极度的痛苦中跑完了剩下的18英里。

在谷歌上快速搜索一下，就能找到伦敦马拉松比赛中发生的其他几个故事。2012年，达伦·奥利弗刚跑了1英里就弄断了腿，在剧烈的疼痛中跑了25英里才完成比赛。2021年，安吉·霍普森在比赛一开始就感到疼痛。疼痛逐渐加剧，她不得不在6英里处停下来，但这只是暂时的。她跑完了剩下的20英里，第二天却发现自己的腿断了。

许多这样的伤害都发生在长跑运动员身上。在疼痛中继续跑步，他们不仅是在拿自己的健康或更加严重的伤病冒险，也是在危害未来训练和跑步的能力，而这显然是他们所热爱并看重的事情。奥利弗和霍普森都在哀叹，他们将要错失多少跑步的时间。刘易斯-科普兰在腓骨骨折前完成了2019年的伦敦马拉松比赛。他承认，因为骨折他不得不做康复训练，这使他无法实现当年再参加6场马拉松比赛的计划。

为什么这些参赛者不顾疼痛，继续跑到骨折的地步？同样地，他们在受伤之后为什么还要继续比赛，把未来参加比赛的能力置于危险之地？

因为有终点线。

终点线很有意思。你要么到达，要么没有。不是成功就是失败，没有中间地带。沿途的行进并不重要。

当环境清楚地表明应该放弃时，我们的直觉却谬以千里，而这些马拉松运动员恰恰可以帮助我们理解其中的原因。一旦开始比赛，衡量成功的唯一标准就是冲过终点线。在面对是无法达到终点还是忍痛坚持跑步的选择时，即使断腿也不能让我们退出。

通过／不及格问题

设定目标的好处众所周知。目标就像北极星，指引着奋斗的方向。当你遇到挫折时，它们会激励你坚持下去。事实一再证明，富有挑战性的具体目标会让你更努力地工作，效果远超那些模糊笼统的目标。相比"我想多跑一跑"或"我想更加努力学习"，"我想每周跑16英里"或"我想下学期将我的平均学分绩点提高0.5分"这种目标更容易让你实现进步。

但是，仅仅因为设定目标有很多好处，并不等于它们没有缺点。正如你可能已经猜到的那样，在明确设定的终点线旁边应该竖起一块警告牌：危险，你可能会经历承诺升级。

沃顿商学院的莫里斯·施魏策尔、亚利桑那大学的莉萨·奥多涅斯，以及其他几位学者，包括马克斯·巴泽曼、亚当·加林斯基和班比·杜马，共同撰写了许多论文，证明目标具有不利的一面。他们指出了设定目标的许多负面后果，其中一些会干扰到理性的退出行为。特别是，他们注意到目标在本质上属于通过／不及格问题，缺乏灵活性，而且追求目标还会导致忽视其他可能的机会。

这些学者的观点是，虽然目标确实有助于我们变得更加坚韧，但坚韧并不总是一种美德。正如你所知，毅力能让你坚持做那些有价值的难事，但也会让你坚持做那些失去价值的难事。在某种程度上，目标之所以有效，是因为它们让你专注于终点线，并激励你继续前进。但目标也会让你在糟糕的情况下拒绝退出，因为它们能让你专注于终点线，并激励你继续前进。

为什么？部分原因在于，它们的评价标准是通过或不及格。

要想理解为什么目标的通过/不及格本质会阻碍进步，并促使承诺升级，就要做一个思想实验。假设你从未跑过马拉松，或者你跑过但不得不在16英里处停下来。请问哪一种情况更糟？在第一种情况下，你从没为跑马拉松训练过，没开始跑过，也没跑过全程。你跑了0英里。在第二种情况下，你决定尝试，为此训练，开始跑步，跑了16英里后不得不退出。

我想我们在直觉上都认为后一种情况更糟，即使你进行了长跑训练，还在26.2英里的比赛中跑了16英里，而在前一种情况中你根本没离开过沙发。

原因在于，如果你不尝试，如果你从未开始跑步，就不会到不了终点线，因为你一开始就没有把它当作自己的目标。

目标的通过/不及格属性成了进步的阻碍，它让你不能开始做事，因为你害怕无法做完。从健康的观点来说，训练并跑了16英里马拉松的人肯定比没跑过步的人要好。如果你的目标是变得更健康，那么进行尝试的人显然在这个目标上取得了更大的进步。

但对失败的恐惧让我们中的大多数人都不想开始。

正如理查德·塞勒打趣的那样："如果奥运会金牌是唯一的及格线，那么你连第一堂体操课都不会想上。"

一旦设定了目标，我们就会将它作为衡量自己的标准。跑一场马拉松，只要没跑完 26.2 英里，无论跑了多远都是一种失败。这就是目标促使承诺升级的方式，因为我们无法接受任何到不了终点线的事情。外部环境如何改变，或者我们的身体发生了什么，都不重要。我们不想承受失败的感觉。

我们会一直朝终点线跑，直到断腿为止。

当涉及我们厌恶在损失状态下关闭心理账户时，目标的通过/不及格属性使问题变得更糟。一旦设定了目标，你就会立刻让自己处于损失状态，至少在到达目标之前是这样。一旦越过起跑线，你现在离终点线就还差一步。

当经济学家谈论收益或损失时，他们指的是与你开始的时候相比，你目前是赚了还是赔了。但通常情况下，当涉及目标时，我们很少关注经济学家的说法。

处于损失中是一种心理状态，与其他事情没什么不同。我们看不见自己的收益，即使已经超越了起点很远，因为我们衡量自己的标准不是离开起跑线多远，而是还没有到达终点线。

因为我们不想在损失状态下关闭心理账户，所以只会继续向终点线奔跑，即使跑断了腿。

在距离珠穆朗玛峰峰顶 300 英尺的地方返回，你会觉得自己失败了。1995 年，也就是乔恩·克拉考尔在书中记载的探险的前一年，罗布·霍尔和他的客户道格·汉森在距离峰顶那么近的地方转身下山时，心中一定是这种感觉。汉森的攀登距离超过 28 000 英尺，这是很少有人能做到的。

汉森沉痛地表达了前一年带给他的失败感。他对克拉考尔说："峰顶看上去近在咫尺。相信我，从那以后，我没有一天不在想它。"

当霍尔说服汉森返回营地、下次再试时，他们其实是带着失败出发。他们开设了一个新的心理账户，即第二次尝试登顶珠穆朗玛峰，如果不能登顶，就意味着再次失败。

霍尔觉得有必要让汉森在这次到达终点线，虽然他作为向导和探险队队长一向做事有条不紊，但还是因此在山顶等了汉森两个小时，远远超出他为客户设定的"关门时间"。显而易见，他们俩均以悲剧告终。

一路前进应该是有价值的，但我们弃之不顾，因为目标要么被达成，要么未被达成。非此即彼，没有中间地带。

总而言之，目标的通过/不及格属性会阻碍进步，导致承诺升级，让我们拒绝将一路走来取得的进步视为成功。

令人遗憾的是，这些终点线往往是随意设定的。

目标是跑 5 英里，跑完 5 英里就是成功；目标是跑半程马拉松，只跑 5 英里就是失败。目标是跑半程马拉松，跑完 13.1

英里就是成功；目标是跑全程马拉松，只跑13.1英里就是失败。如果你尝试超长距离马拉松，那么只跑26.2英里就是失败。

要理解为什么萨莎·科恩在2006年奥运会后经历了3年的痛苦，我们只需要想一想目标的通过/不及格属性。作为2006年奥运会的夺冠热门，她的终点线就是赢得一枚金牌。当她在长节目中摔倒、只斩获银牌时，无论是从事实上说，还是从比喻意义上说，她都失败了。

如果目标是成为世界第一，那么世界第二就没什么意义。因此，她继续进行不愉快的滑冰表演，并在2010年再次尝试到达终点线。她以两名之差落选2010年奥运会资格，最后还超出了比赛的年龄限制，这迫使她关闭了心理账户。她感到自由，摆脱了目标的通过/不及格属性所带来的负担。

目标能发挥作用，但有时也会让我们忽略它们不值得继续追求的明显迹象。当一个目标要么被达成，要么未被达成时，你基本上只能选择不开始或者坚持到底。

这也是造成退出悖论的一部分原因。拥有退出选项的美妙之处在于，它更容易让我们在不确定的情况下做出决策。无论我们做什么决定，无论是跑步、登山，还是创业、谈恋爱，都是在一个随机的世界中凭借不完全信息做出的。我们受运气的影响。世界会改变，我们也会改变。

对于任何所思所想、所作所为，我们几乎都可以在未来选择改变主意或放弃。而此时，我们通常会比最初做决定时更加了解相关信息。

但退出选项只有在我们真正使用它时才有帮助。问题是我们不用，原因上文已有阐述。一旦开始，我们就把自己置于损失之中。我们没有达到目标，一路走来取得的进步几乎毫无意义。

这让我们继续朝着终点线飞奔，断了腿又怎么样！

变化之中的不变量

让通过/不及格问题更加严重的是，一旦设定目标，我们就很少再去审视它。目标的设定往往一劳永逸。终点线的位置没有及时调整。

假如没有不确定性，世界也未曾改变，那就不是问题，因为无论你为之奋斗的目标是什么，它不仅会指引你前进，而且指引的方向也一直正确。然而，世界充满了不确定性，世界也总在不断变化。这意味着我们的目标应该相应改变。但我们设定的目标对新信息的反应十分迟钝。

设定目标是一个权衡的过程。我们看重的东西并不相同——金钱、家人、爱好、友情、健康、帮助他人的感觉等。没有一个目标可以让我们顾及所有事。

从本质上讲，目标会让我们将自己看重的东西进行排序。我们会问自己："我想要实现什么？为此我愿意放弃什么？"可想而知，追求目标的好处将超过为此付出的代价。

目标就是这种权衡行为的表现。换句话说，我们试图最大化期望值，我们为自己设定的目标应该有助于实现这一点。

举例来说，如果设定了跑完马拉松的目标，你就会期望得到一些东西，也会预计要放弃一些东西。克服困难的成就感对你来说可能非常重要。这个目标可能反映了你对健康的重视程度。你可能认为在户外跑步的感觉很棒。也许还有很多其他原因。所求及其相对重要性对你来说是特定的。

同样的道理也适用于你愿意为有价值的东西放弃什么。为马拉松进行训练意味着牺牲与亲朋好友在一起的时间，或者放弃追求你可能喜欢的其他爱好。我们大多数人都看重生理舒适，而你显然要在某种程度上放弃这种舒适。惯常的不适和伤病是长跑训练中的一部分。你可能还要考虑到，即使天气寒冷或下雨，你也要到户外去待上一段时间，有时还得早起，不能睡懒觉。

在为事业设定目标时，你也要做这样的成本－效益分析。如果目标是进入一家《财富》世界500强公司的管理层，就要优先考虑某些你看重的事情（比如事业或财富方面的精进），而不是其他你愿意放弃的事情（比如找一份压力较小的工作，免得把工作带回家）。

无论是显露在外还是隐含其中，你设定的目标都服务于期望值，以便平衡你想获得的好处和你要付出的代价。

这就是设定目标的全过程。但是，当你设定好目标并开始追求时，等式两边会发生什么变化呢？

我们设定好目标后，它就成了一个固定的东西。提供服务的东西，变成了服务对象本身。目标是我们努力实现的对象，而不是我们最初在设定它们时所表达和平衡的重要事项。

即使设定目标的基础条件在不断发展，目标本身仍岿然不动。外部环境在改变。我们的认知在改变。我们对效益和成本的权衡在改变。我们偏好和看重的东西也在改变。

随着这些因素的变化，如果我们重新进行成本－效益分析，结果肯定会有所不同。但我们不会重新分析。为了实现目标，我们必须对周围和自身的变化方式做出反应。这意味着要动摇目标，但我们不会理所当然地这样做。

总而言之，目标的通过／不及格属性和固定属性使我们只能朝着终点线前进，即使终点线已经偏离了我们应该奔跑的方向。

缺乏弹性的目标并不适合这个灵活的世界。

每个目标都至少需要一个"除非"

目标是强大的工具。它们能让你有所成就。但仅有一个目标会导致承诺升级，使你固执己见，错失实现心中所想的最佳方式。

当然，目标的固定属性是造成这种灾难的原因之一。设定好目标后，我们会了解新的信息。世界在改变。我们在改变。我们需要应对某些"猴子"。设定更灵活的目标是解决这个问题的一种方式。

这种"除非"用处很大。在目标中加入一些经过深思熟虑的"除非"，有助于实现我们正在寻求的灵活性，对不断变化的形势做出更积极的反应，缓解由失败引起的承诺升级。

"除非没有高级管理人员参会，否则我将继续跟进这条销售渠道。"

"除非不得不一直把工作带回家，或者发现自己害怕周一的到来，而且这种感觉长期持续，否则我将继续留在目前的工作岗位上。"

"除非不能在接下来的两个月里达到我和退出教练共同设定的明确的标准，否则我将继续开发这个产品。"

"除非骨折，否则我将继续跑这场马拉松。"

这就是为什么制定终止标准如此重要。当设定一个目标时，创建终止标准列表可以让你更理性地判断何时是放弃的最佳时机。

这些终止标准可能与世界向你发出的信号有关，比如你通过观察发现上司秉性不好、利率正在上升、浓雾滚滚而来，或者新冠疫情暴发了。

也可能与你自身的变化有关，无论是在腓骨断裂前可能感受到的疼痛，还是像我这样，一直在与之抗争的疾病变得越发严重。

还可能只是因为你的偏好或者看重的东西发生了改变。服务业的工作不再合你的胃口。曾经热爱的运动现在让你痛苦不堪。

为了使这些"除非"发挥最大效用，我们需要订立强有力的预承诺契约，规定好如何贯彻终止标准。此外，为了确保这些"除非"能够让我们以最快的速度弄清正在做的事情是否值得，我们也需要区分"猴子"和"基座"。

在退出教练的帮助下做这些事，这个人能让你选择的这些"除非"更具效果。

当然，这些"除非"都需要事先规划。你竭力想要预测可能出现的情况，但不可能预测到每一种坚持或退出的情况。

也就是说，你必须不断审视目标所代表的成本-效益分析。你应该定期重新评估自己看重的东西：原本处于优先位置的事项是否始终如一？所要付出的代价是否依然值得？这样的审视也为你提供了重新评估旧的终止标准和设置新标准的机会。

合情合理的"除非"能让我们摆脱短期目标的牵制，这些短期目标其实对实现我们为之奋斗的长期目标并无帮助。

我们很容易掉进努力打赢一手牌，或争取在一场比赛中获胜的陷阱。但这些局部目标可能会阻碍我们以"人生是一场持久战"的方式行事。换句话说，要最大化我们一生的期望值，有时就要放弃这些临时终点线。

扑克比赛中可以应用"除非"的地方很多。除非输掉的钱达到一定额度、新加入比赛的玩家明显比之前退出的玩家强，或者已经玩了一定的时间、感到疲惫或厌烦，否则我会一直玩下去。"除非"能让我们摆脱在短期内继续比赛并追求胜利的影响，使我们的行为和我们的长期最大利益更紧密地结合。

坚持做那些失去价值的事，有碍于你从最初设定目标的正当理由中获益，也会让你比一开始时付出更多的代价。

目标应该及时调整，因为世界在变，你也在变。为了跟上这些变化，你需要定期审视自己是否正在通过最快的路线到达终点，是否正在朝着正确的方向奔跑。

一路进步

把成功仅仅定义为冲过终点线，是一种相当刻板的世界观。

我们不仅需要设定更灵活的目标，自身也需要在评估成功和失败的方式上变得更加灵活。

显然，以通过/不及格的方式看待目标太过刻板且绝对，导致我们低估或完全忽略了已经取得的进展。也就是说，为了解决这个问题，我们需要找到方法来标记这些进展，庆祝我们在通往终点线的途中所取得的成就。

假如登顶珠穆朗玛峰能让你从身体和精神的挑战中收获很多价值，那么登上1号、2号、3号、4号营地或距离峰顶300英尺，客观上并没有给你造成损失。与试都不试相比，更加算不上损失。

当然，我们的主观体验并非如此。而这正是我们需要改变的。

我们需要找到一种扭转局面的方法，停止仅仅用"距离终点线多远"来衡量自己。我们要开始更多地信任自己，看清楚自己距离起点有多远。

如果做到了这一点，银牌就不会那么令人失望，因为比起现实中那些刚起步的花样滑冰运动员，这已经是成就斐然了。这样做会让你看到，成为小提琴大师伊扎克·帕尔曼的弟子，或者像我这样做了5年研究生水平的工作，是多么了不起的成就！

设定一个富有弹性的目标，更有利于标记和庆祝在实现过程中取得的进展。有些目标没有达到，你收获不到什么。而有些目标无论有没有达到，你都可以做到或学到很多有价值的事情。

这些才是我们应该优先考虑的目标类型。

阿斯特罗·泰勒清楚这一点。如果要在两个项目之间做出选择，他会优先选择可以从中收获更多技术和学问的项目。

超级高铁就是一个"要么全有，要么全无"的目标类型。

建造轨道是一项古老的技术。让火车加速并高速行驶，也并非什么新鲜事。完成这些不需要开发任何新技术。能否保证乘客的安全，才是技术上的挑战，是需要应对的"猴子"。问题是，他们必须先建好所有的"基座"，才能弄清能否应对"这只猴子"。一旦无法应对，他们就将白忙一场。

与此形成对比的是旨在利用巨型气球将互联网接入偏远地区的气球项目。让气球与地面对话的方法多种多样。他们首先尝试为此开发新的激光技术。在证明这不是最好的解决方案后，他们转向了另外一种方法，但这项新的激光技术对 X 实验室后来的一个项目大有裨益。气球项目的激光专家团队成了 Taara 激光项目的一员，该项目在增加电信带宽方面卓有成效。

在更高的层面，泰勒正在努力思考如何创造一种庆祝沿途胜利的文化，即使跑不完 26.2 英里，也要庆祝跑完 5 英里、10 英里或半程马拉松。

这是所有领导者都应该学习的重要一课，因为我们的领导方式可能会加剧目标通过/不及格属性和固定属性造成的问题。领导者通常会掉进这样的陷阱，即仅仅根据员工是否实现了目标来评估他们。这样做的话，就增加了承诺升级的可能性。

当领导者表现出"成功就是达到目标、冲过终点线"时，员工很快就会明白一点：他们要不惜一切代价冲过终点线。即使目标不再值得追求，他们也不会说出来。即使情况不容乐观，他们也不愿退出，因为领导层会将之视为失败。

264　　　　　　　　　　　　　　　　　　　　　　适时退出

"除非"的一个优点是，它为你提供了另一种成功的方式。一套很好的终止标准意味着，你可以通过达到一个目标或严格遵照这套标准取得成功。适时退出是一件有价值的事。坚持应用"除非"，则能让你做到适时退出。

把"除非"附加到设定的目标上，我们就能坚持贯彻"过程重于结果"。目标本身是以结果为导向的，但"除非"专注于过程。

目标诱发短视

我们已经看到，一心执着于达成目标会使我们无视旁观者眼中清晰而明显的退出信号。

但这并不仅仅是因为目标让我们忽略了前进道路上发生的变化，或者我们自身在前进过程中发生的变化。目标还会导致缺乏远见，使我们看不到其他可走的道路和其他可追求的机会。

你已经了解过机会成本问题。设定目标会加剧这个问题。一旦确立了终点线和到达终点的路径，我们就会变得目光短浅，无法探索其他可能对我们有用的路径或其他可能对我们更好的终点线。

我们看不到它们，而这并非由于周边视觉的缺陷。

只追求一个目标会让我们注意不到眼前的东西。斯图尔特·巴特菲尔德因此忽略了眼皮底下的 Slack。直到放弃《电子脉冲》、关闭心理账户并迫使自己回到探索模式，他才完全意识到 Slack 的潜力。我和扑克结缘也是一样，直到被迫暂停研究生课程，我才发现打扑克也是一门职业。

如果拥有更多的技能和机会组合，我们的生活会变得更好。但目标导致的短视限制了"投资组合"的规模，因为我们没有寻找或看到更多可供选择的事物。

在这方面，蚂蚁比人类做得好，因为它们是一个群体，是一群共同合作的个体。这使蚂蚁更容易同时探索和开发。一群蚂蚁跟随跟踪信息素，另一群蚂蚁探索新的食物来源。即使沿着跟踪信息素往返的蚂蚁目光短浅，对蚁群来说也无关紧要，因为其他蚂蚁仍在四处寻找。

但我们就是我们。你只是一个人。只要设定好一条可遵循的信息素通道，你就会变得短视，难以看到蚂蚁正在寻找的其他机会。

哈佛大学心理学家丹尼尔·西蒙斯和克里斯托弗·查布里斯在 1999 年进行的"隐形大猩猩"实验是最著名的相关研究之一。这项研究表明，专注于一项任务或一个目标会导致你根本看不见眼前的东西。参与者观看了一段一群人来回传球的视频，并被要求计算传球次数。视频播放到一半时，一名穿着全套大猩猩服装的妇女从球场走过。

在完成计算传球次数的任务后，参与者被问及他们有没有注意到什么不寻常的事情。如果没有，实验人员就会问他们在

6名球员之外是否看到了什么东西或什么人。如果还是没有，实验人员就会问："你看到一只大猩猩从球场走过了吗？"

超过一半（56%）的参与者对所有这些问题的回答都是"没有"。

对于没有计算任务的观众来说，这只大猩猩显而易见。事实上，当实验人员第二次播放视频时，参与者感到震惊不已，因为他们上一次根本没看见这只大猩猩。

如果他们看不见眼前的大猩猩，你想过你在追求目标时又会错过什么吗？

你要警惕这种短视，因为它不利于发现身边的机会。这也是培养探索心态如此重要的原因之一。你要确保自己对行业整体有所了解，接听招聘专员的电话，探索其他职业方向，经常尝试新事物，这样才能增加和扩大你的"投资组合"。

退出教练也有助于防止短视，因为他们通常比你更能看到潜在的机会。

别再想着浪费了

我们可以看到，设定的目标是如何在"块"上堆积并阻碍我们退出的。我们厌恶在损失状态下关闭心理账户。但只要设定了目标，我们就会将自己置于损失中。这加剧了由其他偏见引起的问题，使天平向坚持的一端倾斜。

我们被赋予目标，它们很容易成为我们身份的一部分。它们演变成现状。一旦开始朝着终点线前进，我们就会累积为此而花费的时间、精力和金钱等沉没成本。

总结一下本书所讨论的内容，我们之所以很难退出，是因为我们害怕两件事：一是失败，二是浪费了时间、精力和金钱。

我们需要重新定义"失败"和"浪费"。

我们担心退出就意味着失败，但我们到底失败在哪里呢？退出一件不再值得坚持的事情，这不是失败。这是成功。

我们理所当然地认为，失败就是在没有达成目标的情况下退出，比如未能冲过终点线。但是，如果你继续追求一些失去价值的东西，难道就不是失败吗？我们何不重新定义失败，将之视为未能遵循一个好的决策过程？

成功意味着遵循一个好的决策过程，而不仅仅是冲过终点线，尤其是在终点线有误的情况下。也就是说，适当地遵循终止标准，听取退出教练的建议，并认识到我们在过程中取得的进步非常重要。

我们也要重新定义"浪费"。浪费时间、精力和金钱意味着什么？问题在于，我们往往会用一种后顾性思维来考虑这些事情。我们觉得如果放弃某件事，就意味着浪费了我们投入的一切。

但这些资源已经用掉了。你不可能再把它们要回来。

我们要用前瞻性思维来考虑浪费的问题。也就是说，在一些失去价值的事情上多花一分钟、一点精力或一美元，才是真正的浪费。

一旦这样想，你就会意识到你在"如果退出就是浪费时间"的想法上浪费了多少时间。看看加利福尼亚州的高铁项目吧。他们持续追加投资，因为担心会浪费已经投入的时间和税收。

我们需要重新定义失败。我们需要重新定义浪费。但归根结底，我们需要重启退出的想法。

有很多困难的事情值得追求，毅力能让你朝着正确的方向坚持到底。但也有很多困难的事情不值得追求，适时退出同样是一种值得培养的技能。希望本书能成为你掌握退出的工具。

最重要的是，我们都应该沿着一生中期望值最大的道路前往各自的终点线。而这条道路将交织着大量的退出。

与普遍的认知相反，成功者会经常退出。这就是他们成功的方式。

第十一章小结

- 目标能让我们有所成就,但也会增加我们在应该退出时发生承诺升级的可能性。
- 目标在本质上是通过/不及格问题。你要么到达终点线,要么没有,一路上的进步无关紧要。
- 不要仅仅用是否达成目标来衡量自己,问问自己在这个过程中做到了什么、学到了什么。
- 设定中间目标和优先目标,这样即使未达成目标,你也能意识到自己的进步,或者从中获益。
- 设定的目标为期望值服务,以便平衡你想获得的好处和你要付出的代价。
- 缺乏弹性的目标不适合这个灵活的世界。
- 在提前规划(比如确定"猴子""基座",以及终止标准)和一名优秀的退出教练的帮助下,你可以设定更灵活的目标,至少附加一个"除非",定期重新审视最初设定目标时的成本-效益分析。
- 一般来说,我们在放弃时担心两件事:一是失败,二是浪费了时间、精力和金钱。
- 使用前瞻性思维而不是后顾性思维来看待浪费问题。

致　谢

非常感谢这么多科学家、作家、创新者、企业家、投资者和领导者的帮助，他们同我一起探讨退出问题，并慷慨分享了各自的见解和时间。他们是：斯图尔特·巴塞尔曼、马克斯·巴泽曼、科林·卡默勒、基思·陈、罗恩·康韦、大卫·爱泼斯坦、沙恩·弗雷德里克、劳伦斯·冈萨雷斯、汤姆·格里菲斯、亚历克斯·伊马斯、丹尼尔·卡尼曼、肯·卡姆勒、珍妮弗·库尔科斯基、莉比·莱希、凯德·马西、迈克尔·莫布森、威廉·麦克雷文、迈克尔·默沃什、凯蒂·米尔科曼、马克·莫菲特、唐·摩尔、斯科特·佩奇、赖利·波斯特、丹·拉夫、埃里克·里斯、莫里斯·施魏策尔、特德·塞德斯、玛雅·尚卡尔、巴里·斯托、哈尔·斯特恩、卡斯·桑斯坦、乔·斯威尼、阿斯特罗·泰勒、菲利普·泰洛克、理查德·塞勒、托尼·托马斯、理查德·泽克豪泽和凯文·措尔曼。

感谢那些愿意与我分享故事的人，他们用历经磨炼的深刻洞见帮助我发展和完善了自己的观点。他们是：斯图尔特·巴特菲尔德、萨莎·科恩、迈克·内博尔斯、萨拉·奥斯汀·马丁内斯、玛雅·尚卡尔和安德鲁·威尔金森。感谢巴里·斯托，他在分享故事之外，还花了数小时和我一起拼凑其父亲哈罗德一生的传奇故事。

我想单独感谢凯蒂·米尔科曼、特德·塞德斯和理查德·塞勒的帮助。凯蒂和特德阅读了我在创作过程中写成的每一章的初稿，给了我许多鼓励和有见地的反馈。

理查德也阅读了各个版本的书稿，并花了数小时和我在线上进行讨论，鼎力帮助我厘清书中提出的概念。这种思想交流让《适时退出》变得更好，对此我深表感激。

我也要感谢阅读书稿并提出宝贵意见的亚历克斯·伊马斯、丹尼尔·卡尼曼、巴布·梅勒斯、唐·摩尔、戴夫·努斯鲍姆、奥吉·奥加斯、布赖恩·波特努瓦、巴里·斯托和菲利普·泰洛克。

感谢朋友们、同事们（以及在写作过程中新结交的朋友）盛情相助，将我介绍给那些他们认为对写作有益的人。感谢乔希·科佩尔曼为我和斯图尔特·巴特菲尔德、罗恩·康韦、安德鲁·威尔金森牵线搭桥。感谢迈克尔·莫布森将我介绍给萨莎·科恩和劳伦斯·冈萨雷斯。感谢理查德·塞勒将我介绍给沙恩·弗雷德里克和玛雅·尚卡尔。感谢大卫·爱泼斯坦将我介绍给赖利·波斯特。感谢马克斯·巴泽曼将我介绍给斯图尔特·巴塞尔曼。感谢玛雅·尚卡尔将我介绍给珍妮弗·库尔科斯基，珍妮弗又将我介绍给巴里·斯托和阿斯特罗·泰勒。感谢特德·塞德斯将我介绍给迈克尔·默沃什。还要感谢马克·莫菲特将我再次介绍给肯·卡姆勒。

这是我出版的第三本书，感谢吉姆·莱文、妮基·帕帕佐普洛斯和迈克尔·克雷格的专业支持。与前两部作品一样，如果没有这些亲爱的朋友，本书也不可能完成。

吉姆·莱文从一开始就在为这个项目奔走。作为我的经纪人，他除了在保护和提高我的利益方面表现惊人之外，还想方设法不断地鼓励我保持乐观和敏锐，勇敢迎接任何他认为有利于本书变好的挑战。

妮基·帕帕佐普洛斯作为编辑，为本书的每一步都做出了贡献。她对细节的关注令人惊诧，在理解和指导书籍的连贯性与逻辑性方面能力出众。我完全相信她的直觉和判断。简而言之，妮基懂我。我无法用言语表达这对我熬过写作的痛苦过程有多么重要，也无法表达本书因为她而变得多么优秀。

我感谢阿德里安·扎克海姆对本项目的热情支持，也感谢Portfolio出版社和整个企鹅兰登书屋家族，包括金伯利·梅伦和阿曼达·朗。

非常感谢迈克尔·克雷格，他对本书的出版起到了至关重要的作用。他不仅是一位好朋友，也是编辑、调研员、试读员、灵感和示例来源、素材整理汇编员。我相信，如果没有他，本书就不会存在。

我还要感谢我的研究助理安东尼奥·格鲁姆塞尔，以及梅格纳·斯里尼瓦斯在本项目开始时所做的工作。

我从公司、会议、专业团体、高管等雇主那里得到的信息和反馈，对本书帮助很大。多年来，因为这些合作，我得以通过咨询、辅导、演讲和培训实践自身的想法。特别感谢mParticle的工作人员，他们生动地演绎了终止标准，还允许我在书中提及公司的名字。

本书也受益于我与决策教育联盟合作的经验，后者是一个致力于在学前教育至高中教育阶段增加决策教育的非营利组织。感谢执行董事乔·斯威尼、全体员工、董事会、咨询委员会、大使委员会、播客节目《决策教育》的所有嘉宾，以及所有帮助和支持决策教育联盟的人。

感谢珍妮弗·萨尔维尔、玛拉琳·贝克、卢斯·斯特布尔、艾丽西亚·麦克朗和吉姆·道格汉，感谢他们持之以恒和不可缺少的帮助，让我得以维持职业生涯。

非常感谢我的家人，感谢我的丈夫、我的孩子、我的父亲、我的哥哥姐姐及其整个家庭。正是他们给了我最幸福的生活，一直支持着我艰难的每一步。我对他们的感激无以言表。

最后，感谢已故的莱拉·格莱特曼，我的良师益友。直到去世那一周，莱拉还在关心这个项目，对本书的主题充满兴趣，渴望成为我的思想伙伴。老师与学生，传承与继承！希望她会为这个已经完成的项目感到自豪。我每天都在想念她。

注　释

前　言

穆罕默德·阿里

穆罕默德·阿里的职业拳击生涯以及退役后的生活被广泛报道。除了许多其他来源之外，你还可以在以下关于阿里的书中找到这些既定事实：Jonathan Eig, *Ali: A Life* (Boston: Mariner, 2017); Dave Hannigan, *Drama in the Bahamas: Muhammad Ali's Last Fight* (New York: Sports Publishing, 2016); Thomas Hauser, *Muhammad Ali: His Life and Times* (New York: Simon and Schuster, 1991); David Remnick, *King of the World: Muhammad Ali and the Rise of an American Hero* (New York: Random House, 1998); David West, ed., *The Mammoth Book of Muhammad Ali* (New York: Running Press, 2012)。

汉尼根的书主要讲述了1981年12月阿里在巴哈马与特雷弗·伯比克的比赛以不光彩的结局收场。以下消息来源也可以印证并补充这位体育史上的伟人在最后一战中所暴露出的一连串问题的细节：BoxRec, "Trevor Berbick vs. Muhammad Ali"（包括对这场比赛同期报道的引用）, last modified March 3, 2016, boxrec.com/media/index.php/Trevor_Berbick_vs._Muhammad_Ali; Mark Heisler, "From the Archives: Ali's Last Hurrah Turns into Circus with Few Laughs," *Los Angeles Times*, August 5, 2015 (original article date, December 12, 1981), latimes.com/sports/la-sp-ali-last-hurrah-19811212-story.html。另外参见 Eig; Hauser; Remnick; West。

上述书籍对穆罕默德·阿里后来被诊断出帕金森病，以及他长期的身体损伤，尤其是在对战福尔曼后至职业生涯结束前积累的身体损伤，都有深入阐述。

坚持与退出（励志格言）

这些励志格言如下。
贝比·鲁斯："你无法打败永不放弃的人。"
文斯·隆巴迪："一旦你学会退出，它就变成了习惯。"当然还有："成功者永不退出，退出者无法成功。"

贝尔·布赖恩特："永远别退出。它是世界上最容易的逃避之法。设定一个目标，坚持下去直到实现为止。达成一个目标之后，再设定另一个目标，不达目标不罢休。永远别退出。"

杰克·尼克劳斯："决定了就别退出。无论在什么情况下都别放弃。"

迈克·迪特卡："除非你放弃尝试，否则你永远都不是失败者。"

沃尔特·佩顿："如果你开始做一件事，就不应该退出。我们就是这么被教导的。如果你要打球，就要尽力做到最好。"

乔·蒙塔纳："我的父亲乔、母亲特蕾莎将我养大，教我永远不要退出，要努力做到最好。"

比利·琼·金："冠军会继续比赛，直到取得成功。"

康拉德·希尔顿："成功……似乎与行动有关。成功人士不断前进。他们会犯错误，但不会退出。"

特德·特纳："你永远不能退出，成功者永不退出，退出者永不成功。"

理查德·布兰森："失败是一个教训，告诉你为什么未能实现目标。当你再次进行尝试的时候，利用这个教训来提高成功的机会。只有你决定停止，失败才会成为终点。"

这些格言和其他许多类似的话都可以在格言网站上找到，比如 azquotes.com、brainyquote.com 或者 notablequotes.com。如果你常去亚马逊、Etsy 等专业零售平台购物，也能在 T 恤衫、咖啡杯、镇纸或宣传海报上看到这些格言。

虽然重点不是这些人实际上说了什么或意指什么，而是赞成坚持的信息无处不在，但这些格言的原始来源并未为本书所验证。

Quote Investigator（引言调查网站）弄错了"要是一开始没有成功，那就再试上一两次；要是还不成功，那就退出吧。在这上面犯犟毫无意义"（August 11, 2013, quoteinvestigator.com/2013/08/11/try-again）这句罕见的支持退出的格言的来源。

坚持与退出（同义词）

这些词的不同形式以及同义词均来自 merriam-webster.com 和 thesaurus.com，包括"坚持"的同义词在内。

委婉的"文字游戏"（林赛·沃恩）

2019 年 2 月 1 日，林赛·沃恩在照片墙（instagram.com/p/BtWBLQsnKXD）上发布了退役声明。还有其他文章提到了她卓越的职业成就和多次从重伤中复出的经历：Bill Pennington, "Lindsey Vonn to Retire," *New York Times*, February 1, 2019; Clare Menzel, "Lindsey Vonn's Toughest Recovery Yet May Be Healing the Heartbreak of Retiring," *Powder*, December 2019。

委婉的"文字游戏"（屠夫的笑话）

米尔顿·伯利的笑话引自：*Milt Rosen, ed., Milton Berle's Private Joke File: Over 10,000 of His Best Gags, Anecdotes, and One-Liners* (New York: Three Rivers, 1989), 118.

第一章

一种美德的反面是另一种美德

在开始考虑以"退出"为主题写一本书的时候,我和导师兼朋友菲利普·泰洛克进行了讨论。在那次谈话中,他改编了一句过去的名言,说:"一种美德的反面是另一种美德。坚持的反面是退出,退出也是一种美德。"

这一看法是我撰写本书的早期指引。它实际上融合了两句名言的精髓。托马斯·曼在 1929 年一篇关于西格蒙德·弗洛伊德的论文中说:"一个伟大的真理,其对面也是真理。"物理学家、诺贝尔奖得主尼尔斯·玻尔的儿子汉斯·玻尔说,他父亲最喜欢的格言之一是:"深刻的真理是通过其对立面也是深刻的真理这一事实来认识的。"(1947 年,玻尔被丹麦国王弗雷德里克九世授予大象勋章,并设计了一款刻有"对立即互补"座右铭的纹章。)

世界之巅的无名英雄

珠穆朗玛峰故事大多取材于乔恩·克拉考尔的《进入空气稀薄地带》(New York: Villard, 1997)。我还参考了卢·卡西希克的回忆录《狂风过后:一个幸存者的故事》(Harbor Springs, MI: Good Hart, 2014)的部分内容,尤其是第 125~127 页(关于珠穆朗玛峰"关门时间"的重要性)和第 167~169 页(他以第一人称描述了 1996 年登顶那天返程的决定)。

鉴于当时的混乱局面和在极端条件下清晰思考的难度,这两个版本存在一些细微差异是可以理解的。在卡西希克的回忆录里,罗布·霍尔早先提到的"关门时间"(下午一点)比克拉考尔书中记录的(下午一两点)更加具体。卡西希克还指出,斯图尔特·哈奇森和约翰·塔斯凯告诉他要在"接近中午"时返程。这比克拉考尔提到的上午 11 点到 11 点 30 分要稍晚一些。他还简要地提到,在决定像哈奇森和塔斯凯一样返回 4 号营地之前,他正跟着其他登山者继续登顶。

很荣幸有机会和肯·卡姆勒讨论在珠穆朗玛峰上的决策。他四次担任珠穆朗玛峰探险队的随队医生。其中,1995 年他在距离峰顶 300 英尺的地方掉头返回;1996 年他在尝试登顶的前一天放弃,转而为重伤的幸存者提供医疗服务。为了写书,我和卡姆勒进行了谈话和通信,并在播客节目《决策教育》第 13 期(September 8, 2021, alliancefordecisioneducation.org/podcasts/episode-013-everest-and-extreme-decisionmaking-dr-ken-kamler)中讨论了他在珠穆朗玛峰和决策方面的经历。Ken Kamler, *Doctor on Everest* (Adarsh, 2014, reprint edition).

肯·卡姆勒告诉我,"下山时死亡的人数是上山时的 8 倍"。虽然其他人也表达过同样的观点,但他对"顶峰狂热"的见解影响了我在整本书中使用有关登山者的决策事例。他说:"当目标变成了登顶,你就会忘记其他一切。即使成功登顶,你也才走了一半路程。他们以为登顶是最终目标,但事实并非如此。你的目标是安全下山。"

我也和劳伦斯·冈萨雷斯进行了谈话,他是一位专注于在危险环境下决策的作家和演讲家。冈萨雷斯用他的洞察力帮助我了解我们因何"看不见"退出者。他说:"你如此厌恶退出。即使它就发生在你眼前,你也选择无视。这是一件重要的事。我

注 释

们必须学会面对退出，因为我们都在相互模仿。我们模仿成功。你看到了在空中挥舞拳头的足球队员，也要看到退出者。"

退出是决策工具

关于"最小化可行产品"开发策略的描述和优势请参考：Eric Ries, *The Lean Startup*。由"最小化可行产品"策略起家的公司包括亚马逊、Foursquare（基于用户地理位置信息的手机服务网站）、高朋团购、美捷步、爱彼迎和脸书。Laura Holton, "11 Standout Examples of Minimum Viable Products," MYVA360, myva360.com/blog/examples-of-minimum-viable-products.

我在迈克·宾德 2020 年编剧并导演的五集纪录片《喜剧小铺》中的第二集，第一次看到理查德·普赖尔的喜剧表演尝试。关于普赖尔及其表演过程、"喜剧小铺"的更多细节参见以下书籍：William Knoedelseder, *I'm Dying Up Here: Heartbreak and High Times in Stand-Up Comedy's Golden Era* (New York: PublicAffairs, 2009); Kliph Nesteroff, *The Comedians: Drunks, Thieves, Scoundrels and the History of American Comedy* (New York: Grove, 2015)。普赖尔在单口喜剧史上的地位参见：Ranker, "Comedy Central's 100 Greatest Standups of All Time," updated June 24, 2021, ranker.com/list/comedy-central_s100-greatest-standups-of-alltime-v1/celebrityinsider; and Matthew Love, "50 Best Stand-Up Comics of All Time," *Rolling Stone*, February 14, 2017, rollingstone.com/culture/culture-lists/50-best-stand-up-comics-of-all-time-126359/richard-pryor-2-105990。对普赖尔的赞美和认可引自：richardpryor.com, "Praise of Richard Pryor," richardpryor.com/praise。

确定性奏响的"塞壬之歌"

在我与理查德·塞勒为本书进行的一次谈话中，他说："只有当你确定自己应该退出时，它才不再是一个决定。"

企业墓地"超级碗"

记者乔恩·埃利克曼（@jonerlichman）在 2021 年"超级碗"开始的当天发布了一份 19 年前汤姆·布拉迪首次站上"超级碗"舞台时打广告的企业名单，参见 twitter.com/jonerlichman/status/1358528486076526592?s=21。

"知道什么时候该坚持，什么时候该弃牌"：弃牌是主旋律

歌曲作家唐·施立茨在 1976 年为电影《赌徒》写了这首歌的歌词，由知名歌手肯尼·罗杰斯演唱录制，1978 年 11 月被收录于拉里·巴特勒制作的同名专辑中。1978 年 11 月 15 日，这首歌的单曲版本发行。

第二章

关于斯图尔特·巴特菲尔德的传记信息以及他开发《永无止境的游戏》、Flickr《电

子脉冲》和 Slack 的细节参见：Carlos Chicas Berti, "Slack Co-founder Stewart Butterfield on Thriving through Failure," *Business Class*, Fall 2018, onlineacademiccommunity.uvic.ca/gustavson/2019/05/01/slack-co-founder-stewart-butterfield-on-thriving-through-failure; E. B. Boyd, "A Flickr Founder's Glitch: Can a Game That Wants You to Play Nice Be a Blockbuster？," *Fast Company*, September 27, 2011, fastcompany.com/1783127/flickr-founders-glitch-can-game-wants-you-play-nice-be-blockbuster; Deborah Gage, "Slack Raises $80 Million Fund to Support Platform Strategy," *Wall Street Journal*, December 15, 2015, blogs.wsj.com/digits/2015/12/15/slack-raises-80-million-fund-to-support-platform-strategy; Erin Griffith, "Slack Stock Soars, Putting Company's Public Value at $19.5 Billion," *New York Times*, June 20, 2019, nytimes.com/2019/06/20/technology/slack-stock-ipo-price-trading.html; Reid Hoffman, "How to Turn Failure into Success: Lessons from Slack's Stewart Butterfield on the Masters of Scale Podcast," *Medium*, April 12, 2018, reid.medium.com/how-to-turn-failure-into-success-lessons-from-slacks-stewart-butterfield-on-the-masters-of-scale-dfad48f2bbd2; Reid Hoffman, "Masters of Scale Episode Transcript: Stewart Butterfield," *Masters of Scale*, mastersofscale.com/stewart-butterfield-the-big-pivot; Mat Honan, "The Most Fascinating Profile You'll Ever Read about a Guy and His Boring Startup," *Wired*, August 7, 2014, wired.com/2014/08/the-most-fascinating-profile-youll-ever-read-about-a-guy-and-his-boring-startup; Maya Kosoff, "14 Surprising Facts about Slack CEO Stewart Butterfield," *Inc.*, September 2, 2015, inc.com/business-insider/behind-the-rise-of-stewart-butterfield-and-slack.html; Daniel Thomas, "The $5bn Tech Boss Who Grew Up without Electricity," BBC, June 24, 2018, bbc.com/news/business-44550312; Aaron Tilley, "Salesforce Confirms Deal to Buy Slack for $27.7 Billion," *Wall Street Journal*, December 1, 2020, wsj.com/articles/salesforce-confirms-deal-to-buy-slack-for-27-7-billion-11606857925。

巴特菲尔德退出《电子脉冲》、创办 Slack 的具体过程来自我与他就本书内容进行的谈话。市场营销、客户获取和保留等参考信息来自谈话中以及谈话后他与我分享的素材。

在还有选择的时候退出

关于招聘成功率和错误招聘造成的平均成本，参见 Geoff Smart and Randy Street, *Who: The A Method for Hiring* (New York: Ballantine, 2008)。

根据期望值决定是否退出

关于萨拉·奥斯汀·马丁内斯的信息来自她向我寻求建议时以及专门为本书进行的谈话和通信。芝加哥北朗代尔社区发生的枪支暴力事件参见 Veronica Fitzpatrick et al., "Nonfatal Firearm Violence Trends on the Westside of Chicago Between 2005 and 2016," *Journal of Community Health* 44, no. 5 (2019): 866–73。

穿越到未来

关于麦克雷文上将在军事决策中使用这一概念的信息来自我与威廉·麦克雷文为本书进行的谈话和通信。

注　释　279

抛硬币做决定

参见 Steven Levitt, "Heads or Tails," 2021。

跳鲨鱼

小弗雷德·福克斯斯是 20 世纪 90 年代末一位非常成功的电视编剧兼制片人。作为这一集《快乐时光》的编剧，他（和该剧主创加里·马歇尔）被"指责"是"跳鲨鱼"的始作俑者。福克斯为此写了一篇热情、善意的辩护词，参见 Fred Fox Jr., "First Person: In Defense of 'Happy Days' 'Jump the Shark' Episode," *Los Angeles Times*, September 3, 2010, latimes.com/archives/la-xpm-2010-sep-03-la-et-jump-the-shark-20100903-story.html。这篇文章还提到了该集的播出日期、评定等级和收视率。

退出的悖论

本节中的信息和报价来自以下来源：Jim Carnes, "Dave Chappelle Lets Rude Crowd Have It, Sticks Up for Cosby Comment," *Sacramento Bee*, June 17, 2004; Christopher John Farley, "On the Beach with Dave Chappelle," *Time*, May 15, 2005, content.time.com/time/magazine/article/0,9171,1061415,00.html; Josh Wolk, "EW Investigates the Disappearance of Dave Chappelle," *Entertainment Weekly*, May 16, 2005, ew.com/article/2005/05/16/ew-investigates-disappearance-dave-chappelle; Kevin Power, "Heaven Hell Dave Chappelle," *Esquire*, April 30, 2006; Oprah, "Chappelle's Story," February 3, 2006, oprah.com/oprahshow/chappelles-story; Hilton Als, "Who's Your Daddy?," *New Yorker*, July 14, 2014, newyorker.com/magazine/2014/07/07/whos-your-daddy; CBS News, "Dave Chappelle on Fame, Leaving 'Chappelle's Show' and Netflix Special," March 20, 2017, cbsnews.com/news/dave-chappelle-netflix-comedy-fame-leaving-chappelles-show; Biography, "Dave Chappelle," January 29, 2018, biography.com/performer/dave-chappelle。

第三章

卡默勒等人在 1997 年发表的论文《纽约市出租车司机的劳动力供给》中对出租车司机根据是否完成日收入目标决定退出还是坚持的行为进行了开创性研究。

普林斯顿大学经济学家亨利·法伯就此进行了三项研究，对卡默勒等人的发现提出了疑问，参见：Farber, "Is Tomorrow Another Day?," 2005; Farber, "Reference-Dependent Preferences and Labor Supply," 2008; Farber, "Why You Can't Find a Taxi in the Rain," 2015。

法伯在 2005 年的研究发现，日收入对出租车司机结束出车的影响很小。但他确实发现，司机使用每日出车时间作为参照依赖。这改善了卡默勒所发现的行为，但仍然不是根据需求决定退出还是坚持的最优方法。他在 2008 年的研究中总结道："虽然某一天的收入水平可以当作参考，当达到这一水平时，结束出车的可能性会零散增加，但对于某一名出租车司机来说，参考水平每天都在大幅变化。此外，大多数出租车司机在达到参考收入水平之前就收工了。"

他在 2015 年的研究以 2009—2013 年纽约所有出租车司机的出车数据为基础，得出的结论是，"几乎没有证据表明参照依赖是决定纽约市出租车司机劳动力供给的重要因素"，更加直接地反驳了卡默勒的观点。他还指出了经验的积极作用："预计的劳动力供给弹性随着经验的增加而大幅增长。劳动力供给弹性较小的新司机更有可能结束出车。"

两项以新加坡出租车司机为调查对象的研究得出了类似于卡默勒发现的结论。参见：Chou, "Testing Alternative Models of Labor Supply," 2002; Agarwal et al., "Labor Supply Decisions," 2013。

圣母大学经济学家柯克·多兰在 2014 年的一项研究中指出："许多工人减少了每天的工作时间，以应对一天内的短时工资增长。"这与卡默勒的研究结果相符。参见 Doran, "Long-Term Wage Elasticities," 2014。

账面收益与账面损失

第三章中所介绍的丹尼尔·卡尼曼的研究成果，来自我在写作过程中与卡尼曼持续进行的谈话和通信。

理查德·塞勒也通过与我的沟通交流为这一章（以及其他部分）提供了帮助。

卡尼曼和特沃斯基在 1979 年发表的论文《展望理论：风险条件下的决策分析》中首次提出了"展望理论"。他们在 1992 年发表的论文《展望理论进展》中提出了展望理论的后续版本。卡尼曼在《思考，快与慢》一书中详细阐述了展望理论。

2020 年，卡伊·鲁杰里和 30 多位合著者在一篇论文中总结了展望理论的巨大影响："展望理论对科学、政策、管理、金融服务、政府等领域的重要性怎么强调都不为过。"此外，他们还将展望理论誉为"所有社会科学中最具影响力的理论框架"和"被引用最多的经济学论文、被引用最多的心理科学论文之一"。这些跨国合著者在 19 个国家用 13 种语言重现了发表于期刊《计量经济学》的原始研究的方法和程序。他们得出的结论是："展望理论的原理广泛适用于各行各业。"参见 Ruggeri et al., "Replicating Patterns of Prospect Theory," 2020。另外参见正式发表前的版本，"Not Lost in Translation," 2019。

由于损失厌恶是展望理论的一个重要方面，上述引文也描述了卡尼曼和特沃斯基提出损失厌恶的基础。参见：Kahneman and Tversky, "Choices, Values, and Frames," 1984; Tversky and Kahneman, "Loss Aversion in Riskless Choice," 1991。内森·诺文斯基和卡尼曼追寻了损失厌恶的历史，包括许多其他科学家做出的理论和实验贡献。Novemsky and Kahneman, "The Boundaries of Loss Aversion," 2005, 120。对于同等损失与收益下情感冲击不对称程度的估计，参见：Kahneman, *Thinking, Fast and Slow*, 284; Thaler, *Misbehaving*, 34。

见好就收？

"见好就收"是少数鼓励退出的格言之一。这句话起源于一位名叫巴尔塔萨·格拉西安的牧师，他在 1647 年出版的《世俗智慧的艺术》一书中将其作为建议写了下来。（格拉西安补充说："优秀的赌徒都这么做。"）

满足于自己所赚取的

其中提到的研究参见 Heimer et al., "Dynamic Inconsistency," 2020 and 2021。与亚历克斯·伊马斯的谈话和通信对这一部分的写作也很有帮助。

伊马斯的研究和见解特别宝贵,因为他的研究专门比较个人投资者的卖出和计划卖出行为(以止盈和止损指令的形式)。投资者过早卖出盈利资产、长期持有亏损资产的普遍趋势有据可查。参见著名研究 Terrance Odean, "Are Investors Reluctant to Realize Their Losses?," 1998。

行家的投资有多明智?

亨利·法伯的研究见本章有关"出租车司机"的注释。有关资深成功投资经理买卖决策的研究参见 Akepanidtaworn et al., "Selling Fast and Buying Slow," 2019。

研究内容和结果同样来自我与亚历克斯·伊马斯的谈话。

延伸阅读 I

大部分细节来自 2018 年金国威和伊丽莎白·柴·瓦莎瑞莉导演的纪录片《徒手攀岩》。关于《徒手攀岩》的演职人员,参见 IMDb, *Free Solo*, "Full Cast & Crew," imdb.com/title/tt7775622/fullcredits,尤其要关注长长的摄影、录音等技术人员名单。影片中未出现的一些细节参见:Daniel Duane, "El Capitan, My El Capitan," *New York Times*, June 9, 2017, nytimes.com/2017/06/09/opinion/el-capitan-my-el-capitan.html; Peter Gwin, "How Jimmy Chin Filmed Alex Honnold's Death-Defying Free Solo," *National Geographic*, November 2018, nationalgeographic.com/culture/article/alex-honnold-jimmy-chin-free-solo-yosemite-el-capitan-explore-through-the-lens; Matt Ray, "How Free Solo Climber Alex Honnold Conquered El Capitan," Red Bull, February 8, 2019, redbull.com/us-en/alex-honnold-interview-free-solo。

第四章

哈罗德·斯托的故事主要来自其子巴里·斯托。在几次谈话和之后的通信中,巴里·斯托分享了故事内容以及书中提及的细节。巴里·斯托也在 2016 年 10 月发表的《蹒跚走向组织社会心理学》一文中简短地总结了其父的经历。

关于与塞奇商店合并、合并后公司(塞奇国际)的股票发行、基于此次发行的初始估值以及斯托家族的持股情况,参见 "Sage International Files for Stock Offering," *Securities and Exchange Commission News Digest*, May 1, 1962, p. 2, sec.gov/news/digest/1962/dig050162.pdf。

一条道走到黑

Rubin and Brockner, "Factors Affecting Entrapment in Waiting Situations," 1975. 论文

的序言提到，美国卷入越南战争是掉进了陷阱。

鲁宾和布洛克奈尔最初将这种现象称为"陷阱"或"升级陷阱"，后来才采用"承诺升级"这一术语。他们具有影响力的研究成果还包括：Rubin et al., "Factors Affecting Entry into Psychological Traps," 1980; Brockner et al., "Factors Affecting Entrapment in Escalating Conflicts," 1982; Brockner and Rubin, *Entrapment in Escalating Conflicts*, 1985; Brockner et al., "Escalation of Commitment to an Ineffective Course of Action," 1986; Brockner, "The Escalation of Commitment to a Failing Course of Action," 1992。

第五章

关于加利福尼亚州高速铁路的初始计划、目标和预测来自管理局的文件，特别是 *California High-Speed Train Business Plan*, November 2008; *Report to the Legislature*, December 2009。

关于延期、成本增加和竣工时间推迟参见管理局的两年期商业规划：*Building California's Future*, April 2012 (Revised 2012 Business Plan); *Connecting California*, April 30, 2014; *Connecting and Transforming California*, May 1, 2016; *Transforming Travel, Expanding Economy, Connecting California*, June 1, 2018; *Recovery and Transformation*, submitted April 12, 2021 (Revised 2020 Business Plan); *Draft 2022 Business Plan*, February 2022。另外参见 *Project Update Report to the California State Legislature: Delivering High-Speed Rail to Californians*, May 2019; "The Economic Impact of California High-Speed Rail," 2022。

关于在帕切科山口和蒂哈查皮山挖掘隧道的挑战、成本和不确定性的后见之明参见 2018 年的商业计划，*Transforming Travel, Expanding Economy, Connecting California*, pp. ii, 17–18, 23, 28, 45–46, 47, 57, 114 (California High-Speed Rail Peer Review Group Letter); *Recovery and Transformation* (Revised 2020 Business Plan), pp. 73–74。

关于加利福尼亚州高铁的进展情况参见以下报道：Jeff Daniels, "California's $77 Billion 'Bullet Train to Nowhere' Faces a Murky Future as Political Opposition Ramps Up," CNBC, March 12, 2018, cnbc.com/2018/03/12/californias-77-billion-high-speed-rail-project-is-in-trouble.html; Adam Nagourney, "A $100 Billion Train: The Future of California or a Boondoggle?," *New York Times*, July 30, 2018, nytimes.com/2018/07/30/us/california-high-speed-rail.html; Reihan Salam, "Gavin Newsom's Big Idea," *The Atlantic*, February 15, 2019, theatlantic.com/ideas/archive/2019/02/governor-newsom-addresses-californias-housing-crisis/582892; Associated Press, "California Bullet Train Cost Rises by Another $1 Billion," *U.S. News & World Report*, February 12, 2020, usnews.com/news/best-states/california/articles/2020-02-12/california-bullet-train-cost-rises-by-another-1-billion; Nico Savidge, "Got $13 Billion? Planning for High Speed Rail's Bay Area Link Continues, without Money to Make it Happen," *San Jose Mercury News*, May 3, 2020, mercurynews.com/2020/05/03/got-13-billion-planning-for-high-speed-rails-bay-area-link-continues-without-money-to-make-it-happen; Dustin Gardiner, "California's Bullet-Train Project Faces Unprecedented Woes," *San Francisco Chronicle*, July 9, 2020, sfchronicle.com/politics/article/California-s-bullet-train-project-faces-15356051.php; Associated Press,

"California Again Pushes Back High-Speed Rail Construction Deadline," KTLA, February 5, 2021, ktla.com/news/california/california-again-pushes-back-high-speed-rail-construction-deadline; Kim Sloway, "What's Behind the California Bullet Train Project's Latest Woes?," *Construction Dive,* April 8, 2021, constructiondive.com/news/whats-behind-the-california-bullet-train-projects-latest-woes/597850; Kathleen Ronayne, "California Bullet Train's Latest Woe: Will It Be High Speed?," *San Jose Mercury News,* October 13, 2021, mercurynews.com/2021/10/13/california-bullet-trains-latest-woe-will-it-be-high-speed; Ralph Vartabedian, "Costs of California's Trouble Bullet Train Rise Again, by an Estimated $5 Billion," *Los Angeles Times,* February 8, 2022, latimes.com/california/story/2022-02-08/california-bullet-train-costs-rise-roughly-5-billion。

沉没成本效应

发现和解释沉没成本效应最具影响力的两篇学术论文是 Richard Thaler, "Toward a Positive Theory of Consumer Choice," 1980; Arkes and Blumer, "The Psychology of Sunk Cost," 1985（包含 10 个证明沉没成本效应的实验结果和田纳西—汤比格比水道的例子）。

自相矛盾的"公共工程"

关于田纳西—汤比格比水道的事实和引用参见 Arkes and Blumer, "The Psychology of Sunk Cost," 1985。关于肖勒姆核电站的事实和引用参见 Ross and Staw, "Organizational Escalation and Exit," 1993。另外参见 Flyvbjerg, Holm, and Buhl, "Underestimating Costs in Public Works Projects," 2002。

《块魂》游戏

我一点也不知道我的大女儿如此钟情于一款电子游戏。15 年前我看她沉迷于玩《块魂》游戏，这让我灵感迸发，将之用于比喻"承诺升级"完全合适。

游戏的原始版本信息参见：L. E. Hall, *Katamari Damacy* (Boss Fight, 2018); Ivan Sulick, "Katamari Damacy," originally posted September 16, 2004, updated December 12, 2018, IGN, ign.com/articles/2004/09/16/katamari-damacy; Steven Kent, "Katamari Damashii: The Snowball Effect," April 8, 2004, GameSpy, ps2.gamespy.com/playstation-2/katamari-damashii/504503p1.html; Malindy Hetfield, "The Joy of Katamari Damacy," December 14, 2018, Eurogamer, eurogamer.net/articles/2018-12-14-the-joy-of-katamari-damacy。

"块"能变多大？

参见斯托 1976 年发表的《泥足深陷：对选定行动方案的承诺升级研究》。斯托和几位合著者使用了经过修改的同一总体设计，以确定承诺升级的具体方面以及不同对抗手段的有效性（或无效性）。参见 Staw and Fox, "Escalation: Determinants of Commitment," 1977; Staw and Ross, "Commitment to a Policy Decision," 1978; Fox and Staw, "The Trapped Administrator," 1979; Simonson and Staw, "Deescalation Strategies," 1992。

心理账户

在奋力撰写这部分内容的过程中，我和理查德·塞勒进行了一次谈话。他提醒我，应用并正确厘清这个概念很重要。他说："我认为生活中的一切都与心理账户有关。"与塞勒的谈话和通信在心理账户解析方面发挥了巨大的作用，就算未必"正确"，也一定更加有理有据。

心理账户和损失厌恶一样，是展望理论的基础。卡尼曼和特沃斯基在1984年发表的论文《选择、价值和框架》中首次描述了心理账户。文中，作者十分推崇塞勒的研究，包括他当时正在撰写的直到该文发表后才出版的著作。（参见第346页："我们对心理账户的分析，归功于理查德·塞勒的启发性研究，他展示了这一过程对消费者行为的相关性。"）1980年，作为"个人心理账户系统"的一部分，"心理账户"的概念解释及其与展望理论的联系，外加许多其他开创性的观点首次出现在塞勒的《建立积极的消费者选择理论》中。

除了个人贡献之外，塞勒在心理账户方面最有影响力的论文还包括："Mental Accounting and Consumer Choice," 1985; "Mental Accounting Matters," 1999。另外参见：Thaler, *Misbehaving*, 56–84, 115–24; Thaler and Sunstein, *Nudge*, 49–52; Kahneman, *Thinking, Fast and Slow*, 342–52。

参见 Flepp, Meier, and Franck, "The Effect of Paper Outcomes versus Realized Outcomes on Subsequent Risk-Taking," 2021。

苏黎世大学的拉斐尔·弗莱普及其同事研究了4 000多名老虎机玩家平均4个月去6次赌场的个体结果。因为使用了特制的玩家卡，所以他们在离开赌场并进行转账之前的收益和亏损都是公开的。

研究人员发现，当账面出现损失时，玩家的冒险精神会显著增加，而且这种影响还会随着账面损失的增加而加强，这表明他们厌恶在损失状态下关闭心理账户。一旦玩家离开赌场，账面损失变成实际损失，他们就不会在之后的赌博中冒险。事实上，与前一次赌博以巨额损失告终的行为相反，他们下一次赌博时的冒险程度大幅下降了。

最难承受的代价

托马斯上将在一次有关本书沉没成本等问题的谈话中和我分享了这个故事。

参见：Arkes and Blumer, 126（利用过去在越南战争中的伤亡为继续进行战争辩护）; Teger, 1 (Vietnam); Barry Schwartz, "The Sunk-Cost Fallacy: Bush Falls Victim to a Bad New Argument for the Iraq War," *Slate*, September 9, 2005, slate.com/news-and-politics/2005/09/bush-is-a-sucker-for-the-sunk-cost-fallacy.html（引用了2005年8月时任总统乔治·沃克·布什为继续在伊拉克作战辩护的讲话，他说："我们不能辜负已经牺牲的2 000名士兵。我们要完成他们为之献出生命的任务。"）; Van Putten, Zeelenberg, and Van Dijk, "Who Throws Good Money after Bad?," 2010, 33（"继续在伊拉克作战最重要的原因之一是，避免承认士兵在战争中白白牺牲"）。

知道不等于做到

故事来自我与唐·摩尔的谈话，他在《自信是所有问题的答案》（第131~132

页）中对此进行了描述。另外参见 1995 年 6 月 9 日《纽约时报》上沃尔夫冈·萨克森为鲁宾写的讣告："杰弗里·Z. 鲁宾，享年 54 岁，是一位谈判专家。"nytimes.com/1995/06/09/obituaries/jeffrey-z-rubin-54-an-expert-on-negotiation.html。新英格兰地区最高的 100 座山峰的相关内容参见 Lindsey Gordon, "A Quick Guide to the New England 100 Highest," March 27, 2019, *TheTrek*, thetrek.co/quick-guide-new-england-100-highest。

初始决策时的判断更可靠

参见 Simonson and Staw, "Deescalation Strategies," 1992。

第六章

关于阿斯特罗·泰勒在 X 实验室的领导力、X 实验室的使命和文化、X 实验室的特定项目、猴子与基座，以及终止标准等相关事实和表述来自我与阿斯特罗·泰勒和 X 实验室信息主管莉比·莱希的谈话，另外参见：x.company; Astro Teller, "Failure, Innovation, and Engineering Culture," video recorded at re: Work with Google event, May 24, 2016, youtube.com/watch?v=3SsnY2BvzeA; Astro Teller, "A Peek Inside the Moonshot Factory Operating Manual," X (blog), July 23, 2016, blog.x.company/a-peek-inside-the-moonshot-factory-operating-manual-f5c33c9ab4d7; Adele Peters, "Why Alphabet's Moonshot Factory Killed Off a Brilliant, Carbon-Neutral Fuel," *Fast Company*, October 13, 2016, fastcompany.com/3064457/why-alphabets-moonshot-factory-killed-off-a-brilliant-carbon-neutral-fuel; Astro Teller, "Tackle the Monkey First," X (blog), December 7, 2016, blog.x.company/tackle-the-monkey-first-90fd6223e04d; Kathy Hannun, "Three Things I Learned from Turning Seawater into Fuel," X (blog), December 7, 2016, blog.x.company/three-things-i-learned-from-turning-seawater-into-fuel-66aeec36cfaa; Derek Thompson, "Google X and the Science of Radical Creativity," *The Atlantic*, November 2017, theatlantic.com/magazine/archive/2017/11/x-google-moonshot-factory/540648; Alex Davies, "Inside X, the Moonshot Factory Racing to Build the Next Google, Wired, July 11, 2018, wired.com/story/alphabet-google-x-innovation-loon-wing-graduation; "*The Gimbal V2.0*," July 2018, storage.googleapis.com/x-prod.appspot.com/files/the_x_gimbal_v2.10_web.pdf（"a guide to X's moonshot factory culture"）; Astro Teller, "Tips for Unleashing Radical Creativity," X (blog), February 12, 2020, blog.x.company/tips-for-unleashing-radical-creativity-f4ba55602e17; Astro Teller, "Loon's Final Flight," X (blog), January 21, 2021, blog.x.company/loons-final-flight-e9d699123a96。

关于泰勒和 X 实验室的背景资料来自："Astro Teller, Captain of Moonshots," *X*, x.company/team/astroteller; "Biography," Astro Teller, astroteller.net/about/bio; several of the articles collected on astro teller.net, "Articles," astroteller.net/press/articles; Thompson, "Google X and the Science of Radical Creativity"; Alphabet's 2020 annual report and SEC Form 10-K, as of December 31, 2020。

泰勒的直接引语和 X 实验室对超级高铁项目的思考来自我与阿斯特罗·泰勒的谈话和通信。

终止标准

参见 Simonson and Staw, "Deescalation Strategies," 1992。

漏斗管理

案例来自我与 mParticle 的合作。

状态和日期

突袭本·拉登的事例来自我与麦克雷文上将的谈话和通信。为寻找终身职位设定时限的事例来自我与凯文·措尔曼的谈话和通信。

延伸阅读 II

萨莎·科恩的故事大部分来自我与她的谈话和通信。其他细节参见：Sasha Cohen, "An Olympian's Guide to Retiring at 25," *New York Times*, February 24, 2018, nytimes.com/2018/02/24/opinion/sunday/sasha-cohen-olympics-pyeongchang.html; 2020 年纪录片《黄金的重量》（由 Podium Pictures 出品），由布雷特·拉普金执导，由阿龙·科恩和拉普金担任编剧，科恩出现在其中；Jessica Lachenal, "Figure Skater Sasha Cohen Has a Surprising New Career Off the Ice," *Bustle*, July 29, 2020, bustle.com/entertainment/what-is-sasha-cohen-doing-now; Megan Sauer, "Sasha Cohen: Embracing Uncertainty," U.S. Figure Skating Fan Zone, March 30, 2021, usfigureskatingfanzone.com/news/2021/3/30/figure-skating-sasha-cohen-embracing-uncertainty.aspx。科恩的赛事细节参见维基百科 en.wikipedia.org/wiki/Sasha_Cohen。

第七章

安德鲁·威尔金森的背景信息以及他在 MetaLab、Tiny 等投资方面取得的成功参见："Warren Buffett for Startups, Andrew Wilkinson," *The Hustle*, July 27, 2020, thehustle.co/warren-buffett-for-startups-andrew-wilkinson; Allen Lee, "10 Things You Didn't Know about Andrew Wilkinson," *Money Inc.*, December 26, 2020, moneyinc.com/andrew-wilkinson。

威尔金森在 2021 年 3 月 30 日发了一则长长的帖子，让我注意到了他在 Flow 方面的经历，参见 twitter.com/awilkinson/status/1376985854229504007。故事细节来自这条帖子以及与安德鲁·威尔金森的谈话和通信。

从达斯汀·莫斯科维茨对上述帖子的回复以及威尔金森在 2019 年 12 月 27 日发布的一条帖子（twitter.com/awilkinson/status/1210696247587139584，其中他就网上一场关于自主创业和风险投资的辩论发表了意见）可以明显看出，达斯汀·莫斯科维茨对与威尔金森会面时发生的事情有着不同的解释。我之所以描写威尔金森对这次会面的看法，是因为他的看法可能影响了他在未来的决定。因此，没有必要去追究威尔金森的看法在多大程度上是正确的（或合理的）。

禀赋效应

理查德·塞勒在 1980 年的论文《建立积极的消费者选择理论》中命名了"禀赋效应"。他同时在文中讲述了葡萄酒收藏的故事。故事后续来自卡尼曼、尼奇、塞勒在 1991 年发表的论文《禀赋效应、损失厌恶和现状偏见》。在《思考，快与慢》一书中，卡尼曼指出他们的这位酒友就是已故的芝加哥大学布斯商学院前院长、资深经济学教授理查德·罗塞特。塞勒在《"错误"的行为》一书中也揭示了同样的秘密。他还指出，当他给罗塞特寄去一篇讲述这个故事并把罗塞特称为 "R 先生"的文章时，罗塞特的回复只有几个字："啊，名声！"参见 *Misbehaving*, 17。

除了上述 1991 年与卡尼曼、塞勒合著的论文外，杰克·尼奇的论文参见：Knetsch, "The Endowment Effect and Evidence of Nonreversible Indifference Curves," 1989; Kahneman, Knetsch, and Thaler, "Experimental Tests of the Endowment Effect," 1990。

禀赋效应文献综述参见 Morewedge and Giblin, "Explanations of the Endowment Effect," 2015。

宜家效应研究参见 Norton, Mochon, and Ariely, "The IKEA Effect," 2012。

以下论文研究了禀赋效应在心理所有权中的应用，包括我们对想法、信念和选择的占有，以及我们与我们所属组织的联系：Dommer and Swaminathan, "Explaining the Endowment Effect through Ownership," 2013; Morewedge et al., "Bad Riddance or Good Rubbish?," 2009; Pierce, Kostova, and Dirks, "Toward a Theory of Psychological Ownership in Organizations," 2001; Pierce, Kostova, and Dirks, "The State of Psychological Ownership," 2003; Reb and Connolly, "Possession, Feelings of Ownership and the Endowment Effect," 2002; Shu and Peck, "Psychological Ownership and Affective Reaction," 2011。

另外参见 Peck and Shu, *Psychological Ownership and Consumer Behavior*, 2018（一本心理所有权学术论文合集）。

本节内容同样受益于与理查德·塞勒和丹尼尔·卡尼曼的沟通交流。

职业运动队及其对高顺位选秀权的承诺升级

斯托等率先研究了同等技术或生产力水平下选秀顺序的影响，参见 Staw and Hoang, "Why Draft Order Affects Playing Time," 1995; Camerer and Weber, "Econometrics and Behavioral Economics of Escalation of Commitment," 1999。

在"点球成金"的时代，自然会出现这样一个问题：强调分析驱动的决策是否纠正了基于沉没成本、禀赋效应或升级倾向的非理性行为？2017 年，奎因·基弗发现在 NFL，"尽管首轮选秀球员的生产力并未提高，但他们会获得一笔津贴，这使他们首发出场的次数明显增加"。参见 Keefer, "Sunk-Cost Fallacy in the National Football League," 2017, 282。

这与基弗在另一项研究中发现的上场时间和薪水（在选秀大会上加入 NFL、NBA 和 MLB 的球员，其薪水标准也越来越与选秀顺序挂钩）之间的关系相符（仍然考虑同等技术和生产力水平）。参见：Keefer, "Decision-Maker Beliefs and the Sunk-Cost Fallacy," 2018; Keefer, "Sunk Costs in the NBA," 2021。另外参见 Hinton and Sun, "The Sunk-Cost Fallacy and the National Basketball Association," 2020, 1019（发现了一种"小而重要的沉没成本效应"）。薪水和选秀顺序对禀赋和沉没成本来说并不是可互换的测量标准，但都与这些问题相关。而且，对于职业生涯初期参与团队运动的职业运动员来说，这种相关性更大。

丹尼尔·利兹、迈克尔·利兹和本村明在 2015 年发表的《沉没成本无关吗？》中提出了相反的观点，即 NBA 选秀顺序不存在沉没成本效应。

现状很难改变

参见 Samuelson and Zeckhauser, "Status Quo Bias in Decision Making," 1988。卡尼曼、尼奇和塞勒在 1991 年发表的论文，除了在禀赋效应方面的重要贡献外，也被认为是对现状偏见的基本解释之一。

市场营销学教授戴维·盖尔和德里克·拉克对损失厌恶作为一种普遍原则的有效性提出了质疑，他们认为许多归因于损失厌恶的行为都是现状偏见的结果。参见 Gal and Rucker, "The Loss of Loss Aversion," 2018。另外参见 Gal, "A Psychological Law of Inertia," 2006。

现状偏见与遗漏－承诺偏见之间的重叠和差异超出了本书的范围。关于这个问题的讨论以及对遗漏－承诺偏见的解释参见：Ritov and Baron, "Status-Quo and Omission Biases," 1992; Baron and Ritov, "Reference Points and Omission Bias," 1994; Ritov and Baron, "Outcome Knowledge, Regret, and Omission Bias," 1995; Schweitzer, "Disentangling Status Quo and Omission Effects," 1994。

凯恩斯的这句话参见 John Maynard Keynes, *The General Theory of Employment, Interest, and Money,* 1936, 79–80 (International Relations and Security Network edition, files.ethz.ch/isn/125515/1366_KeynesTheoryof Employment.pdf)。

坚持的代价

理查德·塞勒在麻省理工学院斯隆体育分析峰会上的演讲视频参见 "The Sports Learning Curve: Why Teams Are Slow to Learn and Adapt," 2020, sloansportsconference.com/event/the-sports-learning-curve-why-teams-are-slow-to-learn-and-adapt。视频包含了由克里斯·埃弗里、凯文·梅尔斯和理查德·塞勒制作的幻灯片"向运动团队学习"。另外参见 Mauboussin and Callahan, "Turn and Face the Strange," 2021。

第八章

关于西尔斯公司衰落、资产剥离和倒闭的商业资料（也包括历史资料）参见：Robert Lindsey, "Sears, Roebuck: Nation's Banker?," *New York Times*, April 17, 1977, nytimes.com/1977/04/17/archives/sears-roebuck-nations-banker-sears-roebuck-nations-banker.html; Stanley Ziemba, "Sears Slips to No. 3 in the Retail Kingdom, Behind Wal-Mart, K," *Chicago Tribune*, February 21, 1991, chicagotribune.com/news/ct-xpm-1991-02-21-9101170011-story.html; "Sears Approves Spinoff of Dean Witter, Discover & Co.," UPI, June, 18, 1993,upi.com/Archives/1993/06/18/Sears-approves-spinoff-of-Dean-Witter-Discover-Co/4516740376000; Barnaby Feder, "Sears, Returning to Its Roots, Is Giving Up Allstate," *New York Times*, November 11, 1994, nytimes.com/1994/11/11/us/searsreturning-to-its-roots-is-giving-up-allstate.html; Genevieve Buck, "Allstate, Sears Set to Split Up," *Chicago Tribune*, March 31, 1995, chicagotribune.com/news/ct-xpm-1995-03-31-9503310328-story.html; Peter Truell, "Morgan Stanley and Dean Witter Agree to Merge," *New York Times*, February 6, 1997, nytimes.com/1997/02/06/business/morgan-stanley-and-dean-witter-agree-to-merge.html; Lorene Yue, "Citigroup Buys Sears Credit Division," *Chicago Tribune*, July 16, 2003,chicagotribune.com/news/ct-xpm-2003-07-16-0307160208-story.html。

西尔斯公司的其他时间线和历史参见："Sears, Roebuck & Co.," Encyclopedia of Chicago, encyclopedia.chicagohistory.org/pages/2840.html; Vicki Howard, "The Rise and Fall of Sears," *Smithsonian,* July 25, 2017, smithsonian mag.com/history/rise-and-fall-sears-180964181; Tiffany Hsu, "Sears Went from Gilded-Age Boom to Digital-Age Bankruptcy," *New York Times*, October 15, 2018, nytimes.com/2018/10/15/business/sears-bankrupt-history-timeline.html; Chris Isodore, "Sears' Extraordinary History: A Timeline," CNN, October 2018, cnn.com/interactive/2018/10/business/sears-timeline/index.html; "History of Sears, Roebuck and Co.," Reference for Business, n.d., ca.1996, referenceforbusiness.com/history2/88/Sears-Roebuck-and-Co.html; Kori Rumore, "Rise, Fall and Restructuring of a Chicago Icon: More Than 130 Years of Sears," *Chicago Tribune*, April 24, 2019, chicagotribune.com/news/ct-sears-company-history-timeline-htmlstory.html; searsarchives.com; Mike Snider, "A Look Back at Some of Sears Ventures, Beyond Retail Stores, Through the Years," *USA Today*, October 15, 2018, usatoday.com/story/money/nation-now/2018/10/15/sears-had-far-reaching-legacy-beyond-retail-into-brands-and-financials/1645882002。

好事达保险公司的时间线参见"Allstate History & Timeline," Allstate, allstate.com/about/history-timeline.aspx。

研究和学术论文（也包括历史资料）参见：Shoshanna Delventhal, "Who Killed Sears? Fifty Years on the Road to Ruin," Investopedia, September 26, 2020, investopedia.com/news/downfall-of-sears; Gillan, Kensinger, and John Martin, "Value Creation and Corporate Diversification," 2000; Raff and Temin, "Sears, Roebuck in the Twentieth Century," 1999; Lawrence J. Ring and John S. Strong, "Sears and Kmart, a Sad, Sad Story," July 2017, babson.edu/academics/executive-education/babson-insight/strategy-and-innovation/sears-and-kmart-a-sad-sad-story/# (referring to the Sears-Kmart merger as "a double suicide"); Varadrajan, Jayachandran, and White, "Strategic Interdependence in Organizations," 2001。

关于西尔斯公司IPO的信息参见"Landmark IPO Helps an American Retailing Icon Achieve the Next Level of Growth," Goldman Sachs, goldmansachs.com/our-firm/history/moments/1906-sears-roebuck-ipo.html。

与巴里·斯托的谈话和通信使我意识到可以将西尔斯的故事作为承诺升级的潜在案例。我也和丹尼尔·拉夫交流过。

身份崇拜

参见 Festinger, Riecken, and Schachter, *When Prophecy Fails*。

在总结身份对退出的广泛影响时，与行为科学家玛雅·尚卡尔的谈话使我受益良多（她的故事出现在第十章）。她提醒我，我们引导孩子们将自己的身份等同于成年后的职业："在孩子们的成长过程中，他们经常被问到长大后想做什么，也就是说他们将自己的身份与单一的职业联系到一起。这增加了他们退出这个身份的难度。"

认知失调

失调理论的发展、意义和应用远远超出了本书的范围。以《当预言失败时》和利昂·费斯廷格极具影响力的《认知失调理论》为标志，认知失调研究现在已经进入了第八个10年。关于认知失调理论的最新介绍、历史和概述，参见 Harmon-Jones and Mills, "An Introduction to Cognitive Dissonance Theory," 2019。

费斯廷格的学生埃利奥特·阿伦森自1960年以来一直在研究认知失调并撰写相关著作。经过30多年的研究，他已经站到了理论"回归"的立场上。参见 Aronson, "The Return of the Repressed," 1992。（引用的阿伦森的话出自第304~305页）。又过了将近30年，他在2020年（和卡萝尔·塔夫里斯）写了一篇文章论述认知失调在新冠疫情中的应用，即《认知失调在新冠疫情中的作用》。阿伦森和塔夫里斯还在他们的著作《犯错》中描述了费斯廷格的研究、认知失调的总体情况以及失调研究的部分历史和广度。

另外参见：Beasley and Joslyn, "Cognitive Dissonance and Post-Decision Attitude Change," 2001; Fried and Aronson, "Hypocrisy, Misattribution, and Dissonance Reduction," 1995; Harmon-Jones, *Cognitive Dissonance*。

镜子与窗户

关于内在和外在身份认同对承诺升级的影响情况参见：Staw, "Knee-Deep in the Big Muddy," 1976; Fox and Staw, "The Trapped Administrator," 1979。

斯托关于承诺升级的几篇最有影响力的论文解释了与失调理论的关系以及内在、外在身份认同。参见：Staw and Fox, "Escalation: The Determinants of Commitment," 1977; Staw and Ross, "Commitment to a Policy Decision," 1978; Staw, "The Escalation of Commitment to a Course of Action," 1981; Staw, McKechnie, and Puffer, "The Justification of Organizational Performance," 1983; Chatman, Staw, and Bell, "The Managed Thought," 1986; Ross and Staw, "Understanding Behavior in Escalation Situations," 1989; Ross and Staw, "Managing Escalation Processes in Organizations," 1991; Simonson and Staw, "Deescalation Strategies," 1992。

孤立无援

参见 Beshears and Milkman, "Do Sell-Side Stock Analysts Exhibit Escalation of Commitment?," 2011。

安德鲁·威尔金森的话来自我与他进行的一次谈话。

错误身份

引言来自我与萨拉·奥斯汀·马丁内斯就本书内容进行的一次谈话。

一线希望

如果你想寻找一家看似很容易被身份所困的公司，那就是飞利浦。一个多世纪以来，这家荷兰公司一直以制造灯泡而闻名。1981 年，赫拉德·飞利浦、安东·飞利浦兄弟创办了该公司。在最初的 80 年里，飞利浦只有四名首席执行官：飞利浦兄弟、安东的女婿和安东的儿子。当然，追溯到 1914 年（也许更早），飞利浦兄弟证明，让家族成员掌管公司或者以家族的姓氏命名公司且让其出现在产品上，并不会限制公司扩张或改变业务构成。

飞利浦公司的故事参见：飞利浦、飞利浦美国、飞利浦博物馆和昕诺飞（前身为飞利浦照明，公司于 2016 年以"飞利浦照明"之名独立运营，2018 年更名为"昕诺飞"）的官网与维基百科；Philips, "Philips Celebrates 100 Years of Research," news release, January 9, 2014, dev.usa.philips.com/a-w/about/news/archive/standard/news/press/2014/20140109-Philips-celebrates100-years-of-research.html; "Philips to Spin of Lighting Branch in 'Historic' IPO," *IndustryWeek*, May 3, 2016, industryweek.com/finance/article/21972654/philips-to-spin-off-lighting-branch-in-historic-ipo; Philips 2020 *Annual Report*, philips.com/c-dam/corporate/about-philips/investors/shareholder-info/agm-2021/Philips%20Annual%20Report%202020.pdf; Signify, 2020 Annual Report, signify.com/static/2020/signify-annual-report-2020.pdf。

第九章

罗恩·康韦的方法来自我与他的谈话和通信。

关于罗恩·康韦的背景、成功的投资、方法的各个方面，以及他在创始人、风险资本家和整个硅谷中受到尊重等资料，参见："The Ronco Principle," Paul Graham, January 2015, paul-graham.com/ronco; Max Chafkin, "Legendary Angel Investor Ron Conway Isn't Looking at Your Idea, He's Looking at You," *Fast Company*, March 5, 2015, fastcompany.com/3043196/ron-conway-and-y-combinator-a-love-story; Aric Jenkins, "Silicon Valley Investing Legend Ron Conway on the Lessons Learned from Napster," *Fortune*, December 2, 2020, fortune.com/2020/12/02/ron-conway-sv-angel-napster-google-facebook（文中，康韦提到了他投资初创企业的失败率："我们投资的所有公司中，约有 60% 倒闭，30% 也许能回本。只有 10%~20% 的公司能赚到钱，但这足够弥补所有破产公司造成的损失。"）；"Ron Conway: Founder and Co-Managing Partner," SVAngel, svangel.com/team。

过分乐观

《积极思考》《思考致富》《秘密》的图书销量来自亚马逊。

本节中的大部分内容来自我与唐·摩尔的谈话和通信，另外参见 Moore, Perfectly

Confident; Tenney, Logg, and Moore, "(Too) Optimistic about Optimism," 2015。

关于3 000名企业家的著名研究,参见Cooper, Woo, and Dunkelberg, "Entrepreneurs' Perceived Chances for Success," 1988。

分而治之

参见Staw, Barsade, and Koput, "Escalation at the Credit Window," 1997。

除了在本章注释中提到的与罗恩·康韦、唐·摩尔的交流之外,很多有关退出教练的引用和解释都来自我与丹尼尔·卡尼曼、安德鲁·威尔金森、威廉·麦克雷文上将和阿斯特罗·泰勒的谈话和通信。

延伸阅读Ⅲ

来自我与马克·莫菲特、迈克尔·莫布森的谈话和通信(以及他们对相关主题写作过程的回顾)。另外参见两人的著作:Mark Moffett, *Adventures among Ants: A Global Safari with a Cast of Trillions* (Berkeley: University of California Press, 2010); Michael Mauboussin, *More Than You Know*, 187–197。

当然,这部分内容也参考了莫菲特博士的导师、已故的爱德华·O. 威尔逊的大量著作,参见:Bert Hölldobler and E. O. Wilson, The Superorganism: *The Beauty, Elegance, and Strangeness of Insect Societies* (New York: W. W. Norton, 2009); Edward O. Wilson, *Tales from the Ant World* (New York: W. W. Norton, 2020)。

关于蚁群觅食和蚂蚁算法的论文研究参见:J. L. Deneubourg, S. Aron, S. Goss, and J. M. Pasteels, "Error, Communication and Learning in Ant Societies," *European Journal of Operational Research* 30, no. 2 (June 1987): 168–172; J. L. Deneubourg, J. M. Pasteels, and J. C. Verhaeghe, "Probabilistic Behaviour in Ants: A Strategy of Errors? ," *Journal of Theoretical Biology* 105, no. 2 (1983): 259–271; Marco Dorigo, Gianni A. DiCaro, and Luca Maria Gambardella, "Ant Algorithms for Discrete Optimization," *Artificial Life* 5, no. 2 (April 1999): 137–172; Drew Levin, Joshua Hecker, Melanie Moses, and Stephanie Forrest, "Volatility and Spatial Distribution of Resources Determine Ant Foraging Strategies," *Proceedings of the European Conference on Artificial Life*, 2015, 256–263; E. David Morgan, "Trail Pheromones of Ants," *Physiological Entomology* 34, no, 1 (March 2009): 1–17; Masashi Shiraishi, Rito Takeuchi, Hiroyuki Nakagawa, Shin I. Nishimura, Akinori Awazu, and Hiraku Nishimori, "Diverse Stochasticity Leads a Colony of Ants to Optimal Foraging," *Journal of Theoretical Biology* 465 (March 2019): 7–16。

另外参见:Deborah Gordon, "Collective Wisdom of Ants," *Scientific American*, February 2016, 44–47; Deborah Gordon, "Colonial Studies," *Boston Review*, September–October 2010, 59–62。

第十章

玛雅·尚卡尔的故事来自我与她的谈话和通信,以及以下来源:E. J. Crawford,

"Getting to Know You: Maya Shankar," Yale Alumni, July 22, 2021, alumni.yale.edu/news/getting-know-you-maya-shankar-07; "Maya Shankar: Behavioral Science: From the White House to Google," The Decision Lab, thedecisionlab.com/thinkers/psychology/maya-shankar; Robert Lipsyte and Lois Morris, "How Do You Get to Camp? Practice, of Course: Teenagers Who Play Music, Not Tennis," *New York Times*, June 27, 2002, nytimes.com/2002/06/27/arts/how-do-you-get-to-camp-practice-of-course-teenagers-who-play-music-not-tennis.html; mayashankar.com; "The Power of Nudges: Maya Shankar on Changing People's Minds," *Knowledge at Wharton*, June 1, 2021, knowledge.wharton.upenn.edu/article/power-nudges-maya-shankar-changing-peoples-minds; "Maya Shankar, Aspiring Concert Violinist Turned Cognitive Scientist at the White House, UN and Google," *Rediscover STEAM*, March 21, 2021, medium.com/rediscover-steam/maya-shankar-aspiring-concert-violinist-turned-cognitive-scientist-at-the-white-house-un-google-e22d072ef72e; Sarah Stillman, "Can Behavioral Science Help in Flint? ," *New Yorker*, January 23, 2017, newyorker.com/magazine/2017/01/23/can-behavioral-science-help-in-flint; Shankar Vedantam and Maggie Penman, "Loss and Renewal: Moving Forward after a Door Closes," NPR, December 31, 2018, npr.org/2018/12/28/680679054/loss-and-renewal-moving-forward-after-a-door-closes。

伦敦地铁的教训

参见 Larcom, Rauch, and Willems, "The Benefits of Forced Experimentation," 2017。

仅仅一天

迈克·内博尔斯的故事来自我与他的谈话和通信，以及以下来源："Mike Neighbors," Arkansas Razorbacks, arkansasrazorbacks.com/coach/mike-neighbors; Doug Samuels, "A Major College Coach Defends His Decision to Practice ONCE Per Week," FootballScoop, March 26, 2019, footballscoop.com/news/major-college-coach-defends-decision-practice-per-week; "Operating Bylaws, Article 17—Playing and Practices Seasons," *2021-22 NCAA Division I Manual*, 235-332, web3.ncaa.org/lsdbi/reports/getReport/90008。2013—2014 年华盛顿大学哈士奇女子篮球队的队员名单和比赛结果参见 Wikipedia, en.wikipedia.org/wiki/2013%E2%80%9314_Washington_Huskies_women%27s_basketball_team。

辞职浪潮

得克萨斯农工大学副教授安东尼·克洛茨创造了这一术语，阿里安妮·科恩在《如何在后疫情时代的辞职浪潮中辞职》中进行了引用，参见 *Bloomberg Businessweek*, May 10, 2021, bloomberg.com/news/articles/2021-05-10/quit-your-job-how-to-resign-after-covid-pandemic。("辞职浪潮正在到来。"安东尼·克洛茨说，他是得克萨斯农工大学的管理学副教授，研究了数百名员工的离职。)

数据来自美国劳工部劳工统计局发布的月度新闻稿《职位空缺和劳动力流动率》(Job Openings and Labor Turnover，简称 JOLT) 以及随附的表格和统计，统计时段通常是发布日期的前两个月。参见："JOLT—April 2021" (released June 8, 2021), bls.gov/news.release/archives/jolts_06082021.htm; "JOLT—June 2021" (released August 9, 2021), bls.gov/news.release/archives/jolts_08092021.htm; "JOLT—July 2021" (released September 8, 2021); "JOLT—August 2021" (released October 12, 2021), bls.gov/news.release/archives/jolts_10122021.htm; "JOLT—September 2021" (released November 12, 2021), bls.gov/news.release/archives/jolts_11122021.htm; "JOLT—October 2021" (released December 8, 2021), bls.gov/news.release/archives/jolts_12082021.htm。

关于公众对辞职浪潮的"意义"的部分讨论参见：Paul Krugman, "The Revolt of the American Worker," *New York Times,* October 14, 2021, nytimes.com/2021/10/14/opinion/workers-quitting-wages.html; Eli Rosenberg, Abha Bhattarai, and Andrew Van Dam, "A Record Number of Workers Are Quitting Their Jobs, Empowered by New Leverage," *Washington Post,* October 12, 2021, washingtonpost.com/business/2021/10/12/jolts-workers-quitting-august-pandemic; Scott Schieman, "Surprise: Workers Actually Like Their Jobs. Here Are the Real Reasons They're Quitting in Droves," *Fast Company,* December 17, 2021, fastcompany.com/90706474/surprise-workers-actually-like-their-jobs-here-are-the-real-reasons-theyre-quitting-in-droves; Derek Thompson, "What Quitters Understand about the Job Market," *The Atlantic,* June 21, 2021,theatlantic.com/ideas/archive/2021/06/quitting-your-job-economic-optimism/619242; Derek Thompson, "Where Did 7 Million Workers Go?," *The Atlantic, October* 23, 2021, theat lantic.com/ideas/archive/2021/10/how-do-you-make-7-million-workers-disappear/620475; Derek Thompson, "Three Myths of the Great Resignation," *The Atlantic,* December 8, 2021, theatlantic.com/ideas/archive/2021/12/great-resignation-myths-quitting-jobs/620927; Abby Vesoulis, "Why Literally Millions of Americans Are Quitting Their Jobs," *Time,* October 13, 2021, time.com/6106322/the-great-resignation-jobs; Matthew Yglesias, "The Myth of the 'Great Resignation,'" *Slow Boring,* January 13, 2022, slowboring.com/p/the-myth-of-the-great-resignation。

第十一章

据我所知，没有人盘点过在长跑比赛中受伤但坚持到底的选手。我关注伦敦马拉松和英国的其他长跑比赛，是因为在搜索这类故事的短暂时间里，我注意到2019年伦敦马拉松比赛中出现了两个几乎相同的例子。这两起事件没有互相提及，尽管现场或当地医院的医务人员都表示完全不相信会发生这种事（大多数马拉松受伤事件都令人不可置信）。接着，我在四周后的爱丁堡马拉松比赛中又发现了一个例子（还有一起在前一周普利茅斯半程马拉松比赛中发生，但未在书中提及的事件）。然后，我找到了2014年伦敦马拉松比赛中发生的一个故事，选手受伤的部位与地点同2019年发生的一起事件一样。我还找到了两起分别发生于2012年和2021年伦敦马拉松比赛中的相似事件。

我在美国和日本的长跑比赛中也找到了几个这样的例子，但这些有限的搜索显然不是为了全盘记录此类故事，因而也不是单独针对伦敦马拉松。

本章中马拉松选手的故事参见报道："Stratford Dad Finishes London Marathon despite Broken Leg," *Coventry Telegraph,* May 1, 2012, coventrytelegraph.net/news/coventry-news/stratford-dad-finishes-london-marathon-3024241; "London Marathon Runner Finishes despite Broken Bone," BBC, April 14, 2014, bbc.com/news/uk-englandhampshire-27028222; "Thirty-Eight Guinness World Records Titles Achieved at the 2019 Virgin Money London Marathon," MarathonGuide, April 29, 2019, marathonguide. com/pressreleases/index.cfm?file=LondonMarathon_190429; Gianluca Mezzofiore, "A Firefighter Ran 18 Miles on a Broken Foot in the London Marathon," CNN, April 30, 2019, cnn.com/2019/04/30/europe/firefighter-london-marathon-broken-foot-trnd/index.html; Georgia Diebelius, "Woman Ran 18 Miles of the London Marathon with a Broken Ankle," May 1, 2019, Metro, metro.co.uk/2019/05/01/woman-ran-18-miles-london-marathon-broken-ankle-9375118; Fiona Pringle, "Edinburgh Marathon Runner Completes Race with Broken Leg," *Edinburgh Evening News*, May 28, 2019, edinburghnews.scotsman.com/news/people/edinburgh-marathon-runner-completes-race-broken-leg-546182; Ben Hobson, "Runner Breaks Leg at Edinburgh Marathon but Still Finishes the Race," *Runner's World*, May 29, 2019, runnersworld.com/uk/news/a27621746/edinburgh-marathon-broken-leg; "Woman Runs London Marathon with Broken Leg," BBC, October 8, 2021, bbc.com/news/uk-england-shropshire-58840890。

　　论述目标的科学文献远比我在这里总结的多。埃德温·A. 洛克教授和加里·P. 莱瑟姆的研究在鼓励设定具体、困难的目标方面最具影响力。参见 *A Theory of Goal Setting and Task Performance*; *New Developments in Goal Setting and Task Performance*; "Goal Setting: A Half Century Retrospective," 2019。

　　目标在干扰明智的退出行为方面可能产生的问题（通过 / 不及格属性、缺乏灵活性、可能诱发短视）以及解决这些问题的策略，受益于我与莫里斯·施魏策尔、凯蒂·米尔科曼、巴里·斯托、理查德·塞勒的谈话和通信。

　　施魏策尔及其同事发表的著作参见：Schweitzer, Ordóñez, and Douma, "The Dark Side of Goal Setting," 2002; Ordóñez et al., "Goals Gone Wild," 2009; Ordóñez et al., "On Good Scholarship, Goal Setting, and Scholars Gone Wild," 2009。另外参见 Dai et al., "Quitting When the Going Gets Tough," 2018。

　　上述文献以及本章参考的其他文献，一般讨论多个问题的目标和解决方案。参见：Beshears et al., "Creating Exercise Habits," 2021; Heath, Larrick, and Wu, "Goals as Reference Points," 1999; Lucas et al., "When the Going Gets Tough," 2015; Milkman, *How to Change*; Oettingen, Rethinking Positive Thinking; Staw and Boettger, "Task Revision," 1990。

　　著名的"隐形大猩猩"实验参见 Simons and Chabris, "Gorillas in Our Midst," 1999。另外参见 Simons and Chabris, *The Invisible Gorilla*。在初始研究中，他们报告了类似的其他结果：参与者观看篮球运动员的传球视频，一名高个子女性撑着一把伞走过。这些视频每个长 75 秒，意外事件开始于 44 秒，结束于 48 秒，持续 5 秒。

　　他们试图通过制作另一个更短的视频（时长为 62 秒）来加强"大猩猩走过"的效果，其出场时间几乎是原来的两倍（9 秒）。他们还让"大猩猩"停在球员中间，看着镜头，捶打它的胸膛。他们让 12 名参与者完成相同的任务，即计算篮球传球次数，尽管如此，也只有一半的人注意到了"大猩猩"。

参考文献

图书

Brockner, Joel, and Jeffrey Z. Rubin. *Entrapment in Escalating Conflicts: A Social Psychological Analysis.* New York: Springer-Verlag, 1985.

Christian, Brian, and Tom Griffiths. *Algorithms to Live By: The Computer Science of Human Decisions.* New York: Henry Holt, 2016.

Dalio, Ray. *Principles: Life and Work.* New York: Simon and Schuster, 2017.

Duckworth, Angela. *Grit: The Power of Passion and Perseverance.* New York: Scribner, 2016.

Duke, Annie. *How to Decide: Simple Tools for Making Better Choices.* New York: Penguin Random House, 2020.

Duke, Annie. *Thinking in Bets: Making Smarter Decisions When You Don't Have All the Facts.* New York: Penguin Random House, 2018.

Ellenberg, Jordan. *How Not to Be Wrong: The Power of Mathematical Thinking.* New York: Penguin Press, 2014.

Epstein, David. *Range: Why Generalists Triumph in a Specialized World.* New York: Riverhead, 2019.

Festinger, Leon. *A Theory of Cognitive Dissonance.* Stanford, CA: Stanford University Press, 1957.

Festinger, Leon, Henry W. Riecken, and Stanley Schachter. *When Prophecy Fails.* Mansfield Center, CT: Martino, 2009.

Gonzales, Laurence. *The Chemistry of Fire.* Fayetteville: University of Arkansas Press, 2020.

Gonzales, Laurence. *Deep Survival: Who Lives, Who Dies, and Why: True Stories of Miraculous Endurance and Sudden Death.* New York: W. W. Norton, 2017.

Gonzales, Laurence. *Everyday Survival: Why Smart People Do Stupid Things.* New York: W. W. Norton, 2008.

Grant, Adam. *Think Again: The Power of Knowing What You Don't Know.* New York: Penguin Random House, 2021.

Harmon-Jones, Eddie, ed. *Cognitive Dissonance: Reexamining a Pivotal Theory in Psychology*. 2nd ed. Washington, D.C.: American Psychological Association, 2019, n.d.

Kahneman, Daniel. *Thinking, Fast and Slow*. New York: Farrar, Straus and Giroux, 2011.

Kahneman, Daniel, Olivier Sibony, and Cass R. Sunstein. *Noise: A Flaw in Human Judgment*. New York: Little, Brown Spark, 2021.

Kahneman, Daniel, Paul Slovic, and Amos Tversky, eds. *Judgment under Uncertainty: Heuristics and Biases*. Cambridge, UK: Cambridge University Press, 1982.

Komisar, Randy, and Jantoon Reigersman. *Straight Talk for Startups: 100 Insider Rules for Beating the Odds—from Mastering the Fundamentals to Selecting Investors, Fundraising, Managing Boards, and Achieving Liquidity*. New York: HarperCollins, 2018.

Levitt, Steven D., and Stephen J. Dubner. *Freakonomics: A Rogue Economist Explores the Hidden Side of Everything*. New York: William Morrow, 2006.

Levitt, Steven D., and Stephen J. Dubner. *Superfreakonomics: Global Cooling, Patriotic Prostitutes, and Why Suicide Bombers Should Buy Life Insurance*. New York: HarperCollins, 2009.

Locke, Edwin A., and Gary P. Latham, eds. *New Developments in Goal Setting and Task Performance*. New York: Routledge, 2013.

Locke, Edwin A., and Gary P. Latham. *A Theory of Goal Setting and Task Performance*. Englewood Cliffs, NJ: Prentice Hall, 1990.

Mauboussin, Michael J. *More Than You Know: Finding Financial Wisdom in Unconventional Places*. New York: Columbia University Press, 2013.

Mauboussin, Michael J. *The Success Equation: Untangling Skill and Luck in Business, Sports, and Investing*. Boston: Harvard Business School Press, 2012.

Milkman, Katy. *How to Change: The Science of Getting from Where You Are to Where You Want to Be*. New York: Portfolio/Penguin, 2021.

Moore, Don A. *Perfectly Confident: How to Calibrate Your Decisions Wisely*. New York: Harper Business, 2020.

Oettingen, Gabriele. *Rethinking Positive Thinking: Inside the New Science of Motivation*. New York: Current, 2014.

Page, Scott E. *The Model Thinker: What You Need to Know to Make Data Work for You*. New York: Basic Books, 2018.

Peck, Joann, and Suzanne B. Shu, eds. *Psychological Ownership and Consumer Behavior*. New York: Springer, 2018.

Ries, Eric. *The Lean Startup: How Today's Entrepreneurs Use Continuous Innovation to Create Radically Successful Businesses*. New York: Crown Business, 2011.

Simons, Daniel, and Christopher Chabris. *The Invisible Gorilla: How Our Intuitions Deceive Us*. New York: Crown, 2010.

Tavris, Carol, and Elliot Aronson. *Mistakes Were Made (but Not by Me): Why We Justify Foolish Beliefs, Bad Decisions, and Hurtful Acts*. Boston: Mariner, 2020 (updated edition).

Teger, Allan I. *Too Much Invested to Quit*. New York: Pergamon, 1980.

Tetlock, Phillip. E., and Dan Gardner. *Superforecasting: The Art and Science of Prediction*. New York: Crown, 2015.

Thaler, Richard H. *Misbehaving: The Making of Behavioral Economics*. New York: W. W. Norton, 2015.

Thaler, Richard H., and Cass R. Sunstein. *Nudge: Improving Decisions about Health, Wealth, and Happiness*. New Haven, CT: Yale University Press, 2008.

Thaler, Richard H., and Cass R. Sunstein. *Nudge: The Final Edition*. New York: Penguin Books, 2021.

Van Bavel, Jay J., and Dominic J. Packer. *The Power of Us: Harnessing Our Shared Identities to Improve Performance, Increase Cooperation, and Promote Social Harmony*. New York: Little, Brown Spark, 2021.

论文

Agarwal, Sumit, Mio Diao, Jessica Pan, and Tien Foo Sing. "Labor Supply Decisions of Singaporean Cab Drivers." *SSRN Electronic Journal* (2013): 1053. doi.org/10.2139/ssrn.2338476.

Akepanidtaworn, Klakow, Rick Di Mascio, Alex Imas, and Lawrence Schmidt. "Selling Fast and Buying Slow: Heuristics and Trading Performance of Institutional Investors." *SSRN Electronic Journal* (2019). doi.org/10.2139/ssrn.3301277.

Anderson, Christopher J. "The Psychology of Doing Nothing: Forms of Decision Avoidance Result from Reason and Emotion." *Psychological Bulletin* 129, no. 1 (2003): 139–67. doi.org/10.1037/0033-2909.129.1.139.

Ariely, Dan, Daniel Kahneman, and George Loewenstein. "Joint Comment on 'When Does Duration Matter in Judgment and Decision Making?'" *Journal of Experimental Psychology: General* 129, no. 4 (2000): 524–29. doi.org/10.1037/0096-3445.129.4.524.

Ariely, Dan, and George Loewenstein. "When Does Duration Matter in Judgment and Decision Making?" *Journal of Experimental Psychology: General* 129, no. 4 (2000): 508–23. doi.org/10.1037/0096-3445.129.4.508.

Arkes, Hal R., and Catherine Blumer. "The Psychology of Sunk Cost." *Organizational Behavior and Human Decision Processes* 35, no. 1 (February 1985): 124–40. doi.org/10.1016/0749-5978(85)90049-4.

Aronson, Elliot. "The Return of the Repressed: Dissonance Theory Makes a Comeback." *Psychological Inquiry* 3, no. 4 (October 1992): 303–11. doi.org/10.1207/s15327965pli0304_1.

Aronson, Elliot, and Carol Tavris. "The Role of Cognitive Dissonance in the Pandemic." *The Atlantic*, July 12, 2020. theatlantic.com/ideas/archive/2020/07/role-cognitive-dissonance-pandemic/614074.

Baron, Jonathan, and Ilana Ritov. "Reference Points and Omission Bias." *Organizational Behavior and Human Decision Processes* 59, no. 3 (September 1994): 475–98. doi.org/10.1006/obhd.1994.1070.

Basili, Marcello, and Carlo Zappia. "Ambiguity and Uncertainty in Ellsberg and Shackle." *Cambridge Journal of Economics* 34, no. 3 (May 2010): 449–74. doi.org/10.1093/cje/bep008.

Beasley, Ryan K., and Mark R. Joslyn. "Cognitive Dissonance and Post-Decision Attitude Change in Six Presidential Elections." *Political Psychology* 22, no. 3 (September 2001): 521–40. doi.org/10.1111/0162-895x.00252.

Beshears, John, Hae Nim Lee, Katherine L. Milkman, Robert Mislavsky, and Jessica Wisdom. "Creating Exercise Habits Using Incentives: The Trade-off between Flexibility and Routinization." *Management Science* 67, no. 7 (July 2021): 4139–71. doi.org/10.1287/mnsc.2020.3706.

Beshears, John, and Katherine L. Milkman. "Do Sell-Side Stock Analysts Exhibit Escalation of Commitment?" *Journal of Economic Behavior & Organization* 77, no. 3 (March 2011): 304–17. doi.org/10.1016/j.jebo.2010.11.003.

Bitterly, T. Bradford, Robert Mislavsky, Hengchen Dai, and Katherine L. Milkman. "Want-Should Conflict: A Synthesis of Past Research." In *The Psychology of Desire*, edited by W. Hofmann and L. F. Nordgren, 244–64. New York: Guilford, 2015.

Brockner, Joel. "The Escalation of Commitment to a Failing Course of Action: Toward Theoretical Progress." *Academy of Management Review* 17, no. 1 (January 1992): 39–61. doi.org/10.2307/258647.

Brockner, Joel, Robert Houser, Gregg Birnbaum, Kathy Lloyd, Janet Deitcher, Sinaia Nathanson, and Jeffrey Z. Rubin. "Escalation of Commitment to an Ineffective Course of Action: The Effect of Feedback Having Negative Implications for Self-Identity." *Administrative Science Quarterly* 31, no. 1 (March 1986): 109–26. doi.org/10.2307/2392768.

Brockner, Joel, Jeffrey Z. Rubin, Judy Fine, Thomas P. Hamilton, Barbara Thomas, and Beth Turetsky. "Factors Affecting Entrapment in Escalating Conflicts: The Importance of Timing." *Journal of Research in Personality* 16, no. 2 (June 1982): 247–66. doi.org/10.1016/0092-6566(82)90080-0.

Camerer, Colin F. "Prospect Theory in the Wild: Evidence from the Field." In *Advances in Behavioral Economics*, edited by Colin F. Camerer, George Loewenstein, and Matthew Rabin, 148–61. Princeton, NJ: Princeton University Press, 2004.

Camerer, Colin, Linda Babcock, George Loewenstein, and Richard Thaler. "Labor Supply of New York City Cabdrivers: One Day at a Time." *Quarterly*

Journal of Economics 112, no. 2 (May 1997): 407–41. doi.org/10.1162/00335 5397555244.

Camerer, Colin, and Dan Lovallo. "Overconfidence and Excess Entry: An Experimental Approach." *American Economic Review* 89, no. 1 (March 1999): 306–18. doi.org/10.1257/aer.89.1.306.

Camerer, Colin, and Roberto Weber. "The Econometrics and Behavioral Economics of Escalation of Commitment in NBA Draft Choices." *Journal of Economic Behavior and Organization* 39, no. 1 (May 1999): 59–82.

Camilleri, Adrian R., Marie-Anne Cam, and Robert Hoffmann. "Nudges and Signposts: The Effect of Smart Defaults and Pictographic Risk Information on Retirement Saving Investment Choices." *Journal of Behavioral Decision Making* 32, no. 4 (October 2019): 431–49. doi.org/10.1002/bdm.2122.

Chatman, Jennifer, Barry Staw, and Nancy Bell. "The Managed Thought: The Role of Self-Justification and Impression Management in Organizational Setting." In *The Thinking Organization: Dynamics of Organizational Social Cognition*, edited by Henry P. Sims Jr. and Dennis A Gioia, 191–214. San Francisco: Jossey-Bass, 1986.

Chen, M. Keith, and Michael Sheldon. "Dynamic Pricing in a Labor Market: Surge Pricing and the Supply of Uber Driver-Partners" (working paper). 2015. anderson.ucla.edu/faculty_pages/keith.chen/papers/SurgeAndFlexibleWork_WorkingPaper.pdf.

Chou, Yuan K. "Testing Alternative Models of Labor Supply: Evidence from Taxi Drivers in Singapore." *Singapore Economic Review* 47, no. 1 (2002): 17–47.

Cooper, Arnold C., Carolyn Y. Woo, and William C. Dunkelberg. "Entrepreneurs' Perceived Chances for Success." *Journal of Business Venturing* 3, no. 2 (Spring 1988): 97–108. doi.org/10.1016/0883-9026(88)90020-1.

Dai, Hengchen, Berkeley J. Dietvorst, Bradford Tuckfield, Katherine L. Milkman, and Maurice E. Schweitzer. "Quitting When the Going Gets Tough: A Downside of High Performance Expectations." *Academy of Management Journal* 61, no. 5 (2018): 1667–91. doi.org/10.5465/amj.2014.1045.

Dommer, Sara Loughran, and Vanitha Swaminathan. "Explaining the Endowment Effect through Ownership: The Role of Identity, Gender, and Self-Threat." *Journal of Consumer Research* 39, no. 5 (February 2013): 1034–50. doi.org/10.1086/666737.

Doran, Kirk. "Are Long-Term Wage Elasticities of Labor Supply More Negative than Short-Term Ones?" *Economic Letters* 122, no. 2 (February 2014): 208–10. doi.org/10.1016/j.econlet.2013.11.023.

Duckworth, Angela L., Christopher Peterson, Michael D. Matthews, and Dennis R. Kelly. "Grit: Perseverance and Passion for Long-Term Goals." *Journal of Personality and Social Psychology* 92, no. 6 (June 2007): 1087–1101. doi.org/10.1037/0022-3514.92.6.1087.

Ellsberg, Daniel. "Risk, Ambiguity, and the Savage Axioms." *Quarterly Journal of Economics* 75, no. 4 (November 1961): 643–69. doi.org/10.2307/1884324.

Farber, Henry S. "Is Tomorrow Another Day? The Labor Supply of New York City Cabdrivers." *Journal of Political Economy* 113, no. 1 (February 2005): 46–82. doi.org/10.1086/426040.

Farber, Henry S. "Reference-Dependent Preferences and Labor Supply: The Case of New York City Taxi Drivers." *American Economic Review* 98, no. 3 (June 2008): 1069–82. jstor.org/stable/29730106.

Farber, Henry S. "Why You Can't Find a Taxi in the Rain and Other Labor Supply Lessons from Cab Drivers." *Quarterly Journal of Economics* 130, no. 4 (November 2015): 1975–2026. doi.org/10.1093/qje/qjv026.

Flepp, Raphael, Philippe Meier, and Egon Franck. "The Effect of Paper Outcomes versus Realized Outcomes on Subsequent Risk-Taking: Field Evidence from Casino Gambling." *Organizational Behavior and Human Decision Processes* 165 (July 2021): 45–55. doi.org/10.1016/j.obhdp.2021.04.003.

Flyvbjerg, Bent, Mette K. Skamris Holm, and Søren L. Buhl. "Underestimating Costs in Public Works Projects: Error or Lie?" *Journal of the American Planning Association* 68, no. 3 (2002): 279–95. doi.org/10.1080/01944360208976273.

Fox, Frederick V., and Barry M. Staw. "The Trapped Administrator: Effects of Job Insecurity and Policy Resistance upon Commitment to a Course of Action." *Administrative Science Quarterly* 24, no. 3 (September 1979): 449–71. doi.org/10.2307/2989922.

Fried, Carrie B., and Elliot Aronson. "Hypocrisy, Misattribution, and Dissonance Reduction." *Personality and Social Psychology Bulletin* 21, no. 9 (September 1995): 925–33. doi.org/10.1177/0146167295219007.

Gal, David. "A Psychological Law of Inertia and the Illusion of Loss Aversion." *Judgment and Decision Making* 1, no. 1 (2006): 23–32.

Gal, David, and Derek D. Rucker. "The Loss of Loss Aversion: Will It Loom Larger Than Its Gain?" *Journal of Consumer Psychology* 28, no. 3 (July 2018): 497–516. doi.org/10.1002/jcpy.1047.

Gillan, Stuart L., John W. Kensinger, and John D. Martin. "Value Creation and Corporate Diversification: The Case of Sears, Roebuck & Co." *Journal of Financial Economics* 55, no.1 (January 2000): 10337. doi.org/10.1016/S0304-405X(99)00046-X.

Güllich, Arne, Brooke N. Macnamara, and David Z. Hambrick. "What Makes a Champion? Early Multidisciplinary Practice, Not Early Specialization, Predicts World-Class Performance." *Perspectives on Psychological Science* 17, no. 1 (January 2022): 6–29. doi.org/10.1177/1745691620974772.

Halevy, Yoram. "Ellsberg Revisited: An Experimental Study." *SSRN Electronic Journal* (July 2005): 1–48. doi.org/10.2139/ssrn.770964.

Harmon-Jones, Eddie, and Judson Mills. "An Introduction to Cognitive Dissonance Theory and an Overview of Current Perspectives on the Theory." In *Cognitive Dissonance: Reexamining a Pivotal Theory in Psychology*, 2nd ed., edited by Eddie Harmon-Jones, 3–24. Washington, D.C.: American Psychological Association, n.d., 2019.

Heath, Chip, Richard P. Larrick, and George Wu. "Goals as Reference Points." *Cognitive Psychology* 38, no. 1 (February 1999): 79–109. doi.org/10.1006/cogp.1998.0708.

Heimer, Rawley, Zwetelina Iliewa, Alex Imas, and Martin Weber. "Dynamic Inconsistency in Risky Choice: Evidence from the Lab and Field." *SSRN Electronic Journal* (2020). doi.org/10.2139/ssrn.3600583.

Heimer, Rawley, Zwetelina Iliewa, Alex Imas, and Martin Weber. "Dynamic Inconsistency in Risky Choice: Evidence from the Lab and Field." Discussion Paper No. 271, Project C 01, University of Bonn, Collaborative Research Center, March 2021. wiwi.uni-bonn.de/bgsepapers/boncrc/CRCTR224_2021_274.pdf.

Hinton, Alexander, and Yiguo Sun. "The Sunk-Cost Fallacy in the National Basketball Association: Evidence Using Player Salary and Playing Time." *Empirical Economics* 59, no. 2 (August 2020): 1019–36. doi.org/10.1007/s00181-019-01641-4.

Kahneman, Daniel. "Cognitive Limitations and Public Decision Making." In *Science and Absolute Values: Proceedings of the Third International Conference on the Unity of the Sciences*, 1261–81. London:" International Cultural Foundation, 1974.

Kahneman, Daniel, and Jack L. Knetsch. "Contingent Valuation and the Value of Public Goods: Reply." *Journal of Environmental Economics and Management* 22, no. 1 (January 1992): 90–94. doi.org/10.1016/0095-0696(92)90021-N.

Kahneman, Daniel, and Jack L. Knetsch. "Valuing Public Goods: The Purchase of Moral Satisfaction." *Journal of Environmental Economics and Management* 22, no. 1 (January 1992): 57–70. doi.org/10.1016/0095-0696(92)90019-s.

Kahneman, Daniel, Jack L. Knetsch, and Richard H. Thaler. "Anomalies: The Endowment Effect, Loss Aversion, and Status Quo Bias." *Journal of Economic Perspectives* 5, no. 1 (Winter 1991): 193–206. doi.org/10.1257/jep.5.1.193.

Kahneman, Daniel, Jack L. Knetsch, and Richard H. Thaler. "Experimental Tests of the Endowment Effect and the Coase Theorem." *Journal of Political Economy* 98, no. 6 (December 1990): 1325–48. jstor.org/stable/2937761.

Kahneman, Daniel, Jack L. Knetsch, and Richard H. Thaler. "Fairness and the Assumptions of Economics." *Journal of Business* 59, no. 4 (October 1986): 285–300. jstor.org/stable/2352761.

Kahneman, Daniel, Jack L. Knetsch, and Richard Thaler. "Fairness as a Constraint on Profit Seeking: Entitlements in the Market." *American Economic Review* 76, no. 4 (September 1986): 728–41. jstor.org/stable/1806070.

Kahneman, Daniel, and Dan Lovallo. "Timid Choices and Bold Forecasts: A Cognitive Perspective on Risk Taking." *Management Science* 39, no. 1 (January 1993): 17–31. doi.org/10.1287/mnsc.39.1.17.

Kahneman, Daniel, and Dale T. Miller. "Norm Theory: Comparing Reality to Its Alternatives." *Psychological Review* 93, no. 2 (1986): 136–53. doi.org/10.1037//0033-295x.93.2.136.

Kahneman, Daniel, and Richard Thaler. "Economic Analysis and the Psychology of Utility: Applications to Compensation Policy." *American Economic Review* 81, no. 2 (1991): 341–46. jstor.org/stable/2006882.

Kahneman, Daniel, and Amos Tversky. "Choices, Values, and Frames." *American Psychologist* 39, no. 4 (1984): 341–50. doi.org/10.1037/0003-066X.39.4.341.

Kahneman, Daniel, and Amos Tversky. "Intuitive Prediction: Biases and Corrective Procedures." *Management Science* 12 (1979): 313–27.

Kahneman, Daniel, and Amos Tversky. "On the Psychology of Prediction." *Psychological Review* 80, no. 4 (1973): 237–51.

Kahneman, Daniel, and Amos Tversky. "On the Reality of Cognitive Illusions." *Psychological Review* 103, no. 3 (1996): 582–91. doi.org/10.1037/0033-295X.103.3.582.

Kahneman, Daniel, and Amos Tversky. "On the Study of Statistical Intuitions." *Cognition* 11, no. 2 (March 1982): 123–41. doi.org/10.1016/0010-0277(82)90022-1.

Kahneman, Daniel, and Amos Tversky. "Prospect Theory: An Analysis of Decision under Risk." *Econometrica* 47, no. 2 (March 1979): 263–91. doi.org/10.2307/1914185.

Kahneman, Daniel, and Amos Tversky. "The Psychology of Preferences." *Scientific American* 246 (January 1982): 160–73.

Kahneman, Daniel, and Amos Tversky. "Subjective Probability: A Judgment of Representativeness." *Cognitive Psychology* 3 (1972): 430–54.

Kahneman, Daniel, and Amos Tversky. "Variants of Uncertainty." *Cognition* 11 (April 1982): 43–157.

Keefer, Quinn A. W. "Decision-Maker Beliefs and the Sunk-Cost Fallacy: Major League Baseball's Final-Offer Salary Arbitration and Utilization." *Journal of Economic Psychology* 75 (December 2019): 1–16. doi.org/10.1016/j.joep.2018.06.002.

Keefer, Quinn A. W. "The Sunk-Cost Fallacy in the National Football League: Salary Cap Value and Playing Time." *Journal of Sports Economics* 18, no. 3 (2017): 282–97. doi.org/10.1177/1527002515574515.

Keefer, Quinn. "Sunk Costs in the NBA: The Salary Cap and Free Agents." *Em-*

pirical Economics 61, no. 3 (2021): 3445–78. doi.org/10.1007/s00181-020-01996-z.

Knetsch, Jack L. "The Endowment Effect and Evidence of Nonreversible Indifference Curves." *American Economic Review* 79, no. 5 (December 1989): 1277–84. jstor.org/stable/1831454.

Knetsch, Jack L. "Environmental Policy Implications of Disparities between Willingness to Pay and Compensation Demanded Measures of Values." *Journal of Environmental Economics and Management* 18, no. 3 (May 1990): 227–37. doi.org/10.1016/0095-0696(90)90003-H.

Koellinger, Philipp, Maria Minniti, and Christian Schade. "I Think I Can, I Think I Can: Overconfidence and Entrepreneurial Behavior." *Journal of Economic Psychology* 28, no. 4 (August 2007): 502–27. doi.org/10.1016/j.joep.2006.11.002.

Koning, Rembrand, Sharique Hasan, and Aaron Chatterji. "Experimentation and Startup Performance: Evidence from A/B Testing." Working Paper 26278, National Bureau of Economic Research, September 2019. doi.org/10.3386/w26278.

Larcom, Shaun, Ferdinand Rauch, and Tim Willems. "The Benefits of Forced Experimentation: Striking Evidence from the London Underground Network." *Quarterly Journal of Economics* 132, no. 4 (November 2017): 2019–55. doi.org/10.1093/qje/qjx020.

Leeds, Daniel M., Michael A. Leeds, and Akira Motomura. "Are Sunk Costs Irrelevant? Evidence from Playing Time in the National Basketball Association." *Economic Inquiry* 53, no. 2 (April 2015): 1305–16. doi.org/10.1111/ecin.12190.

Lerner, Jennifer S., and Philip E. Tetlock. "Accounting for the Effects of Accountability." *Psychological Bulletin* 125, no. 2 (1999): 255–75. doi.org/10.1037/0033-2909.125.2.255.

Levitt, Steven D. "Heads or Tails: The Impact of a Coin Toss on Major Life Decisions and Subsequent Happiness." *Review of Economic Studies* 88, no. 1 (January 2021): 378–405. doi.org/10.1093/restud/rdaa016.

Locke, Edwin A., and Gary P. Latham. "The Development of Goal Setting Theory: A Half Century Retrospective." *Motivation Science* 5, no. 2 (2019): 93–105. doi.org/10.1037/mot0000127.

Lovallo, Dan, and Daniel Kahneman. "Living with Uncertainty: Attractiveness and Resolution Timing." *Journal of Behavioral Decision Making* 13, no. 2 (April 2000): 179–90.

Lucas, Gale M., Jonathan Gratch, Lin Cheng, and Stacy Marsella. "When the Going Gets Tough: Grit Predicts Costly Perseverance." *Journal of Research in Personality* 59 (December 2015): 15–22. doi.org/10.1016/j.jrp.2015.08.004.

Massey, Cade, and Richard H. Thaler. "The Loser's Curse: Decision Making and Market Efficiency in the National Football League Draft." *Management Science* 59, no. 7 (2013): 1479–95.

Mauboussin, Michael, and Dan Callahan. "Turn and Face the Strange: Overcoming Barriers to Change in Sports and Investing." Morgan Stanley, Counterpoint Global Insights, September 8, 2021. morganstanley.com/im/publication/insights/articles/article_turnandfacethestrange_us.pdf.

Milkman, Katherine L., Todd Rogers, and Max H. Bazerman. "Harnessing Our Inner Angels and Demons: What We Have Learned about Want/Should Conflicts and How That Knowledge Can Help Us Reduce Short-Sighted Decision Making." *Perspectives on Psychological Science* 3, no. 4 (July 2008): 324–38. doi.org/10.1111/j.1745-6924.2008.00083.x.

Milkman, Katherine L., Todd Rogers, and Max H. Bazerman. "I'll Have the Ice Cream Soon and the Vegetables Later: A Study of Online Grocery Purchases and Order Lead Time." *Marketing Letters* 21 (2010): 17–35. doi.org/10.1007/s11002-009-9087-0.

Moore, Don A., and Daylian M. Cain. "Overconfidence and Underconfidence: When and Why People Underestimate (and Overestimate) the Competition." *Organizational Behavior and Human Decision Processes* 103, no. 2 (July 2007): 197–213. doi.org/10.1016/j.obhdp.2006.09.002.

Moore, Don A., John M. Oesch, and Charlene Zietsma. "What Competition? Myopic Self-Focus in Market-Entry Decisions." *Organization Science* 18, no. 3 (May-June 2007): 440–54. doi.org/10.1287/orsc.1060.0243.

Morewedge, Carey K., and Colleen E. Giblin. "Explanations of the Endowment Effect: An Integrative Review." *Trends in Cognitive Sciences* 19, no. 6 (June 2015): 339–48. doi.org/10.1016/j.tics.2015.04.004.

Morewedge, Carey K., Lisa L. Shu, Daniel T. Gilbert, and Timothy D. Wilson. "Bad Riddance or Good Rubbish? Ownership and Not Loss Aversion Causes the Endowment Effect." *Journal of Experimental Social Psychology* 45, no. 4 (July 2009): 947–51. doi.org/10.1016/j.jesp.2009.05.014.

Northcraft, Gregory B., and Margaret A. Neale. "Opportunity Costs and the Framing of Resource Allocation Decisions." *Organizational Behavior and Human Decision Processes* 37, no. 3 (June 1986): 348–56. doi.org/10.1016/0749-5978(86)90034-8.

Norton, Michael I., Daniel Mochon, and Dan Ariely. "The IKEA Effect: When Labor Leads to Love." *Journal of Consumer Psychology* 22, no. 3 (July 2012): 453–60. doi.org/10.1016/j.jcps.2011.08.002.

Novemsky, Nathan, and Daniel Kahneman. "The Boundaries of Loss Aversion." *Journal of Marketing Research* 42, no. 2 (May 2005): 119–28. doi.org/10.1509/jmkr.42.2.119.62292.

O'Connor, Kathleen M., Carsten K. W. De Dreu, Holly Schroth, Bruce Barry,

Terri R. Lituchy, and Max H. Bazerman. "What We Want to Do versus What We Think We Should Do." *Journal of Behavioral Decision Making* 15, no. 5 (December 2002): 403–18. doi.org/10.1002/bdm.426.

Odean, Terrance. "Are Investors Reluctant to Realize Their Losses?" *Journal of Finance* 53, no. 5 (October 1998): 1775–98. doi.org/10.1111/0022-1082.00072.

Ordóñez, Lisa D., Maurice E. Schweitzer, Adam D. Galinsky, and Max H. Bazerman. "Goals Gone Wild: The Systematic Side Effects of Overprescribing Goal Setting." *Academy of Management Perspectives* 23, no. 1 (February 2009): 6–16. doi.org/10.5465/amp.2009.37007999.

Ordóñez, Lisa D., Maurice E. Schweitzer, Adam D. Galinsky, and Max H. Bazerman. "On Good Scholarship, Goal Setting, and Scholars Gone Wild." *Academy of Management Perspectives* 23, no. 3 (April 2009). doi.org/10.2139/ssrn.1382000.

Patil, Shefali V., Vieider, Ferdinand, and Philip E. Tetlock, "Process versus Outcome Accountability." In *The Oxford Handbook of Public Accountability*, edited by Mark Bovens, Robert E. Goodin, and Thomas Schillemans, 69–89. New York: Oxford University Press, 2014. doi.org/10.1093/oxfordhb/9780199641253.013.0002.

Pierce, Jon L., Tatiana Kostova, and Kurt T. Dirks. "The State of Psychological Ownership: Integrating and Extending a Century of Research." *Review of General Psychology* 7, no. 1 (March 2003): 107–84. doi.org/10.1037/1089-2680.7.1.84.

Pierce, Jon L., Tatiana Kostova, and Kurt T. Dirks. "Toward a Theory of Psychological Ownership in Organizations." *Academy of Management Review* 26, no. 2 (April 2001): 298–310. doi.org/10.2307/259124.

Polman, Evan. "Self–Other Decision Making and Loss Aversion." *Organizational Behavior and Human Decision Processes* 119, no. 2 (November 2012): 141–50. doi.org/10.1016/j.obhdp.2012.06.005.

Preller, Rebecca, Holger Patzelt, and Nicola Breugst. "Entrepreneurial Visions in Founding Teams: Conceptualization, Emergency, and Effects on Opportunity Development." *Journal of Business Venturing* 35, no. 2 (March 2020): 105914. doi.org/10.1016/j.jbusvent.2018.11.004.

Rabin, Matthew, and Max Bazerman. "Fretting about Modest Risks Is a Mistake." *California Management Review* 61, no. 3 (May 2019): 34–48. doi.org/10.1177/0008125619845876.

Raff, Daniel M. G., and Peter Temin. "Sears, Roebuck in the Twentieth Century: Competition, Complementarities, and the Problem of Wasting Assets." In *Learning by Doing in Markets, Firms, and Countries*, edited by Naomi R. Lamoreaux, Raff, and Temin, 219–52. Chicago: University of Chicago Press, 1999.

Reb, Jochen, and Terry Connolly. "Possession, Feelings of Ownership and the Endowment Effect." *Judgment and Decision Making* 2, no. 2 (April 2007): 107–14. journal.sjdm.org/vol2.2.htm.

Ritov, Ilana, and Jonathan Baron. "Outcome Knowledge, Regret, and Omission Bias." *Organizational Behavior and Human Decision Processes* 64, no. 2. (1995): 119–27.

Ritov, Ilana, and Jonathan Baron. "Reluctance to Vaccinate: Omission Bias and Ambiguity." *Journal of Behavioral Decision Making* 3, no. 4 (October/December 1990): 263–77. doi.org/10.1002/bdm.3960030404.

Ritov, Ilana, and Jonathan Baron. "Status-Quo and Omission Biases." *Journal of Risk and Uncertainty* 5 (1992): 49–61. doi.org/10.1007/BF00208786.

Robertson-Kraft, Claire, and Angela Lee Duckworth. "True Grit: Trait-Level Perseverance and Passion for Long-Term Goals Predicts Effectiveness and Retention among Novice Teachers." *Teachers College Record* 116, no. 3 (March 2014): 1–27. doi.org/10.1177/016146811411600306.

Ross, Jerry, and Barry M. Staw. "Managing Escalation Processes in Organizations." *Journal of Managerial Issues* 3, no. 1 (Spring 1991): 15–30. jstor.org/stable/40603896.

Ross, Jerry, and Barry M. Staw. "Organizational Escalation and Exit: Lessons from the Shoreham Nuclear Power Plant." *Academy of Management Journal* 36, no. 4 (August 1993): 701–32. doi.org/10.2307/256756.

Rubin, Jeffrey Z., and Joel Brockner. "Factors Affecting Entrapment in Waiting Situations: The Rosencrantz and Guildenstern Effect." *Journal of Personality and Social Psychology* 31, no. 6 (January 1975): 1054–63. doi.org/10.1037/h0076937.

Rubin, Jeffrey Z., Joel Brockner, Susan Small-Weil, and Sinaia Nathanson. "Factors Affecting Entry into Psychological Traps." *Journal of Conflict Resolution* 24, no. 3 (September 1980): 405–26. doi.org/10.1177/002200278002400302.

Ruggeri, Kai, et al. "Not Lost in Translation: Successfully Replicating Prospect Theory in 19 Countries." Pre-publication version, August 21, 2019. osf.io/2nyd6.

Ruggeri, Kai, et al. "Replicating Patterns of Prospect Theory for Decision under Risk." *Nature Human Behavior* 4 (2020): 622–33. doi.org/10.1038/s41562-020-0886-x.

Samuelson, William, and Richard J. Zeckhauser. "Status Quo Bias in Decision Making." *Journal of Risk and Uncertainty* 1, no. 1 (February 1988): 7–59. doi.org/10.1007/BF00055564.

Schwartz, Barry. "The Sunk-Cost Fallacy: Bush Falls Victim to a Bad New Argument for the Iraq War." *Slate*, September 9, 2005. slate.com/news-and-politics/2005/09/bush-is-a-sucker-for-the-sunk-cost-fallacy.html.

Schweitzer, Maurice. "Disentangling Status Quo and Omission Effects: An Experimental Analysis." *Organizational Behavior and Human Decision Processes* 58, no. 3 (June 1994): 457–76. doi.org/10.1006/obhd.1994.1046.

Schweitzer, Maurice E., Lisa Ordóñez, and Bambi Douma. "The Dark Side of Goal Setting: The Role of Goals in Motivating Unethical Decision Making." *Academy of Management Proceedings* 2002, no. 1 (2002): B1–6. doi.org/10.5465/apbpp.2002.7517522.

Shu, Suzanne B., and Joann Peck. "Psychological Ownership and Affective Reaction: Emotional Attachment Process Variables and the Endowment Effect." *Journal of Consumer Psychology* 21, no. 4 (October 2011): 439–52. doi.org/10.1016/j.jcps.2011.01.002.

Simons, Daniel J., and Christopher F. Chabris. "Gorillas in Our Midst: Sustained Inattentional Blindness for Dynamic Events." *Perception* 28, no. 9 (September 1999): 1059–74. doi.org/10.1068/p281059.

Simonson, Itamar, and Barry Staw. "Deescalation Strategies: A Comparison of Techniques for Reducing Commitment to Losing Courses of Action." *Journal of Applied Psychology* 77, no. 4 (1992): 419–26. doi.org/10.1037/0021-9010.77.4.419.

Sivanathan, Niro, Daniel C. Molden, Adam D. Galinsky, and Gillian Ku. "The Promise and Peril of Self-Affirmation in De-Escalation of Commitment." *Organizational Behavior and Human Decision Processes* 107, no. 1 (September 2008): 1–14. doi.org/10.1016/j.obhdp.2007.12.004.

Sleesman, Dustin J., Donald E. Conlon, Gerry McNamara, and Jonathan E. Miles. "Cleaning Up the Big Muddy: A Meta-Analytic Review of the Determinants of Escalation of Commitment." *Academy of Management Journal* 55, no. 3 (2012): 541–62. doi.org/10.5465/amj.2010.0696.

Spranca, Mark, Elisa Minsk, and Jonathan Baron. "Omission and Commission in Judgment and Choice." *Journal of Experimental Social Psychology* 27, no. 1 (January 1991): 76–105. doi.org/10.1016/0022-1031(91)90011-t.

Staw, Barry M. "Attribution of the 'Causes' of Performance: A General Alternative Interpretation of Cross-Sectional Research on Organizations." *Organizational Behavior and Human Performance* 13, no. 3 (June 1975): 414–32. doi.org/10.1016/0030-5073(75)90060-4.

Staw, Barry M. "The Escalation of Commitment to a Course of Action." *Academy of Management Review* 6, no. 4 (October 1981): 577–87. doi.org/10.2307/257636.

Staw, Barry M. "The Experimenting Organization." *Organizational Dynamics* 6, no. 1 (Summer 1977): 3–18. doi.org/10.1016/0090-2616(77)90032-8.

Staw, Barry M. "Knee-Deep in the Big Muddy: A Study of Escalating Commitment to a Chosen Course of Action." *Organizational Behavior and Human Performance* 16, no. 1 (June 1976): 27–44. doi.org/10.1016/0030-5073(76)90005-2.

Staw, Barry M. "Stumbling Toward a Social Psychology of Organizations: An Autobiographical Look at the Direction of Organizational Research." *Annual*

Review of Organizational Psychology and Organizational Behavior 3 (March 2016): 1–19. doi.org/10.1146/annurev-orgpsych-041015-062524.

Staw, Barry M., Sigal G. Barsade, and Kenneth W. Koput. "Escalation at the Credit Window: A Longitudinal Study of Bank Executives' Recognition and Write-Off of Problem Loans." *Journal of Applied Psychology* 82, no. 1 (1997): 130–42. doi.org/10.1037/0021-9010.82.1.130.

Staw, Barry M., and Richard D. Boettger. "Task Revision: A Neglected Form of Work Performance." *Academy of Management Journal* 33, no. 3 (September 1990): 534–59.

Staw, Barry M., and Frederick V. Fox. "Escalation: The Determinants of Commitment to a Chosen Course of Action." *Human Relations* 30, no. 5 (May 1977): 431–50. doi.org/10.1177/001872677703000503.

Staw, Barry M., and Ha Hoang. "Sunk Costs in the NBA: Why Draft Order Affects Playing Time and Survival in Professional Basketball." *Administrative Science Quarterly* 40, no. 3 (September 1995): 474–494. doi.org/10.2307/2393794.

Staw, Barry M., Pamela I. McKechnie, and Sheila M. Puffer. "The Justification of Organizational Performance." *Administrative Science Quarterly* 28, no. 4 (December 1983): 582–600. doi.org/10.2307/2393010.

Staw, Barry M., and Jerry Ross. "Behavior in Escalation Situations: Antecedents, Prototypes, and Solutions." *Research in Organizational Behavior* 9 (January 1987): 39–78.

Staw, Barry M., and Jerry Ross. "Commitment to a Policy Decision: A Multi-Theoretical Perspective." *Administrative Science Quarterly* 23, no. 1 (March 1978): 40–64. doi.org/10.2307/2392433.

Staw, Barry M. and Jerry Ross. "Understanding Behavior in Escalation Situations." *Science* 246, no. 4927 (October 1989): 216–20. doi.org/10.1126/science.246.4927.216.

Steinkühler, Dominik, Matthias D. Mahlendorf, and Malte Brettel. "How Self-Justification Indirectly Drives Escalation of Commitment." *Schmalenbach Business Review* 66, no. 2 (2014): 191–222. doi.org/10.1007/bf03396905.

Tenney, Elizabeth R., Jennifer M. Logg, and Don A. Moore. "(Too) Optimistic about Optimism: The Belief That Optimism Improves Performance." *Journal of Personality and Social Psychology* 108, no. 3 (March 2015): 377–99. doi.org/ 10.1037/pspa0000018.

Tetlock, Philip E. "Close-Call Counterfactuals and Belief-System Defenses: I Was Not Almost Wrong but I Was Almost Right." *Journal of Personality and Social Psychology* 75, no. 3 (1998): 639–52. doi.org/10.1037/0022-3514.75.3.639.

Thaler, Richard. "Mental Accounting and Consumer Choice." *Marketing Science* 4, no. 3 (August 1985): 199–214. doi.org/10.1287/mksc.4.3.199.

Thaler, Richard H. "Mental Accounting Matters." *Journal of Behavioral Decision*

Making 12, no. 3 (September 1999): 183–206. doi.org/10.1002/(sici)1099
-0771(199909)12:3<183::aid-bdm318>3.0.co;2-f.

Thaler, Richard H. (featured). "The Sports Learning Curve: Why Teams Are Slow to Learn and Adapt." Video of discussion at MIT Sloan Sports Analytics Conference, March 2020. sloansportsconference.com/event/the-sports-learning-curve-why-teams-are-slow-to-learn-and-adapt.

Thaler, Richard H. "Toward a Positive Theory of Consumer Choice." *Journal of Economic Behavior & Organization* 1, no. 1 (March 1980): 39–60. doi.org/10.1016/0167-2681(80)90051-7.

Thaler, Richard H., and Eric J. Johnson. "Gambling with the House Money and Trying to Break Even: The Effects of Prior Outcomes on Risky Choice." *Management Science* 36, no. 6 (June 1990): 643–60. doi.org/10.1287/mnsc.36.6.643.

Thibodeau, Ruth, and Elliot Aronson. "Taking a Closer Look: Reasserting the Role of the Self-Concept in Dissonance Theory." *Personality & Social Psychology Bulletin* 18, no. 5 (October 1992): 591–602. doi.org/10.1177/0146167292185010.

Tversky, Amos, and Daniel Kahneman. "Advances in Prospect Theory: Cumulative Representation of Uncertainty." *Journal of Risk and Uncertainty* 5, no. 4 (1992): 297–323. jstor.org/stable/41755005.

Tversky, Amos, and Daniel Kahneman. "Availability: A Heuristic for Judging Frequency and Probability." *Cognitive Psychology* 5, no. 2 (September 1973) 207–32. doi.org/10.1016/0010-0285(73)90033-9.

Tversky, Amos, and Daniel Kahneman. "Belief in the Law of Small Numbers." *Psychological Bulletin* 76, no. 2 (August 1971): 105.

Tversky, Amos, and Daniel Kahneman. "Causal Schemas in Judgments under Uncertainty." In *Progress in Social Psychology*, edited by Martin Fishbein, 49–72. London: Psychology Press, 1980.

Tversky, Amos, and Daniel Kahneman. "Causal Thinking in Judgment under Uncertainty." In *Basic Problems in Methodology and Linguistics*, edited by Robert E. Butts and Jaakko Hintikka, 167–90. Dordrecht, Netherlands: Springer, 1977.

Tversky, Amos, and Daniel Kahneman. "Evidential Impact of Base Rates." In *Judgment under Uncertainty: Heuristics and Biases*, edited by Daniel Kahneman, Paul Slovic, and Amos Tversky, 153–60. Cambridge, UK: Cambridge University Press, 1982.

Tversky, Amos, and Daniel Kahneman. "Extensional vs. Intuitive Reasoning: The Conjunction Fallacy in Probability Judgment." *Psychological Review* 90 (October 1983): 293–315.

Tversky, Amos, and Daniel Kahneman. "The Framing of Decisions and the Psychology of Choice." *Science* 211, no. 4481 (January 1981): 453–58. doi.org/10.1126/science.7455683.

Tversky, Amos, and Daniel Kahneman. "Judgment under Uncertainty: Heuristics and Biases." *Science* 185, no. 4157 (September 1974): 1124–31. doi.org/10.1016/0010-0285(73)90033-9.

Tversky, Amos, and Daniel Kahneman. "Loss Aversion in Riskless Choice: A Reference Dependent Model." *Quarterly Journal of Economics* 106, no. 4 (November 1991): 1039–61. doi.org/10.2307/2937956.

Tversky, Amos, and Daniel Kahneman. "Rational Choice and the Framing of Decisions." *Journal of Business* 59, no. 4 (October 1986): 251–78. jstor.org/stable/2352759.

Tversky, Amos, Paul Slovic, and Daniel Kahneman. "The Causes of Preference Reversal." *The American Economic Review* 80, no. 1 (March 1990): 204–17. jstor.org/stable/2006743.

Van Putten, Marijke, Marcel Zeelenberg, and Eric van Dijk. "Who Throws Good Money after Bad? Action vs. State Orientation Moderates the Sunk Cost Fallacy." *Judgment and Decision Making* 5, no. 1 (February 2010): 33–36. journal.sjdm.org/10/91028/jdm91028.pdf.

Varadrajan, P. Rajan, Satish Jayachandran, and J. Chris White. "Strategic Interdependence in Organizations: Deconglomeration and Marketing Strategy." *Journal of Marketing* 65, no. 1 (January 2001): 15–28. doi.org/10.1509/jmkg.65.1.15.18129.

Von Culin, Katherine R., Eli Tsukayama, and Angela L. Duckworth. "Unpacking Grit: Motivational Correlates of Perseverance and Passion for Long-Term Goals." *The Journal of Positive Psychology* 9, no. 4 (March 2014): 306–12. doi.org/10.1080/17439760.2014.898320.

Weber, Martin, and Colin F. Camerer. "The Disposition Effect in Securities Trading: An Experimental Analysis." *Journal of Economic Behavior & Organization* 33, no. 2 (1998): 167–84. doi.org/10.1016/S0167-2681(97)00089-9.

Wrosch, Carsten, Gregory E. Miller, Michael F. Scheier, and Stephanie Brun de Pontet. "Giving Up on Unattainable Goals: Benefits for Health?" *Personality and Social Psychology Bulletin* 33, no. 2 (February 2007): 251–65. doi.org/10.1177/0146167206294905.

Wrosch, Carsten, Michael F. Scheier, Charles S. Carver, and Richard Schulz. "The Importance of Goal Disengagement in Adaptive Self-Regulation: When Giving Up is Beneficial." *Self and Identity* 2, no. 1 (2003): 1–20. doi.org/10.1080/15298860309021.

Wrosch, Carsten, Michael F. Scheier, Gregory E. Miller, Richard Schulz, and Charles S. Carver. "Adaptive Self-Regulation of Unattainable Goals: Goal Disengagement, Goal Reengagement, and Subjective Well-Being." *Personality and Social Psychology Bulletin* 29, no. 12 (December 2003): 1494–1508. doi.org/10.1177/0146167203256921.